U0668174

全球
系统性风险
趋势报告

（2022—2023年）

西南财经大学全球金融战略实验室
北京睿信科信息科技有限公司 ◎著

中国出版集团

中译出版社

图书在版编目（CIP）数据

全球系统性风险趋势报告 . 2022—2023 年 / 西南财经大学全球金融战略实验室 , 北京睿信科信息科技有限公司著 . -- 北京 : 中译出版社 , 2025. 1. -- ISBN 978-7-5001-8154-5

Ⅰ . F831.5

中国国家版本馆 CIP 数据核字第 2024NG4214 号

全球系统性风险趋势报告（2022—2023 年）

QUANQIU XITONGXING FENGXIAN QUSHI BAOGAO (2022—2023 NIAN)

著　　者：西南财经大学全球金融战略实验室　北京睿信科信息科技有限公司

策划编辑：于　宇　田玉肖

责任编辑：于　宇

文字编辑：田玉肖

营销编辑：钟筏童

出版发行：中译出版社

地　　址：北京市西城区新街口外大街 28 号 102 号楼 4 层

电　　话：（010）68002494（编辑部）

邮　　编：100088

电子邮箱：book@ctph.com.cn

网　　址：http://www.ctph.com.cn

印　　刷：唐山玺诚印务有限公司

经　　销：新华书店

规　　格：787 mm×1092 mm　1/16

印　　张：19

字　　数：315 千字

版　　次：2025 年 1 月第 1 版

印　　次：2025 年 1 月第 1 次印刷

ISBN 978-7-5001-8154-5　　　　　定价：98.00 元

编委会名单

序　言

世界百年未有之大变局加速演进，因此我们了解全球系统性风险趋势非常重要。西南财经大学全球金融战略实验室与北京睿信科信息科技有限公司联合构建的全球系统性风险监测体系经过多年测试，展现出了极其重要的意义。同时，全球风险管理平台（www.sunrisk.cn）日益为广大用户所接受。2022 年，疫情后带来的全球债务风险和金融风险正在积聚，全球地缘政治风险也因俄乌冲突爆发等原因而大幅上升并持续恶化。未来，全球经济和金融系统性风险显著积聚，世界面临着金融危机的压力，需要我们高度关注并积极防范系统性风险。

一、中国金融安全的使命

党的二十大报告明确要求："深化金融体制改革，建设现代中央银行制度，加强和完善现代金融监管，强化金融稳定保障体系，依法将各类金融活动全部纳入监管，守住不发生系统性风险底线。"其中第十一部分专门讲述了"推进国家安全体系和能力现代化，坚决维护国家安全和社会稳定"，明确了要坚定不移贯彻总体国家安全观，并强调以经济安全为基础，金融安全是经济的重中之重。

党的二十大报告明确提出要健全国家安全体系，具体包括完善高效权威的国家安全领导体制，完善国家安全法治体系、战略体系、政策体系、风险监测预警体系、国家应急管理体系，构建全域联动、立体高效的国家安全防护体系。从金融领域来看，国家金融安全保障体系建设也包括国家金融安全领导体制，以及国家金融安全的法治体系、战略体系、政策体系、风险监测预警体系、国家应急管理体系，构建全域联动、立体高效的国家安全防护体系。国家金融安全保障体系与国家金融安全网建设紧密相关，但又高于国家金融安全网的建设。

自 2022 年俄乌冲突爆发以来，世界百年未有之大变局加速演进，全球系统性风险出现多维度交叉缠绕深化的趋势。在这样的背景下，监测和预警全球系统性风险非常必要而且重要。

二、2022—2023 年全球系统性风险趋势

本书从全球地缘政治风险、全球疫情风险、全球区域系统性风险、全球国别系统性风险、全球经济周期与货币政策风险、全球金融市场风险和全球行业风险七个维度监测全球系统性风险趋势，尤其强调全球地缘政治、全球疫情、全球货币政策、全球经济、全球美元周期和全球金融风险的缠绕，认为缠绕越强，"黑天鹅"事件就越有可能出现，并通过指标维度和计量方法的不断完善，利用 0~100 的指数度量了全球、区域、国别和行业等系统性风险与机遇趋势。

2023 年全球系统性风险的基本表现是：新冠疫情全球大流行基本结束，地缘政治风险缠绕上升，高通胀致加息持续，全球或面临经济衰退与金融危机等多重冲击。

（一）2023 年全球系统性风险的三种趋势的概率

2023 年，全球系统性风险趋势存在偏好、中性和偏差三种可能。

第一，偏好的概率有 20%。其正面因素为：疫情对经济的制约基本消除；发达国家央行加息接近顶部，通胀正受到控制；经济不会大面积陷入衰退，金融市场基本稳定。其负面因素为：中美竞争冲突压力展开，美国"印太战略"加紧实施；经济增长受加息累积效应放缓，退出定量宽松货币政策引发金融市场小幅波动；房地产泡沫在大幅加息后迎来压力。

第二，中性的概率有 25%。其正面因素为：疫情对经济的制约基本消除；经济增长受加息累积效应放缓但基本保持稳定，没有严重衰退；金融市场较为波动但没有大的危机。其负面因素为：通胀较高，发达国家央行加息不停；中美竞争冲突压力展开，美国"印太战略"加紧实施；退出定量宽松货币政策引发金融市场波动；房地产在大幅加息后迎来泡沫破裂压力。

第三，偏差的概率有55%。其正面因素为：疫情对经济的制约基本消除。其负面因素为：中美竞争冲突压力展开，美国"印太战略"加紧实施；经济增长受加息累积效应放缓，退出定量宽松货币政策引发金融市场大幅波动；房地产泡沫或在大幅加息后破裂。

（二）全球系统性风险基本趋势

2022年，新冠疫情全球大流行影响逐渐下降，截至2022年12月16日，完全放开的国家达127个。但是，俄乌冲突的爆发为大宗商品价格飙升和通胀上升增加了压力，高通胀的主因是发达国家定量宽松货币政策和极低的货币政策利率。以美联储为代表的主要央行纷纷快速大幅加息，全球金融市场承压，债券市场因加息导致的价值重估压力极大，银行业受到较大的冲击，经济面临滞胀压力，全球贸易也呈现出明显的收缩趋势，独联体和欧盟面临着较大的压力，发达国家和部分新兴市场与发展中经济体受到了较大冲击，全球系统性风险处于上升趋势。

2023年，新冠疫情全球大流行结束，全球疫情大流行对经济的缠绕正在逐步解除；以美联储为代表的主要央行继续加息以控制通胀，同时加大退出定量宽松货币政策的力度，受加息的累积效应和定量宽松货币政策退出的流动性紧张的影响，全球金融市场进一步承压，以银行为代表的金融机构仍面临较大的经营压力；全球多处爆发冲突，全球地缘政治风险中欧美与俄罗斯有形成局部冷战并逐步扩散的趋势。总的来看，尽管全球疫情对经济的缠绕正在逐步解除，但全球地缘政治对全球经济金融的缠绕会加强，成为在发达国家央行大幅加息和全球美元周期后的重要变数，2023年全球系统性风险上升可能演变为全球金融危机，尤其是发达国家股市在定量宽松和零利率，甚至负利率货币政策"养神"之后，可能会出现"弑神"和"葬神"的危机，全球金融市场动荡在所难免。

三、2022—2023年全球系统性风险的测量与趋势

（一）全球系统性风险的指数趋势

全球系统性风险仍有上升趋势，在地缘政治紧张的纠缠下，危机与衰退可能同步出现。

2022年12月2日，全球系统性风险指数为47.6，处于四级警报范围，较2021年底下降了3.6，年内低点为27.9，为特级警报范围（2022年3月4日）。

其中，股指风险指数恢复到77.6，较2021年底上升了3，年内低点为51.4，2023年创下新低后反弹；国家债务风险指数下降至11.9，较2021年底下降了17.9，年内低点为11.7，2023年下行，可能创下新低后反弹；经济物价风险指数下降至59.3，较2021年底下降了1.9，年内低点为50.2，2023年有所反弹；货币市场风险指数上升至68.5，较2021年底上升了10.1，年内低点为47，2023年下行，随着全球流动性风险大幅上升，低点可能下至30，甚至以下；汇率风险指数下降至59.3，较2021年底下降了21.9，年内低点为23.3，2023年下行，年内低点可能再下至30以下；商品风险指数恢复到45.6，较2021年底下降了6，年内低点接近0，2023年较为波动，年内低点可能下至20以下；经济潜力风险指数上升至45，较2021年底上升了5，年内低点为40，2023年稳中略升。

考虑到全球美元周期的重大影响，特发出全球系统性风险特级预警，2023年全球系统性风险指数有较大可能低于30。结合历史趋势来看，主要影响来自股票市场、商品市场和国家债务等风险的动荡和冲击。

（二）区域或组织的系统性风险趋势

区域或组织的地缘政治紧张上升，相关区域或组织的系统性风险指数面临下行压力。

2022年12月2日，独联体系统性风险指数为51.8，处于五级警报范围，较2021年末的67.7大幅下降了15.9，年内低点为31.1，处于一级警报范围；2023年可能陷入特级警报范围。2022年12月2日，"一带一路"系统性风险指数为59.8，较2021年末的67下降了7.2，年内低点为51.3，处于五级警报范围；2023年可能保持小幅上升趋势。2022年12月2日，欧元区系统性风险指数为51，处于五级警报范围，较2021年末的59下降了8，年内低点为34，处于一级警报范围；2023年会陷入特级警报范围。2022年12月2日，北美自贸区系统性风险指数为48，处于四级警报范围，较2021年末的53.9下降了5.9，年内低点为26.6，处于特级警报范围；2023年会陷入特级警报范围。

（三）主要国家系统性风险趋势

除中国外的主要国家的系统性风险进入特级预警。2022年12月2日，美国系统性风险指数反弹为46.9，处于四级警报范围，较2021年底下降5.2，年内低点为24.4，处于特级警报范围；2023年会再创新低，主要是加息累积效应和退出定量宽松货币政策导致的流动性收紧可能引发经济衰退和金融市场动荡，发布特级预警。2022年12月2日，日本系统性风险指数为55.3，临近五级警报，较2021年底上升1.6，年内低点为39.7，处于二级警报范围；2023年会创新低，主要是在外部货币政策日益收紧的背景下，日本退出定量宽松货币政策的流动性收紧可能引发日本金融市场动荡，发布特级预警。2022年12月2日，德国系统性风险指数也为46.9，处于四级警报范围，较2021年底下降12.8，年内低点为28.6，处于特级警报范围。2022年12月2日，法国系统性风险指数为54，处于五级警报范围，较2021年底下降2.8，年内低点为39.1，处于二级警报范围；2023年，欧洲央行可能进一步加息并退出定量宽松货币政策，欧盟可能由滞胀走向衰退，主要国家股市和金融机构面临较大冲击，主要国家如德国和法国等进入特级预警。2022年12月2日，英国系统性风险指数为52，处于五级警报范围，较2021年底下降7.5，年内低点为34.2，处于一级警报范围；2023年，随着英国深度卷入俄乌冲突，通胀压力下央行不断加息，经济有陷入衰退的可能性，在内外部加息效应累积和退出定量宽松货币政策的双重压力下，英国股市和英镑都可能面临较大冲击，发布特级预警。2022年12月2日，中国系统性风险指数为62.7，较2021年底下降5.2，年内低点为51.2，处于五级警报范围；2023年，外部环境的恶化（从发达国家可能出现衰退到出口贸易快速收缩，再到外部金融市场动荡）给中国经济带来较大的压力，内部房地产市场低迷对中国金融稳定带来一定压力，地方政府债务压力较大，但疫情渐去后对中国经济发展的束缚降低，随着扩大内需战略的推出，在财政政策和货币政策到位的情况下，中国经济将经历结构性转型的短期压力，发布三级预警。

（四）国别系统性风险趋势

从国别系统性风险指数的状态来看，2022年12月2日，指数高于55进入预警状态的国家包括：摩洛哥、阿联酋、卡塔尔、牙买加、克罗地亚、约旦、肯尼亚七国进入五级预警；沙特、阿曼、泰国、印度尼西亚、马来西亚、巴林、科威特七国进入四级预警；伊拉克、坦桑尼亚和厄瓜多尔三国进入三级预警。指数处于 50～55（不含）进入五级警报状态的国家包括：巴拿马、爱尔兰、哥斯达黎加、贝宁、塞内加尔、意大利、玻利维亚、几内亚比绍、法国、葡萄牙、尼日利亚、布基纳法索、巴基斯坦、西班牙、加拿大、澳大利亚、孟加拉国、柬埔寨、英国、俄罗斯、斯洛伐克、蒙古、韩国、卢森堡、芬兰、萨尔瓦多、特立尼达和多巴哥。指数处于 45～50（不含）进入四级警报状态的国家包括：南非、圣卢西亚、斯洛文尼亚、毛里塔尼亚、圣多美和普林西比、智利、波黑、捷克、叙利亚、圭亚那、尼泊尔、马耳他、新西兰、阿塞拜疆、拉脱维亚、荷兰、纳米比亚、冰岛、委内瑞拉、丹麦、阿富汗、厄立特里亚、美国、德国、伯利兹、比利时、加纳、巴巴多斯、东帝汶、巴布亚新几内亚、奥地利、利比里亚。指数处于 40～45（不含）进入三级警报状态的国家包括：喀麦隆、斯里兰卡、瑞典、白俄罗斯、马尔代夫、老挝、安提瓜和巴布达、格林纳达、利比亚、黎巴嫩、布隆迪、尼加拉瓜、马达加斯加、乌兹别克斯坦、斐济、阿尔及利亚、刚果（金）、哥伦比亚、刚果（布）、不丹、多米尼加共和国、文莱、吉尔吉斯、埃塞俄比亚、危地马拉、洪都拉斯、吉布提、莫桑比克、圣文森特和格林纳丁斯、波兰、圣基茨和尼维斯、马拉维、所罗门群岛、巴哈马、阿尔巴尼亚、巴拉圭、多米尼加（克）。指数处于 35～40（不含）进入二级警报状态的国家包括：匈牙利、斯威士兰、土库曼斯坦、赞比亚、佛得角、冈比亚、几内亚、塞舌尔、摩尔多瓦、乍得、塔吉克斯坦、科摩罗、赤道几内亚、也门、土耳其、缅甸、塞浦路斯、瓦努阿图、加蓬。指数处于 30～35（不含）进入一级警报状态的国家包括：格鲁吉亚、汤加、伊朗、黑山、南苏丹、中非共和国、亚美尼亚、图瓦卢、埃及、莱索托、萨摩亚、基里巴斯、乌拉圭、苏丹、圣马力诺。指数处于 30 以下进入特级警报状态的国家或地区包括：苏里南、安哥拉、阿根廷、塞拉利昂、津巴布韦、海地。

从国别系统性风险指数的变动来看，2022 年 12 月 2 日较 2021 年末指数变动大于 5 的机遇上升国家有：马尔代夫、沙特、科威特、罗马尼亚、尼日利亚、伊拉克、玻利维亚、布基纳法索、利比亚、叙利亚、伊朗、以色列、尼日尔、塞内加尔、科特迪瓦、塞舌尔、南苏丹、巴西、利比里亚、马里、赞比亚、津巴布韦、埃塞俄比亚、巴林和阿富汗。指数下降 0～5%（不含）进入五级警报的国家为：巴拿马、布隆迪、白俄罗斯、几内亚比绍、也门、柬埔寨、阿塞拜疆、斯洛文尼亚、约旦、阿尔及利亚、莱索托、法国、多哥、卢旺达、洪都拉斯、科摩罗、喀麦隆、刚果（金）、毛里塔尼亚、贝宁、秘鲁、阿曼、圭亚那、捷克、哥斯达黎加、加拿大、基里巴斯、尼加拉瓜、图瓦卢、圣马力诺、加蓬、多米尼克、萨摩亚、美国、汤加、巴基斯坦、冰岛、斯里兰卡、挪威、西班牙、意大利、泰国、塞尔维亚、立陶宛、马来西亚、中国、斐济、乌拉圭、赤道几内亚、苏丹、所罗门群岛、博茨瓦纳、瓦努阿图、英国、土耳其、巴拉圭、安提瓜和巴布达、马达加斯加、摩尔多瓦。指数下降 5%～10%（不含）进入四级警报的国家为：克罗地亚、爱尔兰、亚美尼亚、巴巴多斯、厄里特里亚、格鲁吉亚、卢森堡、坦桑尼亚、肯尼亚、乍得、文莱、海地、圣卢西亚、阿联酋、拉脱维亚、阿尔巴尼亚、加纳、巴哈马、委内瑞拉、新加坡、奥地利、智利、斯威士兰、圣文森特和格林纳丁斯、苏里南、荷兰、比利时、孟加拉国、瑞典、突尼斯、波黑、马拉维、塞拉利昂、危地马拉、尼泊尔、希腊、格林纳达。指数下降 10%～15%（不含）进入三级警报的国家为：芬兰、圣基茨和尼维斯、澳大利亚、丹麦、印度、黑山、斯洛伐克、乌克兰、德国、中非共和国、乌干达、老挝、葡萄牙、塔吉克斯坦、印度尼西亚、阿根廷、哈萨克斯坦、匈牙利、菲律宾、新西兰、韩国等。指数下降 15%～20%（不含）进入二级警报的国家为：哥伦比亚、波兰、冈比亚、俄罗斯、越南和塞浦路斯。指数下降 20%～25%（不含）进入一级警报的国家为马耳他。指数下降 25% 进入特级警报的国家为埃及。

（五）主要行业系统性风险趋势

2022 年 9 月末，在统计的 64 个行业中，有 39 个行业的系统性风险指数较去年同期下降，系统性风险上升。其中，下降值大于 6 的行业有 14 个，前三个行业分别是容器与包装业、房屋建筑业和房地产投资信托业等，其中容器与包装行业的产品同质化严重，在产业价值链处于相对弱势的地位，一是受上游原材料上涨及节能环保因素影响，二是因下游客户需求不足，其行业指数下降值最大，为 21.1。其他还包括机械业、电信业、互联网、有线和卫星业、特种化学品业、汽车制造业、金融支持服务业、移动电话业、建筑业、建筑材料业、天然气和公共事业网络业、航空业等。

2022 年 9 月末，行业系统性风险指数低于 50 的行业有 29 个，分别为：特种化学品业、物流服务业、油气勘探生产与支持业、服饰销售业、旅游博彩业、电脑及电子消费业、国防航空航天业、医疗设备与器械业、汽车制造业、钢铁原料供应业、有色金属业、生物燃料业、机械业、汽车配件业、房地产投资信托业、基本及多种化学制品业、贵金属业、基本金属业、综合石油与煤业、钢铁业、移动电话业、海运业、新能源设备业、半导体业、房屋建筑业、油气服务与设备业、互联网有线和卫星业、航空业、容器与包装业。

2022 年，全球金融业系统性风险有所上升。但是，一些充分利用科技的金融机构，呈现出较好的趋势。金融行业与金融市场高度相关，发达国家金融泡沫破裂可能会导致金融行业的风险显著上升，一些金融机构可能会"爆雷"。全球系统重要性银行风险指数低于 50 的有英国巴克莱银行、西班牙桑坦德银行、法国兴业银行、美国花旗银行、瑞士信贷银行和德意志银行，面临较大的压力；全球系统重要性银行风险指数高于 70 的有中国工商银行、中国农业银行、日本三井住友金融集团、中国银行和加拿大皇家银行，有可能出现指数高位转折的风险；全球主要保险机构风险指数低于 50 的有声保公司、前进保险公司、英杰华保险、T&D 控股、DB 保险有限公司、大都会集团、荷兰全球保险集团、英国保诚集团、富通集团、尤纳姆集团、新华保险、安信龙集团、中国再保险、全州保险、林肯国民、美国再保险集团、中韩人寿保险、SCOR SE 公司，面临较大的下行压力；全球主要保险机构风险指数高于 70 的有中国人民保险集团、澳大利亚保险集团、大东方控股、塔兰克斯保险公司、慕尼黑再保险公司、法国国家人寿保险公司和中国人保财险等，有可能出现指数高位转折的风险。

四、中国金融安全的应对策略

（一）尽力避免对中国整体安全的冲击

国家安全是金融安全的前提。当前，中国金融安全的首要保障应该尽可能避免局部或全球"新冷战"，避免被迫卷入或被诱导卷入局部地缘冲突，战略定力和国家安全是中国金融安全的首要保障。当然，中国也应该妥善应对"新冷战"的战略挑战，掌控新的战略机遇期。

首先，中国应妥善化解局部"新冷战"带来的挑战。和平与发展是中国安全最需要的国际环境。第一，必要时可参与建立多边调解组织，促进俄乌达成和解协议；第二，控制对俄制裁给中国带来的压力，同时防范欧美国家，尤其是美国对俄制裁延伸到中国的"长臂制裁"；第三，保持中俄正常的经济金融合作，缓解欧美对中国的压力；第四，控制俄乌冲突持续给全球金融市场带来的冲击对中国的系统性风险的影响；第五，控制"一带一路"陆路的风险，强化海路和周边国家的合作发展；第六，强化能源和资源的保障与安全。

其次，防范向全球"新冷战"格局转化的挑战。第一，面对美国"去陆逐海"的战略意图，以静制动，保持冷静和克制；第二，冷静处理与俄罗斯和欧美国家的经贸关系问题；第三，警惕和防范周边地缘政治同步动荡风险；第四，强化人类命运共同体理念，注重人类命运共同体理论创新，促进东西方理念上的融合发展，从根本上化解意识形态和文化上的分歧。

最后，抓住局部冷战带来的战略机遇。第一，促进以科技创新为核心的人力资本化发展，强化国家科技的集团性创新能力，开启人口创新红利；第二，大力推进《区域全面经济伙伴关系协定》（RCEP）的合作发展，积极加入《全面与进步跨太平洋伙伴关系协定》（CPTPP），推进多层次多领域的全球合作；第三，加强国内市场的开放，促进国际国内大循环的发展；第四，平衡处理与俄罗斯的战略关系，强化与欧美的经济金融合作关系。

（二）积极应对全球美元周期加息与退出定量宽松货币政策

第一，适当放松货币政策，适当限制零售油价上涨幅度，稳定我国经济基础，降低零售油价上涨对物价的冲击。

第二，在美联储可能加速加息、全球资产价值重估的背景下，积极预防全球性金融危机的冲击，维护国内金融市场基本稳定，警惕资金外逃冲击，保持人民币汇率的基本稳定。

第三，警惕衍生品的杠杆效应及其各种组合下可能带来的系统性风险。

第四，警惕国内信用债市场的风险，尤其是地方债务和地方隐性债务的风险，注重缓和国际债务违约风险。

第五，维护房地产市场的正常秩序，保障房地产泡沫的逐步消化，保障房地产企业过度负债的逐步消解。

（三）妥善应对对俄罗斯金融制裁或次级制裁

第一，采取措施保障在俄金融机构和在俄投资的安全，金融机构要做好在俄资产的保值增值工作，积极应对可能出现的资产质量问题。

第二，中资金融机构涉及对俄金融交易要谨慎，以保障全球性中国金融机构的安全。在对俄贸易中可采取资产隔离、机构重组、设立特殊目的公司和以货易货等方式，避免"长臂制裁"。

第三，以对等制裁和同等"长臂管辖权"的方式积极应对美国可能对中国采取的次级制裁。

第四，在保障自身粮食和能源安全的前提下，以减少从美国进口粮食或能源等方式形成美国内部压力，缓解对中国次级制裁的舆论压力。

第五，加快反制裁的立法工作，尤其是建立"长臂管辖权"的法律制度，完善保障中国金融安全的法律体系。

（四）再造香港国际金融中心

结合香港国际金融中心地位遭受的压力，以及中国在国际金融市场面临的压力，可再造香港国际金融中心，让香港地区成为中国进入或退出国际金融市场的战略要冲。

第一，逐步让一定规模（如 5 000 亿—1 万亿美元）的外汇储备回流香港金融市场，既可维护香港金融市场的繁荣稳定，也可防范香港金融危机，必要时可通过沪港通和沪深通进入中国内地市场，维护金融市场的稳定，提振金融市场信心。

第二，为中概股私有化并在香港上市提供恰当的金融支持，提升香港创业板市场容纳能力，为中国内地科技股寻找一个可替代美国纳斯达克市场的相对宽松的环境。

第三，注意香港衍生品市场与股票市场可能蕴藏的系统性风险，尤其是被国际金融大鳄操纵的风险。

（五）促进国际金融秩序变革

第一，促进国内商品期货市场的国际化，可考虑与相关国家合作，形成两伊原油、乌拉尔原油和委内瑞拉重油等人民币报价体系，必要时可考虑形成合资的国际商品期货交易所。

第二，在全球交易中推进人民币国际化，还可通过推行数字化"亚元"与央行数字人民币的国际应用结合，推进国际清算体系的平台化，替代现有的发达国家各自主导的货币清算体系。

第三，除回流香港的部分外汇储备外，抓住时机（美联储加息和美元升值达到一定程度后），促进外汇储备资产的全球、多品种配置，保障外汇储备的安全。

第四，研究促进全球金融包容、维护正常国际金融秩序的国际规则和法律，提升国际金融体系维护与变革的话语权，改善国际金融治理体系。

（六）建立外部事件对中国金融安全冲击的评价平台

在世界百年未有之大变局加速演进之际，我国发展进入战略机遇和风险挑战并存、不确定难预料因素增多的时期，各种"黑天鹅""灰犀牛"事件随时可能发生。为此，可以考虑投入精力建立外部事件对中国金融安全冲击的评价平台，构建对中国金融安全的整体监控平台，通过数字孪生技术，为广大用户提供全球系统性风险监测和管理服务。

西南财经大学全球金融战略实验室主任、首席研究员，

西南财经大学博士生导师

方　明

2023 年 12 月

目　录

第八章 全球主要行业系统性风险趋势

第九章 全球金融行业系统性风险趋势

第一章

全球系统性风险研究的新范式

全球系统性风险破坏极大，带来的损失也极为严重。而且，全球系统性风险的预测也十分困难。多数机构和组织并未预测到美国会发生次贷危机并引爆全球金融风暴，这说明全球系统性风险有其突然性，演变有其戏剧性，甚至带有暴力性，其影响正如其突然到来一样难以预测。这和地震的情况类似，并不是平时地质结构没有发生变化，而是平时缓慢的变化积累了足够大的破坏力量，然后一起爆发。地震的预测也是一个难题，通常会在地震带设置相应的探测器，实时获取相应的数据，进行动态分析。在原油勘探领域，为了充分了解地下的地质构造，常常利用"人造地震"的方法获得相关反射波的数据，从而依据不同的地质结构所具有的不同的反射波进行确认。事实上，全球系统性风险测试的思路核心在于建立监测体系，进行动态监测，获得监测数据，进行系统分析。必要的时候，可以利用类似"人造地震"的方法模拟压力测试，或者利用历史上重大事件的冲击来进行压力测试。

全球系统性风险具有多维缠绕的特点，同时是在数字化基础上的数字孪生与镜像世界，全球风险管理平台及其每周监测周报，是对全球系统性风险监测镜像世界的具体应用。

由此思路出发，全球系统性风险监测体系主要是监测全球主要国家、主要机构和主要市场的实时情况（这依赖于实时的或者高频的数据），而全球市场既是全球情况的体现者，本身也具备了实时数据或者高频数据，其波动性体现了全球系统性风险情况与机遇情况。因此，对全球系统性风险的测量，即全球系统性风险指数，并不是0或1的关系，即有或无的关系，而是一个从0～1或0～100的随时间连续分布的数值。指数趋向0即风险上升，趋向100即机遇上升。

在此基础上，我们构建了全球系统性风险指数体系，由全球系统性风险指数、全球192个国家系统性风险指数、53个区域系统性风险指数、120个行业系统性风险指数和5万家标杆企业系统性风险指数等构成。

第一节　全球系统性风险监测的新范式

风险本身是一种可能带来损失的不确定性。任何系统都可能存在着风险，危及系统稳定与生存的风险，都可称为系统性风险。正如2008年全球金融风暴给我们的启示，全球系统性风险是现实存在的，在某些时刻可能会爆发，并且带来巨大损失。全球系统性风险的监测范式，日益成为一个真正的问题。因为全球系统性风险转化为危机，既有延续性，也有突变性；既是一个实践问题，也是一个真正的理论问题。如何在国际组织、各国政府及学者实践和研究的基础上，探索建立全球系统性风险指数体系，为全球监测、管理系统性风险，为机构和企业掌控全球系统性风险与机遇提供一定的基础，是我们进行大胆研究尝试的初衷。

一、"黑天鹅""灰犀牛"与混沌理论

（一）"黑天鹅"与"灰犀牛"：两种危机表象

纳西姆·尼古拉斯·塔勒布（Nassim Nicholas Taleb）一生专注于研究运气、不确定性、概率和知识。他既是文学随笔家，又是经验主义者，还是理智的数理证券交易员，现担任纽约大学理工学院金融工程系教授。他在2007年出版的《黑天鹅：如何应对不可预知的未来》一书中，提出了"黑天鹅"现象。17世纪之前，人们从来没有想到世界上除了白天鹅还有其他颜色的天鹅，直到澳大利亚发现黑天鹅，人们认识天鹅的视野才打开。其实，在许多方面，人们过去认识的规律和判断都被证明是错误和片面的。可惜的是，在金融市场，人们总是相信有规律可以遵循，因而学者们努力去构建各种模型以追求利益。2007年次贷危机之后，华尔街的投资银行开始对VaR模型进行反思，如果可以构建一个模型来预测未来波动范围的话，其实无异于构建了一台合法的印钞机，可以源源不断地从市场上赚取交易利润。而这台印钞机稍加改进就可以成为一台物理学上的永动机，这两台机器可以一劳永逸地解决人类关于财富和能源的

问题。人类制造永动机的努力早就被证明是徒劳的，一劳永逸地解决财富和能源问题显然更不可能。"黑天鹅"事件指的是非常难以预测且不寻常的事件，通常会引起市场负面连锁反应，甚至颠覆市场。用数学语言讲，即小概率随机事件真的发生并产生了重大负面冲击，如"9·11"事件、泰坦尼克号的沉没、全球金融风暴等。"黑天鹅"事件有三个特点：一是意外性；二是产生重大影响；三是人们事后为它的发生编造理由，并且或多或少地认为它是可解释和可预测的。但从"黑天鹅"事件产生的逻辑来看，世界是不可预测的，你不知道的事比你知道的事更有意义。当然，你不知道的事也比你知道的事多。

米歇尔·渥克（Michele Wucker）声称自己的《灰犀牛：如何应对大概率危机》一书并不是要反对《黑天鹅：如何应对不可预知的未来》，而是对其理论的一种补充。该书以"灰犀牛"比喻大概率且影响巨大的潜在危机。相对于"黑天鹅"事件的难以预见性和偶发性，"灰犀牛"事件不是随机突发事件，而是在一系列警示信号和迹象之后出现的大概率事件。例如，2008 年美国房地产泡沫集中爆发以及在此之前的诸多泡沫破裂；飓风"卡特里娜"和"桑迪"以及其他自然灾害后的毁灭性余波；颠覆了传统媒体的现实数码技术；大桥坍塌和摇摇欲坠的城市基础设施，在事前均出现过明显的迹象。人们应对"灰犀牛"的反应通常有五个阶段：第一个是否认阶段；第二个是混日子阶段，想办法把问题推给将来；第三个是判断性阶段，对于到底该做什么争吵不休；第四个是惊恐阶段；第五个是行动阶段或崩溃阶段。

《人民日报》在 2017 年 7 月 17 日头版刊发的评论员文章《有效防范金融风险》中提到，防范化解金融风险，需要增强忧患意识。……既防"黑天鹅"，也防"灰犀牛"，对各类风险苗头既不能掉以轻心，也不能置若罔闻。"黑天鹅"和"灰犀牛"两类事件都有可能冲击金融风险底线，将以不同思路和办法应对防范。"黑天鹅"主要指没有预料到的突发事件或问题。"灰犀牛"一般指问题很大、早有预兆，但是没有给予足够重视，从而导致严重后果的问题或事件。对"灰犀牛"问题也要保持高度警惕。

（二）"蝴蝶效应"与混沌理论：一种认知真实世界的系统性思维

这个世界在"灰犀牛"与"黑天鹅"之外还存在着什么，与这两者是什么关系呢？或者说，危机之外的世界与危机本身是什么关系呢？危机发生的路径和过程与危机之外的世界有没有关系呢？它们是不是处于同一个系统整体之中呢？我们从与"蝴蝶效应"（The Butterfly Effect）相关的混沌理论（Chaos Theory）开始探讨。

混沌理论通常用"蝴蝶效应"加以形象地说明。"蝴蝶效应"是指在一个动力系统中，初始条件下微小的变化能带动整个系统长期的、巨大的连锁反应。对于这个效应最常见的阐述是："一只南美洲亚马孙河流域热带雨林中的蝴蝶，偶尔扇动几下翅膀，可以在两周以后引起美国得克萨斯州的一场龙卷风。"

混沌理论是一种兼具质性思考与量化分析的方法，用来探讨动态系统中（如人口移动、化学反应、气象变化、社会行为等）必须用整体的、连续的而不是单一的数据关系才能加以解释和预测的行为。1963 年，美国气象学家爱德华·诺顿·洛伦茨（Edward Norton Lorenz）提出混沌理论，即非线性系统具有的多样性和多尺度性，其最大的贡献是用简单的模型获得明确的非周期结果。该理论认为在混沌系统中，初始条件十分微小的变化，经过不断放大，对其未来状态会造成巨大的差别。

混沌理论有三个原则：一是能量永远会遵循阻力最小的途径；二是始终存在着通常不可见的根本结构，这个结构决定阻力最小的途径；三是这种始终存在而通常不可见的根本结构，不仅可以被发现，而且可以被改变。我们以混沌理论的"蝴蝶效应"来分析世界，其前提条件是类似的，即完全自由流动的空气（资金）、确定的动力源（美元汇率波动）和全球多类不确定性事件。在此基础上，进一步分析可能出现的不可预测的系统性影响。

真实世界是非线性的系统，混沌理论解释的是非周期性结果，常常不具有线性的周期性，但如果时间足够长，非线性也会有周期性的结果，比如大西洋的飓风和太平洋的台风是有季节性的；比如经济的各种周期理论，尤其是长周期理论；比如金融危机在全球的不断出现；比如战争的不断出现；等等。

因此，"黑天鹅"的出现、"灰犀牛"的存在，两者无疑是非线性系统的一种混沌表现。每一个"黑天鹅"背后有相应场景里的"灰犀牛"长期存在，比如温室效应与一场气候灾难、工业化发展与城市雾霾、人口限制政策与人口断裂、一场金融创新与金融危机、一场突如其来的地震等。这个场景其实就是现实存在的每个系统，其存在和运转是非线性的，但并非完全没有规律和迹象可循。更为重要的是，在这个场景中，未来的"黑天鹅"与当下的"灰犀牛"与过去的正常发展是同一个系统，而在这个系统中如何出现从过去、现在到未来,从正常发展到"灰犀牛"再到"黑天鹅",则是混沌理论可以着力的地方。

如何着力?重在系统化、整体化和历史思维,在于监测体系的建设和长期的跟踪观测与分析,更在于应对机制与应对能力的建设。而如果停留在"头痛医头,脚痛医脚"的思维阶段,会有如下三种可能的后果。第一,"黑天鹅"防不住:一是提前找不到蛛丝马迹;二是爆发后没有应对能力。第二,"灰犀牛"拎不清:一是找不准"灰犀牛"(甚至有"指驴为马"的可能);二是不能正确认识"灰犀牛"存在的根源;三是难以痛下决心解决真正存在的问题,大家都在等待"靴子"落地。第三,发展与改革停滞:既然解决不了问题,就忙当前看得着也摸得着的事,大家都很忙,而发展的正确方向偏离了,改革的步伐停顿了。

事实上,如同地震预警系统一样,我们对真实世界实时监测体系的建立,是从各种力量的积累与变化来判断未来可能的变化,说是预测也可,说是实时掌握情况也可。在这里,所有的监测系统并不是为了防范危机才建立的,建立的目的也不是为了预测危机,更多的是实时把握真实系统的状况,并通过压力测试等方式做出预防性防范或者调整。我们的全球系统性风险指数体系就是基于如上思维做出的一种尝试,是对真实世界的实时监测,是对风险与机遇的共同监测。

二、全球系统性风险的多维缠绕特性与镜像世界范式

(一)多维缠绕特性

全球系统性风险集中了疫情、地缘政治、气候、国别政治经济军事、区域风险和行业风险、国际货币体系和金融市场动荡等风险。多维缠绕是指多维度风险之间形成一个多层次的相互缠绕,最终体现为最终的全球系统性风险。多维缠绕不是一个线性概念,来自物理学的量子纠缠概念,但两者又存在着显著的不同。

量子纠缠(quantum entanglement),或称量子缠结,是一种量子力学现象,是1935年由阿尔伯特·爱因斯坦(Albert Einstein)、鲍里斯·波多尔斯基(Boris Podolsky)和纳森·罗森(Nathan Rosen)提出的一种波,其量子态表达式为:

$\varphi(x_1, x_2) = \int_{-\infty}^{\infty} \varphi_\rho(x_2)\mu_\rho(x_1)\,\mathrm{d}\rho$。其中 x_1、x_2 分别代表两个粒子的坐标，在任何表象下，它们都不可以写成两个子系统的量子态的直积（direct product）的形式。[①] 定义上描述复合系统（具有两个以上的成员系统）是一类特殊的量子态，此量子态无法分解为成员系统各自量子态之张量积（tensor product）。[②] 量子纠缠是指量子力学框架中两个子系统之间的一种关联，是量子态的一种性质。如果两个子系统作为一个整体的量子态并不是其中一个子系统的量子态与另一个子系统的量子态的直积，那么就说这两个子系统之间存在量子纠缠。当然，这个概念可推广到多个子系统之间的关联。换句话说，两个子系统如果没有互相独立的量子态，那么它们就是存在量子纠缠。这种情况下的整体量子态就叫作量子纠缠态。

量子纠缠技术是安全的传输信息的加密技术，与超光速传递信息相关。即使两个物体并没有物理连接，甚至它们之间的距离如宇宙长度般遥远，也能同时相互产生影响。被爱因斯坦描述为"鬼魅般的超距作用"的纠缠现象是量子力学的基础，这门学科描述极其微小的物体所具备的奇异物理现象，在如量子计算机等革命性的技术中，量子纠缠也担当了重要的角色。

多维度缠绕是指世界的多维度构成及其之间生成的超越简单直接作用结果的现象。全球系统性风险的多维度构成及多维度之间发生的相互作用，常常就是多维缠绕的结果，如疫情对经济金融系统的缠绕；如俄乌冲突等地缘政治问题对经济金融系统的冲击，尤其是可能向局部或全球"新冷战"的演变；如美国特朗普上台时对中国的贸易制裁加剧了全球系统性风险；如在全球美元周期支配下，美联储大幅加息对全球系统性风险带来的影响等。

对于社会科学而言，大多数缠绕是不可计量的，但其缠绕产生的影响却是不断扩

---

① 直积又叫笛卡尔（Descartes）乘积，表示为两个集合 X 和 Y 的 $X \times Y$ 形式，指第一个对象是 X 的成员，而第二个对象是 Y 的所有可能有序对的其中一个成员。假设集合 $A=\{a, b\}$，集合 $B=\{0, 1, 2\}$，则两个集合的笛卡尔积为 $\{(a, 0), (a, 1), (a, 2), (b, 0), (b, 1), (b, 2)\}$。

② 张量积（tensor product）类似于线性变换的叠加，用来构造高阶张量。张量是数据储存形式的统称，是指数据储存维度。数据储存在一条线上叫向量，数据储存在一个平面上叫矩阵，储存在更高维度上叫张量，也可包括向量和矩阵的储存结构。张量积可以应用于不同的上下文中如向量、矩阵、张量、向量空间、代数、拓扑向量空间和模。凡是在范畴中多个对象得到一个对象，并满足一定结合规则和交换规则的操作都可以视为张量积，比如集合的笛卡尔积、无交并、拓扑空间的乘积等，都可以被称为张量积。带有张量积操作的范畴叫作张量范畴。张量范畴现在被视为量子不变量理论的形式化，从而应该同量子场论、弦论都有深刻的联系。

散的，如金融危机在资金流动和信心受挫下的加速扩散。即使是在维度（子系统内部），如金融系统内部，大多数缠绕也具有或许可预见但不可或难以计量的特点。

对于全球系统性风险可能存在的多维缠绕与监测问题，首先要解决的是维度的监测，其次要解决的是维度的跨国监测，再次是解决跨维度的监测，最后是跨维度跨国的监测。以数字化为基础的监测体系和平台建立十分必要，它是对全球系统性风险进行监测的元宇宙镜像世界。其中，数据模型的模拟是在不断积聚的相关数据流的支持下不断尝试各种算法逐步改进的，不同的研究者参与其中，在共创中不断完善。唯有如此，才有可能建立真正的全球系统性风险监测体系，区域系统性风险、国别系统性风险、行业系统性风险、企业或机构系统性风险的监测概莫能外。

（二）元宇宙的镜像世界范式

利用元宇宙技术或平台对全球系统性风险进行镜像世界的监测并不玄奥。当企业、机构或平台的数字化水平超过 50% 时，数字化自然向元宇宙方向发展。元宇宙通常划分为虚拟世界、镜像世界、增强现实和日志记录四个维度。其中，以数字化为基础的镜像世界或称数字孪生（Digital Twin），是金融机构元宇宙化发展的重要方向，也是全球系统性风险监测的重要工具。

数字孪生思想由密歇根大学的迈克尔·格里夫斯（Michael Grieves）命名为信息镜像模型（Information Mirroring Model），而后演变为数字孪生的术语。进入 21 世纪，美国和德国均提出了信息 – 物理系统（Cyber-Physical System，CPS），作为先进制造业的核心支撑技术。CPS 的目标就是实现物理世界和信息世界的交互融合。通过大数据分析、人工智能等新一代信息技术在虚拟世界的仿真分析和预测，以最优的结果驱动物理世界的运行。数字孪生的本质就是在信息世界对物理世界的等价映射。数字孪生体是一起工作的。物理世界中的实体的主要功能是采集数据，并传输给数字世界中的孪生体。数字孪生体汇集数据，做出关联分析，给出具体的动作指令。物理世界中的实体，接受指令，并执行相应的动作。在这个过程中，实体进一步采集数据，并将数据传输给孪生体。简单来说，数字世界的孪生体的主要功能是分析和决策，而物理世界中的实体的主要功能是接收指令执行动作。

数字孪生在很大程度上即镜像世界，或者说数字孪生的目的就是建设组织的镜像世界。根据2021年埃森哲发布的技术展望报告，镜像世界的崛起是由领导者推动的，他们正在构建庞大的互联智能双胞胎网络，包括整个工厂、产品生命周期、供应链、港口，甚至城市的生活模型。他们将数据和智能结合在一起，既能代表数字空间中的物理世界，又能应对更大的挑战。建立数字孪生是企业迈向镜像世界的第一步。领导者们正在将数据和智能结合起来，创造一个灵活、互联的未来。

通往镜像世界的道路有三个重要的考虑：第一，释放数据的力量，做到信息的数据转化和自由流动；第二，自由实验，充分的创新创造；第三，全局观和系统观，能看到整体的结构、流程和效果。

全球系统性风险监测的数字孪生和镜像世界自然不能如宝马工厂一样做到全链条的数字孪生和镜像世界。全球系统性风险监测的数字孪生和镜像世界核心在于平台的建设，在于维度和信息来源的实时把握，在于数据的自然处理和算法的不断优化，在于传导系统的多维度探索，在于对跨国和跨维度等缠绕的逻辑理解与深化，在于共创性社交与人工智能、机器学习的不断深化。目前，全球风险管理平台就是全球系统性风险初步的镜像世界，全球系统性风险监测周报就是全球系统性风险镜像世界的展现，帮助企业和金融机构建立镜像化的系统性风险管理系统是全球系统性风险镜像世界的具体应用。

三、以全球价格体系把握全球系统性风险

（一）以全球价格体系把握"灰箱"

随着全球金融危机的爆发，全球系统性风险的概念不再陌生，其重要性也日益凸显，对其的重视程度也日益提升，如国际货币基金组织（IMF）、国际清算银行（BIS）和金融稳定委员会（FSB）等国际组织，欧盟等区域性组织，各国央行等职能部门，都日益关注全球系统性风险，对全球系统性风险的讨论也日益增加，对其的监控和管理也在逐步展开。

但是，大家对于系统性风险的理解多局限于金融系统的风险，对于全球系统性风险的理解尚多认为是全球金融体系的系统性风险。事实上，随着全球日益金融化，金融的触角日益深入人类社会生活的方方面面，从各种层次的金融市场到金融机构，到

金融监管，到金融行为，无不如此。相应地，全球系统性风险常常也会传染到全球金融体系中去，如战争、政变、恐怖袭击、全球传染性疾病、地震、海啸等全球系统性风险，除了自身可能带来死亡、难民、政局动荡等，也常常会导致股票市场、债券市场、外汇市场、货币市场和商品市场的波动，严重的会影响到金融机构、人们的金融行为，甚至导致金融监管的改变。

当然，全球金融体系本身也是全球系统性风险的创造者，如货币汇率的巨大波动、金融泡沫的破裂、股市的暴跌，有的有外部系统性风险的原因，有的有经济风险释放的原因，也有金融系统中金融机构操作的问题、金融市场漏洞被利用的问题。

因此，当我们谈论全球系统性风险时，并不仅仅指的是全球金融体系的系统性风险，尽管常常体现为全球金融体系的系统性风险。同时，当我们谈论全球金融体系的系统性风险时，也常常并不仅指金融机构自身产生的风险，也涉及金融体系变革产生的风险，以及两者导致金融市场变动的风险，还常常指外部冲击导致的系统性风险。

此外，系统性风险通常含有质的含义，系统性风险通常是指风险的量积累到一定程度后出现的巨大风险，常常具有猝然发生、难以应对的特点。但是，风险是始终存在的，与机遇一样随时存在。系统性风险也是一种风险，也不是随时爆发的。那么，它是随时存在的吗？它可以通过测量来把握吗？它可以随时测量吗？

事实上，系统性风险的测量，不是测量其爆发时这一个极端情况，测量的是风险与机遇的现实情况，在这个连续的现实情况中才能发现突变的极端情况。因此，系统性风险的测量首先是对全球经济金融体系，甚至是对更广泛含义的全球生态体系的了解和把握，其次是将风险与机遇这一似二实一的两类指标统一为一种指数度量，即 $0 \sim 100$ 的指数，靠近 0 就是风险越来越高，靠近 100 就是机遇越来越高。最后，系统性风险指数是一个体系，最高级别的就是全球系统性风险指数体系，下面的可以有区域系统性风险、国别系统性风险、行业系统性风险和重要金融机构的系统性风险等。明白这些，我们才能进一步构建全球系统性风险指数体系，以全球金融体系为基础来构建全球系统性风险指数体系。

随着以市场化和金融化为重要推动力的全球化的不断深入，全球经济金融日益具有开放性，全球经济金融日益融合成一个关系紧密的全球系统，全球贸易和金融市场日益成为全球化的重要表现。全球经济金融系统和相关的系统非常复杂，即便不是一个"黑箱"，也是一个半黑半白的"灰箱"，但绝对不是一个"白箱"。在这个"灰箱"之中，存在众多若隐若现的金融市场、金融机构和金融监管的关系，但从国际组织、主要国家和学者的研究情况来看，对全球系统性风险的把握并不理想。

全球汇率体系、全球物价体系以及全球金融市场的股票价格体系和债券价格体系，日益成为全球经济金融系统的标志，代表着全球经济金融系统的状况，而全球购买力平价作为一种全球经济系统的参考价格体系，也日益被国际组织应用到诸多方面。我在2009年出版的《蝶变：从金融风暴走向全球共治》一书中，将美元兑某个经济体的汇率与该经济体的购买力平价的比值称为经济潜力空间比值，并对全球186个国家进行了经验分析，还与经济学家曹远征多次探讨其合理性。同时，对于物价和经济状况而言，都是以月或季为间隔的数据，我们通过月度数据的相关分析，获得了2年期国债收益率与经济物价良好的相关性，遂以2年期国债收益率作为经济物价的代表。于是，我们在编制国家系统性风险指数时，以全球价格体系为基础，取了5个共同的维度，试图按全球一价率来获得全球系统性风险指数。这5个维度是：经济潜力、经济物价、国债利差（10年期与2年期国债收益率利差）、股票指数和汇率。

（二）从全球经济金融系统内部出发把握系统性风险面临的困境

全球经济金融系统内部当然应尽可能地把握各种各样的指标与相关关系，因为这些都是非常有价值的，但这种情况也可能导致两个结果：一是只见树木不见森林，只见细节不见整体；二是可能不会将精力放到寻找系统内部冲突和化解系统内部冲突上来。

事实上，在全球化过程中，一些发达国家过度金融化，形成过度的金融权力，依赖美元霸权的国际货币体系，利用全球化的经济金融系统，操纵其他金融化不足的金融市场，导致各种危机，俗称"剪羊毛"。为此，索罗斯称，是因为这些国家存在着漏洞。漏洞当然存在，但拥有过度金融实力的机构和个体操纵或利用市场的这种漏洞，尽管表面上以市场经济的自由交易原则作为借口，但显然不是善意之举。可能有的人会嘲笑我说，市场经济讲的是利益，谈善意是贻笑大方之举。其实大谬不然，原因很简单：一是市场经济和人类的道德原则是不冲突的，亚当·斯密（Adam Smith）在完成《国富论》后，也完成了《道德情操论》；二是操纵市场本身就是一种犯罪，只是因为相应经济体缺乏相应的法律规范、国际社会缺乏相应的全球治理规则而已。

不仅如此，在一个经济体内部，尤其是新兴市场经济体和快速发展的发展中国家，金融化快速发展，金融深化取得了一定成绩，金融深化的规则体系却没有建立起来，相应的监管体系存在着缺失或漏洞，金融权力为少数财富提前积累者操控，各种市场操纵和市场合谋行为层出不穷，甚至有监管者本身成为市场合谋的一方，更为甚者，还出现了内外合谋操纵市场的情况。

而华尔街式的金融体系本身就是金融从业者内部合谋的谋利体系，金融从业者的天价高薪本身就意味着一种金融权力的垄断，本身就是一种金融从业者的腐败。或许也有人会不以为然，认为这是金融从业者承担高风险的合理报酬。但是，如果你回头看看，多见金融机构破产，有谁见大佬们个人破产（除了那些把个人的资产当作机构来经营的贪婪者）？金融是一个服务行业，我实在想不出同样学力同样资质的两个人，在制造业和金融业会有如此大的薪资差异。更为重要的是，掌控资金命脉的金融业，本身通常不是主动服务企业，而是企业来求金融机构了，等客上门，因所谓的控制风险而不在业务上下功夫了。因此，限制金融业从业者个体的欲望，扩展金融业的服务职能，推动金融业的革新，势所必然。

四、全球系统性风险指数体系研究的意义

全球系统性风险指数体系包括全球系统性风险指数、区域系统性风险指数、国家系统性风险指数和行业系统性风险指数。其中，全球系统性风险指数包括以美国金融市场与商品市场为基础的指数和以美国、日本、中国、英国、法国、德国六国系统性风险指数为基础的指数；区域系统性风险指数以区域内的国家系统性风险指数为基础；行业系统性风险指数以行业的市场指标和财务指标为基础。我们完成了金融行业的系统性风险指数。

（一）理论意义

从理论研究上讲，全球系统性风险指数的研究工作具有一定的开创性，体现在如下几个方面。

第一，恰当地界定全球系统性风险的内涵与外延。不仅仅从全球金融体系出发来看全球系统性风险至为关键，尽管谈论全球系统性风险通常指的是全球金融系统性风险。全球系统性风险指数是由全球层面、区域层面、国家层面和行业层面构成的。行业层面通常是金融行业，但远不仅仅是金融行业。

第二，指出了全球系统性风险指数体系的构成与测量方法。此外，风险指数实际上可以被称为风险－机遇指数，是 0～100 的指数，指数靠近 0 时指风险上升，指数靠近 100 时指机遇上升，从而将日常的风险与机遇的度量同系统性风险的度量统一起来，让这种测量回到全球金融体系和全球生态体系当中去。

第三，全球风险指数体系具有模糊实时性，方便实时监测。以全球化和金融化为前提，以金融市场为全球系统性风险的体现指标，将原来滞后一年左右的监测指标改变为实时监测，大大提高了全球系统性风险监测的效率，也提供了足够采取措施的时间。

第四，全球风险指数体系的历史性和动态压力测试。相关指数编制后的历史回溯可以考察与检验相应指数的趋势，拟合度越好，对未来的预测可能性就越高。历史上的重大事件的压力检测效果，实际上可以成为动态压力测试的一个可以模仿的对象。

第五，以全球一价率进行全球投资的评估与定价。在传统的汇率考量基础上，加入风险维度，可以改变全球会计准则。相关的风险评估维度可以从全球系统性风险、国别风险、行业风险和企业风险的体系中贯彻全球一价率进行资产与负债、投资收益的评估。

第六，在此基础上，可以进一步构建世界金融模型。从金融系统性风险与全球系统性风险的镜像关系出发，这个世界金融模型既可以反映全球系统性风险，也可以作为全球系统性风险模型监测的重要组成部分。

（二）实践意义

全球系统性风险指数体系的研究具有以下四个方面的实践意义。

第一，对于全球系统性风险监管而言，不管是各国际组织，还是各国宏观审慎监管，都可提供一个可以不断优化发展的、实时的指数基础，在一定程度上解决改变目前全球系统性风险监管乏力、缺乏前瞻性和预测性的难题。

第二，对于日益全球化的中国而言，既可以提升自己在全球系统性风险监控上的话语权，促进国际金融秩序的改革，也可以实时监测全球系统性风险和国内系统性风险，尤其是金融改革中的系统性风险，控制风险的爆发与传染。

第三，可以将全球系统性风险指数体系演变为全球定价标准，推动全球定价标准的变革，从而使中国在全球评级和风险评价中拥有全球一致标准的话语权。

第四，可以将全球系统性风险指数体系演变为全球风险规避工具或者保险工具，可以在指数交易中规避全球系统性风险。

五、全球系统性风险指数体系的不断完善与应用

对于全球系统性风险自身的界定、测量、监控和管理，尚无有效的、系统性的讨论。北京睿信科信息科技有限公司早在 2014 年就已经开始了对全球系统性风险指数的研究，2015 年西南财经大学全球金融战略实验室与北京睿信科信息科技有限公司合作，进一步展开了对全球系统性风险的定义、测量、监控和管理的研究工作，其成果是几年来研究工作的结晶。

（一）全球系统性风险指数体系的局限

尽管全球系统性风险指数体系在理论上和实践上都有所创新，对一些问题的认识有所突破，但是，不管是从全球系统性风险指数体系的编制，还是从全球系统性风险指数体系本身，都存在着各自的局限。

从全球系统性风险指数体系的编制来看，存在着如下五个局限：一是虽然注重了全球系统性风险指数评测体系的统一，但是不够重视各个国家的差异；二是受全球系统性风险指数体系全球统一、日常波动的数据要求，全球系统性风险指数体系的指标选择相对受限；三是从全球化和金融化（主要是市场化）出发，将全球系统性风险指数体系主要确定为金融市场指标，对于一些金融化深度不够，金融市场不太发达的国家的确可能存在着不准确，好在在国别系统性风险指数中加入了经济潜力风险指标和经济物价风险指标；四是受指标选择受限和大批量数据处理的压力，指数编制中一些合理化的方法暂时未能应用，有待今后进一步完善；五是在统一时间轴的要求下，受

不同指标数据开始时间不一致的影响，采用了模糊精确的指导思想，在指数编制过程中采用了分段拟合的方法。

从全球系统性风险指数体系本身来看，也存在着五个方面的不足：一是全球系统性风险指数本身是双指数运行，或者是双指数分两段运行；二是区域系统性风险指数和行业系统性风险指数，目前只完成部分区域系统性风险指数，未来还有待进一步开拓；三是不能充分体现实时的变化，需要系统加以实时的维护和展现；四是目前的全球系统性风险指数体系偏重于预警，未来还可考虑将其他一些指标加以动态化，复合加入目前的动态系统性风险指数体系当中，加强系统性风险预警的有效性和准确性；五是国别系统性风险指数的横向比较存在着一定的局限性，依赖于各国的全球化水平。

（二）全球系统性风险指数体系的应用

全球系统性风险指数可以不是一个指数，而是可以看成是一个指数体系，最高层次是全球系统性风险指数，下面可以是区域、国家、省市维度的指数，可以是金融机构维度的指数，可以是金融市场维度的指数，还可以是行业维度的指数。

如果这个认识是恰当的，那么，全球系统性风险指数体系与国别系统性风险指数体系、行业风险指数体系和机构风险指数体系、市场风险指数体系就构成了一个全球的监测网络。这个监测网络可以为国际组织、国家政府、企业和金融机构、全球资产配置的个人所用。由于指数本身是风险与机遇的度量，是从自身角度出发对全球系统性风险与机遇的把握，行为的选择作出独立的决策。

除了规避风险、把握机遇外，对于国际组织、国家政府和国际机构而言，更为重要的是如何改善治理和管理水平。对于国际组织而言，是改善全球治理水平，促进全球共治水平的不断提升；对于国家政府而言，是改善国家治理水平，注重全球系统性风险可能给自身带来的负面影响，不断改善国家掌控系统性风险的能力，把握国家面临的全球系统性机遇和国家发展的系统性机遇；对于国际机构与跨国公司而言，核心在于提升自己的管理水平，使自己变得更加强大，能更恰当地应对全球系统性风险。

第二节　新世界格局下的全球系统性风险监测指数体系

一、新全球系统性风险指数的假设

所谓的全球系统性风险，本质上都是国家的系统性风险，并且主要是关键国家的系统性风险。从全球金融危机来看，一些非发达国家出现的系统性风险，常常会波及发达国家和全球市场，但对于全球金融市场的影响会逐渐消退，持续时间并不会太长，产生的负面影响也相对较小，而一些发达国家出现的系统性风险，常常会波及全球所有国家和市场，持续时间会比较长，产生的负面影响也相对较大。

我们认为，中国目前主要是全球系统性风险的对冲项，但自身也不能排除出现系统性风险的可能性。更为重要的是，我们的指数是测量各个国家的风险与机遇，测量的是不确定性，那么，将中国纳入全球系统性风险指数的监测范围，只能说明中国更强大，中国在世界格局的变化中有着重要的地位和作用。

二、世界格局的变化导致全球系统性风险变化

2008 年，美国次贷危机引发了全球金融风暴，导致全球经济发展长期停滞。在这个过程中，中国经济保持了良好的增长势头，人民币也被纳入了 SDR（特别提款权）。因此，我们在编制全球系统性风险指数时，必须反映这种变化。事实上，中国的和平崛起给全球带来了极大的发展空间。在全球金融风暴的影响下，中国除了维持自身经济发展的稳定和金融安全外，也是平衡发达国家金融对发展中国家冲击的重要砝码。同时，原有的发达国家自身也成为全球系统性风险的重要来源。

基于此，我们在全球系统性风险指数的编制中，从 1993 年起，除美国外，将中国、欧元区的德国与法国、日本和英国都纳入相应指数当中，各自按国内生产总值（GDP）权重进行加权平均。为何要从 1993 年起才加入其他国家的相关指数呢？尽管

2008 年以前，美国经济和金融体系对世界具有较强的支配性，大家很少会预料到美国会产生影响全球的系统性风险，但实际上，以美元霸权为基础的美国一直是全球系统性风险的重要来源，德国、法国、日本和英国都居于从属地位，中国有时也不得已处于从属地位。回溯到 1993 年，可以比较两个指数从 1993 年以来的变化。

为何没有将其他发展中大国纳入全球系统性风险指数呢？原因很简单，尽管这些大国对全球系统性风险有重要的影响，但当且仅当其会影响到全球系统性重要国家，以及处置和解决问题的机制与方式时，才会真正导致全球系统性风险。

当然，G20 已经是一种不错的方式，后期我们的指数将会逐步纳入对 G20 系统性风险的监测。事实上，我们针对 186 个国家系统性风险的监测指数，可以随时监测 186 个国家的系统性风险，查找和预警国家系统性风险源，进而关注可能对全球产生的影响。

三、新全球系统性风险指数的子指数及其算法

新的全球系统性风险指数，除属于全球的大宗商品指数外，还有股指、汇率、债务和货币市场，同时还加入了经济潜力空间比值，从而复合成为一个由六个子指数构成的整体的全球系统性风险指数。[①]

在新的全球系统性风险指数的六个子风险指数中，德国、法国、中国、日本和英国的股指、汇率的算法，以及大宗商品风险指数的算法，与原来的全球系统性风险指数一致，更新了原来货币市场和国家债务风险指数的算法。

每个子指数在按原来的方法计算各国的指数后，再按 2022 年各国 GDP 占六国 GDP 之后的比重，然后加权获得该市场的子风险指数。其中 2022 年计算权重中，美国、中国、日本、德国、法国和英国的 GDP 权重分别为 42.0%、30.0%、10.1%、7.6%、5.2% 和 5.4%。

需要说明的是，更新后的全球债务风险指数由国债风险指数和六国债务风险指数分别权重 50% 构成，债务风险指数参考六国债务指数及 GDP 权重计算，国债风险指

---

① 经仔细分析数据指标和编制后的 CDS（信用违约互换）风险指数，我们放弃了 CDS 子风险指数。

数考虑到国债收益率 10 年期和 2 年期收益率及两者利差的周期性特点，考察了六国利差的最大值与最小值之间的距离的一半，美国为 2.83%，日本为 1.621%，德国与法国为 2.005%，中国为 1.255%，英国为 2.281%，六国利差的均衡位置大致为 1.998%，可取 2%，即下面公司中的 A 值。利用此公式（A – 每个波动率的绝对值）/$A \times 100$ 获得每个国家的国债风险指数，再按各国 GDP 权重加权得到国债子风险指数。

另外，货币市场子风险指数仍然是利用各国 3 个月拆借利率（发达国家为 LIBOR，中国为 3 个月拆借利率）减去 3 个月国债掉期的利差，以利差为核心来进行风险指数的衡量。各国货币市场子风险指数由信用风险和周期性风险两个指数各占 50% 构成。其中，信用风险指数以各国最大值的平均值为 A 值（为 2.97%，取整数 3%），代入公式（A – 各国各时期相应利差值）/$A \times 100$。周期性风险指数将 $A = 3$ 代入如下公式取得：$[A - ABS（A - 各国各时期相应利差值）]/A \times 100$。

各国经济潜力空间比值的百分取值为 3 倍。获得各国经济潜力风险指数后，再按各国 GDP 权重获得经济潜力空间比值风险指数。

四、全球系统性风险指数的算法

将已求得的各子风险指数简单平均或几何平均即得全球系统性风险指数（其中，货币市场风险指数是从 2002 年 3 月 15 日放入的）。同时，经过比较，几何平均指数较简单平均指数更能体现全球系统性风险趋势，故我们用六个主要国家六大子风险指数的几何平均值来测度全球系统性风险指数。

第三节　全球国别和区域系统性风险指数算法

从本质上讲，全球系统性风险指数也是以国家系统性风险指数为基础的。国家系统性风险即一个国家存在的系统性风险，主要是指其经济金融风险。由于国家政治社会生活的各个层面、对内对外面临的处境，以及应对措施，都会或多或少地体现在经济金融活动当中，因此，国家系统性风险也不仅仅是经济金融风险。正如美国、欧洲和中国既有的风险评级公司的出发点依赖于各自所在的国家或经济体，各有各的合理性，体现了优点，但由于不是全球统一的标准，也各有各的缺点。比如：如果以金融市场指标来看，发达国家占优势；如果以外汇储备等指标来看，发展中国家占优势。我们尝试寻找一个可以评估全球所有国家的统一标准，因此，我们在金融市场指标外，引入了经济潜力空间比值指标。一般而言，发展中国家经济潜力比值较高，而发达国家经济潜力比值比较低，这也就解释了为什么发展中国家的经济增速比发达国家高，直接投资也会进入发展中国家。在这样的框架体系下，全球以同一标准进行度量风险与机遇，也就具有了合理性。

一、国家系统性风险指数的指标选择与数据说明

对于一个国家系统性风险的把握，通常要构建这个国家的整个系统，把握这个国家的整体情况，然后才能对这个国家面临的系统性风险作出评判。然而，对一个国家系统性风险的把握，核心在于其变化性和可预测性。前文已经在系统性风险里讲过风险与机遇的内在统一性，这里关键在于强调数据的可获得性与全球逻辑的一致性。

通常可见的情况是，全球186个国家都有的数据，并且时间相同的数据较为有限。而时间间隔较长的数据要多一些，但随时波动的数据并不多。

好在金融市场及其相关指标常常是国家系统性风险最敏感的代表者，循着异常的市场风险指标，也常常能回溯到系统性风险的根源。

因此，考虑到相关要求，我们采取了相对简单的处理方式，即采取了主要金融市场指标及其相关指标，有的国家缺少某些指标，我们直接作空缺（0）处理，取其有的指标占相应权重处理。有的国家有些指标没有达到统一的时间起点，我们取其自己的时间起点。通过这种既简单又精确，同时也是模糊的方式，我们来构建全球186个国家的系统性风险指数，包括相应的指数权重分别为：股指（25%）、汇率（25%）、债务（20%）、经济潜力空间比值（15%）和经济物价（15%）。

二、国家系统性风险指数五大分指数的具体算法

（一）股指风险指数的算法

首先，计算日、周、月、季、半年和年波动率，以工作日计算，周、月、季、半年和年的时间分别为 6 日、23 日、64 日、128 日和 256 日。为更好地看资产的价格泡沫化或紧缩情况，还可以考虑两年和三级的波动率。目前暂没有进一步扩展。

其次，计算出各种波动率的最大值和最小值，以两者的绝对值的最大值（将定为 A）作为基准将有关波动率百分化。不过，由于很少有达到绝对值最大的时候，我们常常采用替代值来替代最大值。通常而言，股指日、周、月、季、半年和年的 A 值分别是 5%、10%、20%、30%、40% 和 45%。基本逻辑是下跌不好，过多上涨意味着即将下跌或跌后反弹，也不一定好，适度上涨好。基本算法是（A – 每个波动率的绝对值）/$A \times 100$。由此得到每类波动率的风险指数，如日波动率风险指数、周波动率风险指数、月波动率风险指数、季波动率风险指数、半年波动率风险指数和年波动率风险指数。

最后，设日波动率风险指数和周波动率风险指数的权重分别为 10%，月波动率风险指数和季波动率风险指数的权重为 15%，半年波动率风险指数和年波动率风险指数分别为 25%，加权得到综合风险指数。

（二）汇率的风险指数算法

汇率的风险指数算法基本上同股指风险指数算法。其中，代表日、周、月、季、半年和年的 A 值分别是 2%、4%、8%、11%、13% 和 20%。

（三）国家债务风险指数的算法

国家债务风险指数包括政府财政债务风险子指数和国债风险子指数（原来的分指数），权重各占 50%。政府财政债务风险子指数由政府财政余额指数和债务余额风险指数构成，分别依据财政余额占 GDP 比重和政府债务余额占 GDP 比重两个指标。没有国债风险子指数的国家，就使用政府财政债务风险子指数替代。国债风险指数算法参照往年出版的《全球系统性风险趋势报告》相关章节。

（四）经济潜力空间比值的风险指数算法

各国经济潜力空间比值的百分取值为 3 倍。获得各国经济潜力风险指数后，再按各国 GDP 权重获得经济潜力空间比值风险指数。

（五）经济物价风险指数算法

经济物价风险指数主要依据国别的月度 CPI（消费者价格指数）数据与上一年同月 CPI 数据的波动率进行计算获得。在计算过程中，考虑采集数据稀疏性、噪声、缺失值等不同特点，灵活选取不同常数作为参考值，按照一定的比例进行转换，使之落入一个特定区间内（0～30、30～50 和 50～100），作为日频次经济物价风险指数。如果没有月度数据的就用年度数据转月度。

三、国家系统性风险指数算法

在实际运算中，所有国家都有汇率和经济潜力空间比值，也具有相应的汇率风险指数和经济潜力风险指数。但是，不是所有的国家都有国债指标、股指指标，相应地，国债风险指数和股指风险指数也仅是部分国家有。经过仔细研究发现，对于没有相关指标的国家，其金融市场和经济的发达程度也相对较低，我们采取取 0 处理，具有相应的合理性。

同时，自 1981 年 1 月 1 日以来的交易日，不是所有的指标和风险子指数从 1981 年 1 月 1 日就开始有数值，因此，对于缺乏数值阶段的风险子指数，我们将其假设为 0。

此外，由于使用美国统一的交易日作为所有国家的时间轴，其中，有部分国家可能面临着交易日不一致的情况，在取时间对齐后，仍然可能出现脱漏值。针对这种情况，我们通常采用前一交易日值代替没有的值。

最终，以股指、汇率、经济潜力空间比值、国家债务和经济物价这五个子风险指数为基础，各子指数的权重分别为：股指（25%）、汇率（25%）、债务（20%）、经济潜力空间比值（15%）和经济物价（15%）。

四、区域系统性风险指数算法

区域系统性风险指数的编制不是以区域的指标放入国家系列中进行百分化，而是以区域内各国或经济体的系统性风险指数，根据各自所占的 GDP 权重加权而得到的。

这样处理有两方面的原因：一是大多数区域几乎不存在所属国家的市场价格指标，或者很难计算出这些指标；二是即便通过一些方法计算出这些指标，这些指标的百分化也存在着标准难以统一的问题。

事实上，一些区域内部还存在着一些子区域，那么，在区域系统性风险指数的编制中，是直接以各国 GDP 权重加权各国系统性风险指数得到区域系统性风险指数呢，还是以各子区域内 GDP 权重加权子区域内各国系统性风险指数得到子区域系统性风险指数，然后再根据子区域在区域内 GDP 权重加权各子区域系统性风险指数得到区域系统性风险指数呢？事实上，这两种方法获得的区域系统性风险指数是一致的，但第二种方法的好处是可以更好地把握与理解一些大的区域的子区域。

第二章

央行加息可能导致全球
经济衰退和金融危机

随着全球疫情逐步退出全球传播状态，疫情给全球经济带来的压力显著下降，但2022年3月以来俄乌冲突所引发的全球地缘政治紧张局势却不断上升，对全球经济形成"新冷战"的威胁。

在发达国家零利率或负利率加上定量宽松货币政策与宽松的财政政策的支持下，再加上地缘政治与全球疫情的影响，全球大宗商品价格大幅上涨，供应链受到冲击，全球通胀压力快速上升。2022年以来以美联储为首的大部分发达国家央行开始大幅加息并退出定量宽松货币政策，财政政策亦有收缩的迹象，全球股市上涨趋势受到压制，全球债市大跌，银行和保险等金融机构面临较大的压力，房地产泡沫也受到冲击。

2023年，全球货币政策和财政政策会进一步收紧，全球地缘政治压力或有增无减，全球"新冷战"的趋势也会加剧。尽管多个危机源头会产生各自不同的影响，但多方面因素可能给经济增长和金融体系带来较大的风险。第一，全球经济增长可能放缓，部分发达国家可能陷入经济衰退；第二，发达国家股市和房地产泡沫可能破裂，进而金融机构遭受较大的冲击，可能爆发金融危机，发达国家股市可能出现从2020年3月以来的"造神"到未来的"弑神"和"葬神"周期；第三，受发达国家危机的冲击，资金可能外逃，汇率大幅贬值和房地产泡沫破裂，新兴市场经济体可能出现债务危机和金融危机；第四，发达国家金融行业、科技行业面临较大的冲击。同时，耐用品行业和大宗商品相关行业可能面临较大的冲击。

发达国家在全球美元周期的主导下，大幅加息利用全球金融市场的危机进行市场出清，完成退出零利率政策或负利率政策和定量宽松货币政策的影响，即使出现危机，全球资金仍然会流向金融市场发达和债券收益率高、主权债务评级较高的发达国家。因此，对于新兴市场经济体而言，保持灵活的货币政策和财政政策十分重要，应该有效防范债务泡沫和房地产泡沫的破裂，有效防范外部危机给汇率带来的冲击，防范可能出现的资金外逃。

第一节　全球通胀与央行加息导致经济压力上升

IMF 于 2022 年 10 月发布了《世界经济展望》，OECD 于 11 月发布的《OECD 经济展望》较 IMF 略为悲观，随着诸多发达国家央行和新兴市场经济体央行加息对抗通胀，目前已有越来越多的经济体增长放缓，甚至出现萎缩。

一、全球通胀十分严重

2020 年全球疫情暴发以来，全球供应链受到冲击。为应对疫情给经济带来的冲击，全球货币政策极度宽松，财政政策也竭尽所能地扩张，全球大宗商品价格显著上升，带动全球生产者物价快速上升。随着 2021 年末俄乌局势紧张和 2022 年 3 月俄乌冲突爆发，原油和天然气价格与食品价格大幅上涨，推动全球通胀水平大幅上升。

从 IMF 的数据来看，自 2021 年以来的通胀，是 20 世纪 80 年代石油危机及 20 世纪 90 年代苏联和东欧剧变后最高的通胀。2022 年全球年末 CPI 同比达 9.1%，发达经济体、新兴市场与发展中经济体和欧盟分别为 7%、10.6% 和 10%（参见图 2-1）。

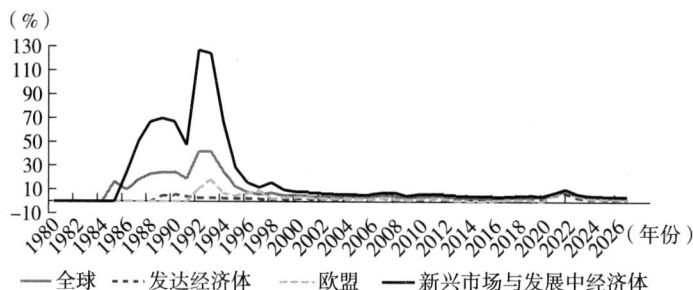

图 2-1　全球年末 CPI 趋势

资料来源：IMF。

从主要发达国家来看，2020 年因疫情经济增长和物价陷入低谷后，2021 年开始反弹，2022 年更是达到物价高点。2021 年和 2022 年，美国分别上升了 7.4% 和 6.4%，英国分别上升了 5.4% 和 11.3%，法国分别上升了 3.3% 和 6.3%，德国分别上升了 5.7%和 10.2%，意大利分别上升了 4.2% 和 8.7%，西班牙分别上升了 6.6% 和 7.7%，加拿大分别上升了 4.7% 和 6.9%，澳大利亚分别上升了 3.6% 和 7.7%，但此前拥有通缩压力的日本仅分别上升了 0.5% 和 2.4%（参见图 2-2）。

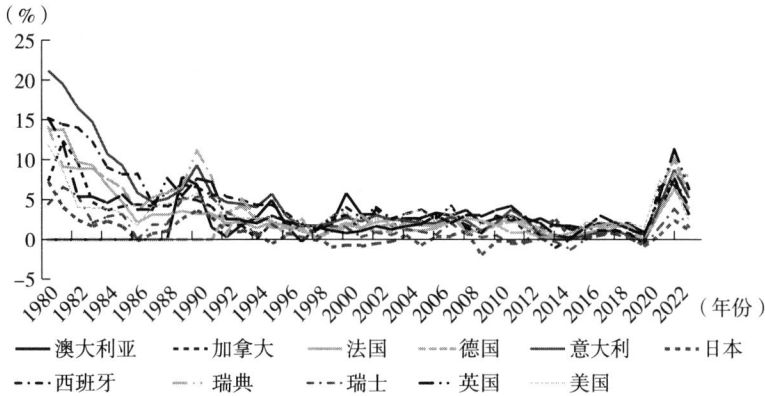

图 2-2　发达国家年末 CPI 趋势

资料来源：IMF。

　　新兴市场与发展中经济体通胀也同样出现了 20 世纪 80 年代和 90 年代以来的第三个高峰期。2021 年和 2022 年，阿根廷分别上升了 50.9% 和 95%（自 2014 年以来，阿根廷 CPI 一直处于高位），巴西分别上升了 10.1% 和 6%，墨西哥分别上升了 7.4% 和 8.5%，印度分别上升了 6.3% 和 6.4%，巴基斯坦分别上升了 9.7% 和 21.3%，印尼分别上升了 1.9% 和 7.2%，马来西亚都上升了 3.2%，韩国分别上升了 3.7% 和 6.2%，土耳其分别上升了 36.1% 和 73.5%，埃及分别上升了 4.9% 和 13.1%，波兰分别上升了 8.6% 和 15.9%，匈牙利分别上升了 7.4% 和 21.3%，俄罗斯分别上升了 4.4% 和 12.3%，乌克兰分别上升了 10% 和 30%，中国仅分别上升了 1.8% 和 2.7%（参见图 2-3）。

　　此轮通胀与前面的通胀有所不同，与经济增长内需推动的通胀不一样，而是由零利率和定量宽松货币政策推动的大宗商品价格大幅飙升导致的，俄乌冲突也成为推动大宗商品价格上涨的重要推手之一。从全球大宗商品价格指数或价格来看，原油现价指数、食品饮料价格指数、商品价格指数、非原油商品价格指数都从 2020 年的低点出现大幅反弹，这是继 2000 年以来大宗商品价格大幅上涨后的再次上涨；从指数或价格的变化率来看，2021 年原油价格指数出现了 66% 的上涨（参见图 2-4）。

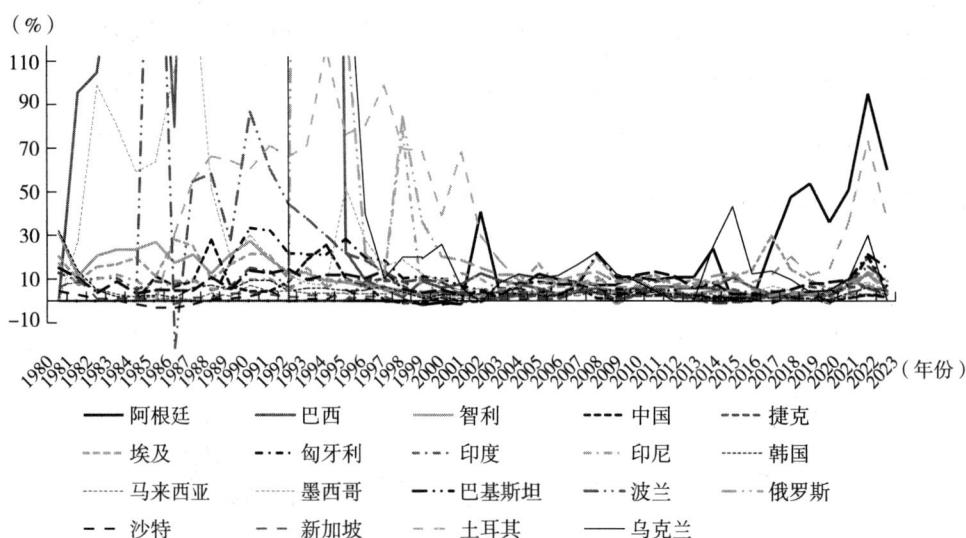

图 2-3　新兴市场与发展中经济体年末 CPI 趋势

资料来源：IMF。

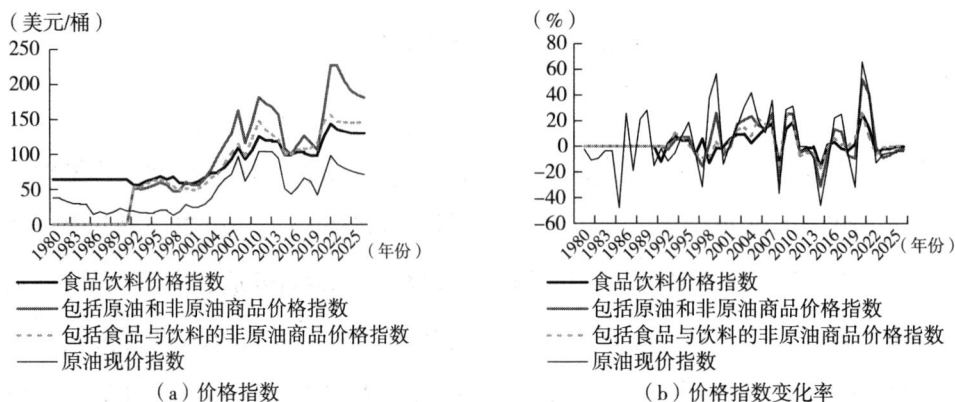

（a）价格指数　　　　　　　　　　　（b）价格指数变化率

图 2-4　主要大宗商品价格指数及其变化率

资料来源：IMF。

二、全球央行大幅加息

全球发达国家央行开始了快速大幅加息，自 2022 年 3 月以来，除个别央行如日本央行外，大多数发达国家央行的加息都同样呈现出了一往无前的趋势，出现了更加协调的同步趋势。2021 年，只有英国央行有一次 15 基点的加息和加拿大央行一次 10 基点的降息（参见图 2-5）。2022 年，美联储将基准利率从 0～0.25% 提升至 4.25%～4.5%，加息 6 次提升了 425 基点；欧洲央行将基准利率从 0 提升至 2.5%，加息 4 次提升了

250 基点；英国央行将基准利率从 0.25% 提升至 3.5%，连续加息 12 次提升了 325 基点；加拿大央行将基准利率从 0.25% 提升至 4.25%，加息 7 次提升了 400 基点；澳大利亚央行将基准利率从 0.1% 提升至 3.1%，加息 8 次提升了 300 基点（参见表 2-1）。

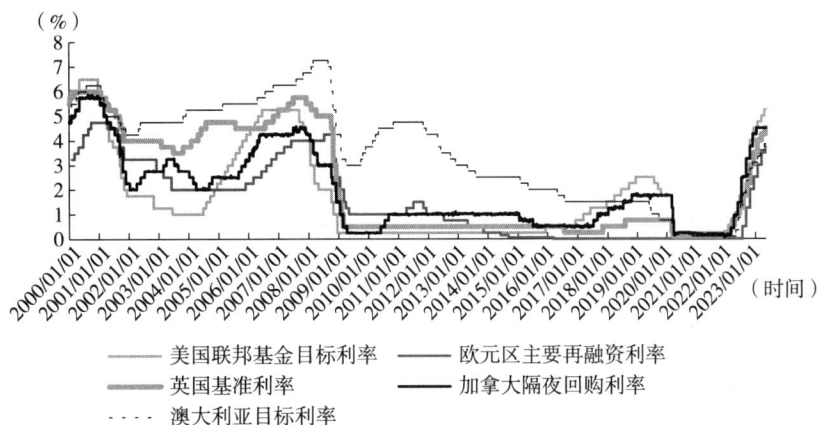

图 2-5　主要发达国家央行基准利率变化

资料来源：西南财经大学全球金融战略实验室整理。

表 2-1　主要国家央行基准利率变动情况 / %

时间	美国联邦基金目标利率	欧元区主要再融资利率	英国基准利率	加拿大隔夜回购利率	澳大利亚目标利率	韩国基准利率	土耳其隔夜借款利率	南非回购利率	巴西隔夜利率	阿根廷基准利率
2021 年 1 月 1 日	0.25	0	0.25	0.25	0.1	0.5	15.5	3.5	2	38
2022 年 1 月 1 日	0.25	0	0.25	0.25	0.1	1	12.5	3.75	9.25	38
2022 年 12 月 31 日	4.5	2.5	3.5	4.25	3.1	3.25	7.5	7	13.75	75
2022 年末较年初	4.25	2.5	3.25	4	3	2.25	-5	3.25	4.5	37
2022 年末较 2021 年初	4.25	2.5	3.25	4	3	2.75	-8	3.5	11.75	37

资料来源：西南财经大学全球金融战略实验室整理。

全球主要央行为何快速大幅加息？首先是快速遏制十分严重的通胀。其次有助于调整金融市场的结构，实现股市与债市的平衡。先是加息时债市快速下跌，但在股市因加息到一定程度后可能下跌，当股市下跌时，债券因上升的收益率而具有了一定的购买价值，金融市场的平衡可以基本维持。最后遏制资金外逃引发汇率贬值和金融危机。因发达国家央行大幅加息，不加息或加息幅度小的国家通常会导致资金大幅外逃，从而导致汇率大幅贬值，进而引发金融危机。

三、全球经济前景预测

IMF 认为，全球经济今后能否健康运行，在很大程度上取决于以下几个因素：一是能否成功校准货币政策；二是俄乌冲突的走势；三是是否会再次发生与疫情有关的供给侧扰动。全球经济增长率预计将从 2021 年的 6.0% 下降至 2022 年的 3.2% 和 2023 年的 2.7%。如果不包括全球金融危机和新冠疫情最严重阶段，那么这将是 2001 年以来最为疲弱的增长表现，其反映了几大经济体增长的大幅下滑：2022 年上半年，美国 GDP 收缩；2022 年下半年，欧元区出现收缩；中国经历了持续的疫情反复和防疫封锁，同时其房地产行业危机加剧。约三分之一的世界经济面临连续两个季度的负增长。全球通胀预计将从 2021 年的 4.7% 上升到 2022 年的 8.8%，但 2023 年和 2024 年会分别降至 6.5% 和 4.1%。通胀水平高出预期的情况在发达经济体最为普遍，而新兴市场和发展中经济体的通胀形势则存在很大差异。全球贸易增长率将从 2022 年的 4.3% 降至 2023 年的 2.5%。

IMF 认为，全球经济前景持续面临异常巨大的下行风险。第一，央行可能错误判断降低通胀所需的适当货币政策立场。几大经济体的政策路径可能继续分化，导致美元进一步升值并引发跨境问题。更多的能源和食品价格冲击可能导致通胀持续更长时间。第二，全球金融环境收紧可能使很多新兴市场陷入债务困境。俄罗斯停供天然气可能抑制欧洲的产出。第三，新冠疫情若出现反复，或是发生新的全球卫生恐慌事件，都可能进一步阻碍经济增长。第四，地缘政治分裂可能会阻碍贸易和资本流动，进一步损害气候政策合作。一年后的全球增长率有 25% 左右的概率会降至 2.0% 以下——这处于 1970 年以来全球增长率的最低第 10 百分位水平。

在我们看来，2023 年全球经济前景面临的下行风险原因略有不同：第一，俄乌冲突延续导致全球地缘政治形势紧张持续，全球正在从局部冷战向全球"新冷战"发展，全球产业链可能面临发达国家的重组压力，给全球贸易和经济带来较大的系统性风险。第二，在地缘政治局势紧张和全球原油与天然气供给降低的情况下，大宗商品价格虽然有望下行但仍然保持较高水平，通胀压力仍将持续。第三，发达国家和部分新兴市场经济体大幅加息，既会导致全球经济增速放缓，也会导致全球经济体之间因货币政策的差异而出现资金异常流动和货币汇率大幅波动的情况，过多的股市和房地产泡沫破裂，会使全球金融市场的波动加剧，并爆发全球金融危机，严重影响到经济的发展。第四，全球疫情基本已经结束，局部反弹不会产生再一次的疫情，对全球经济的发展具有一定的支撑作用，一些服务行业有较大的发展空间，但疫情后的消费需求恢复仍有较大压力。第五，全球较高的政府债务和财政赤字压力，会降低政府财政政策的余地，同时也可能引发债务危机。

四、有关政策建议

IMF 于 2022 年 10 月发布的报告认为，为防范这些风险：第一，要确保货币政策坚定实现恢复价格稳定的目标；第二，财政政策应保持足够偏紧的总体立场，以确保货币政策能够实现其目标。经济增长放缓和举债成本上升导致政府日益陷入债务困境。为应对这一问题，各方需要切实完善债务处置框架；第三，随着金融环境收紧，各国应继续实施宏观审慎政策来防范系统性风险；第四，各国还应加大力度推动结构性改革，以提高生产率和经济产能，这将缓解供给约束，从而为货币政策抗击通胀提供支持；第五，加快绿色能源转型的政策将在改善能源安全和降低气候变化成本方面带来长期回报；第六，成功的多边合作将防止分裂，避免过去 30 年经济一体化在增进经济福祉上的成果付诸东流。

我们的政策建议如下：第一，谨慎应对发达国家加息带来的连带效应，尤其是发达国家加息可能导致的金融市场泡沫与房地产泡沫破裂可能带来的冲击，还必须关注发达国家央行隐蔽地退出定量宽松货币政策的冲击；第二，正视政府债务，尤其是隐性债务可能给经济和金融系统带来的影响，尤其是当与房地产系统紧密连接在一起时，要预防房地产泡沫破裂给政府财务和金融体系带来的巨大冲击；第三，做好防范金融危机和债务危机的处理预防工作，包括应急处理机制；第四，尽可能防范出现"新冷战"，做好防范发达国家组团开启针对中俄产业链脱钩的压力；第五，财政政策和货币政策保持足够的灵活度，并保持汇率的基本稳定，防范资金的集中外逃；第六，加快教育变革，促进社会创新，防范被制裁的风险，不断向产业链和价值链的上游拓展。

第二节　全球金融系统性风险上升

世界经济正在经历顽固的高通胀，这是几十年来从未面临过的挑战。在全球金融危机之后，随着通胀压力减弱，利率多年来一直维持在极低水平，投资者也习惯于较低的市场波动性。由此导致的金融环境宽松支持了经济增长，但也助长了金融脆弱性的积累。现在，伴随通胀达到数十年来的高位，发达经济体的货币当局正在加快政策回归常态的步伐。在通胀和汇率压力不断上升的背景下，新兴市场的政策制定者已在持续收紧政策，然而不同地区的政策收紧情况存在显著差异。2022 年，全球金融环境明显收紧，引发了许多宏观经济基本面较弱的新兴和前沿市场经济体发生资本外流。在经济和地缘政治不确定性加剧的情况下，大量投资者于 9 月撤出风险承担活动。近期，环境不断恶化，主要系统性风险指标上升（如美元融资成本增加、对手方信用利差扩大）。各方面临着金融环境无序收紧的风险，且这些风险可能会被多年来积累的脆弱性放大。我们将关注当前宏观金融环境中影响全球金融稳定的风险——而当前的环境对许多政策制定者和市场参与者来说都是未曾经历的。

一、全球金融稳定风险上升

自 2022 年 4 月《全球金融稳定报告》发布以来，全球经济前景严重恶化。许多下行风险已经显现，包括通胀压力超出预期，在数轮疫情和防疫封锁措施的背景下中国经济放缓超预期，以及俄乌冲突带来的更多的溢出效应，导致全球经济加速放缓。在前景极为不确定和通胀居高不下的背景下，各国央行继续推动政策回归常态，以恢复价格稳定。

全球大多数地区的金融环境已经收紧，这一部分是货币政策收紧的预期结果，另一部分则是因为自 2022 年 4 月以来经济前景的不确定性持续上升。相比之下，中国的金融环境有所放宽，因为政策制定者提供了额外的支持，以抵消经济前景的恶化和房地产行业的压力（参见图 2-6）。

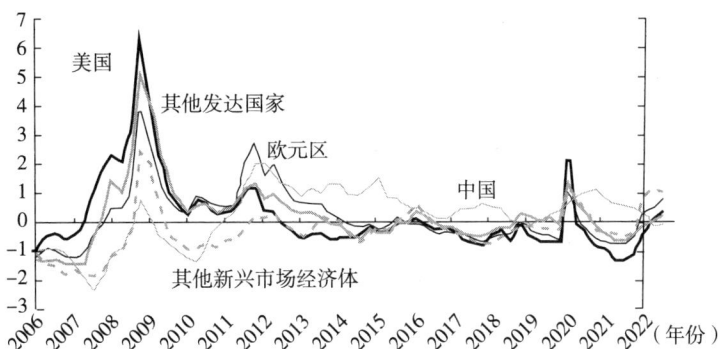

图 2-6　选定区域全球金融稳定状况

资料来源：2022 年 10 月《全球金融稳定报告》。

　　此外，全球金融稳定风险有所增加。从未来 GDP 增长的概率分布来看，不利 GDP 增长结果的范围已处于过去 40 年来最差的第 20 百分位（参见图 2-7）。主权部门和非银行金融机构部门的金融脆弱性加剧，而一些关键资产类别的市场流动性已经恶化。

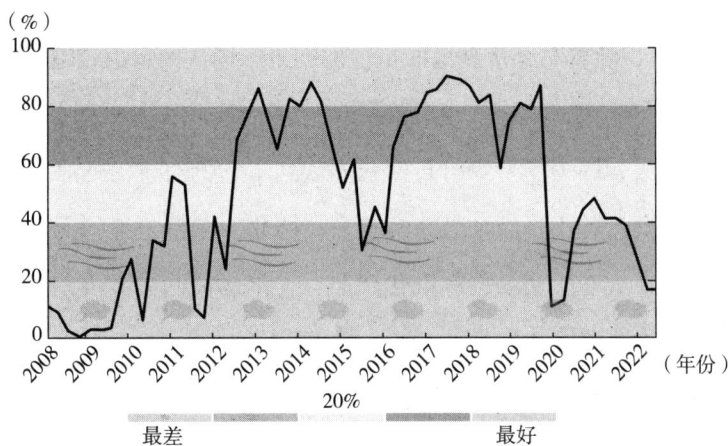

图 2-7　近期风险变化情况预测

资料来源：2022 年 10 月《全球金融稳定报告》。

二、央行加息带来多重风险

（一）全球风险资产抛售和流动性风险上升

　　自 2022 年 4 月以来，利率和风险资产的价格一直极不稳定，反映出经济和政策前景的巨大不确定性。截至2022年6月，风险资产出现大规模抛售，因为人们担忧各国央行将不得不加快加息步伐以对抗高通胀。新兴市场资产遭受了巨大损失，高收益的新兴市场主权债券利差几乎已上升至2020年3月的水平（参见图2-8）。

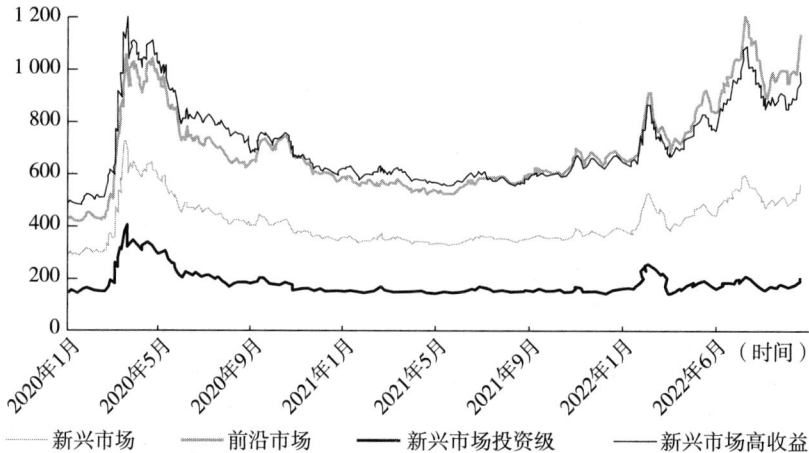

图 2-8　新兴市场主权债务利差大幅上升

资料来源：2022年10月《全球金融稳定报告》。

在2022年年中，随着对经济衰退的担忧加剧，市场认为货币政策回归常态的周期有望较先前预期更早结束，从而推动风险资产出现反弹。但这轮上涨已经回落且风险资产遭受了更多损失，因为主要央行再次强烈表达了它们对抗击通胀和履行稳定物价职责的决心。各类资产的市场流动性指标均有所恶化，包括一般情况下市场具有高流动性的资产，以及在交易所交易的标准化产品。美国国债的买卖价差显著扩大，市场深度急剧下降，流动性溢价已经上升（参见图2-9）。

自2022年4月《全球金融稳定报告》发布以来，欧洲金融市场已表现出紧张态势。由于欧元区出现天然气短缺且分裂风险再度出现，市场对经济衰退的担忧日益加剧，已开始低价抛售资产。然而，在欧央行宣布推出一种对抗欧元区分裂的新工具——"传导保护工具"后，南欧国家政府债券收益率相对德国政府债券收益率的利差有所收紧。在英国宣布以债务融资开展大规模减税以及实施财政措施应对能源价格升高之后，投资者对其财政和通胀前景的担忧严重影响了市场情绪。英镑急剧贬值，主权债价格大幅下跌。为了防止英国国债市场失灵对英国金融稳定造成重大风险，英格兰银行根据其维护金融稳定职责，于2022年9月28日宣布临时性地定向购入长期英国政府债券。

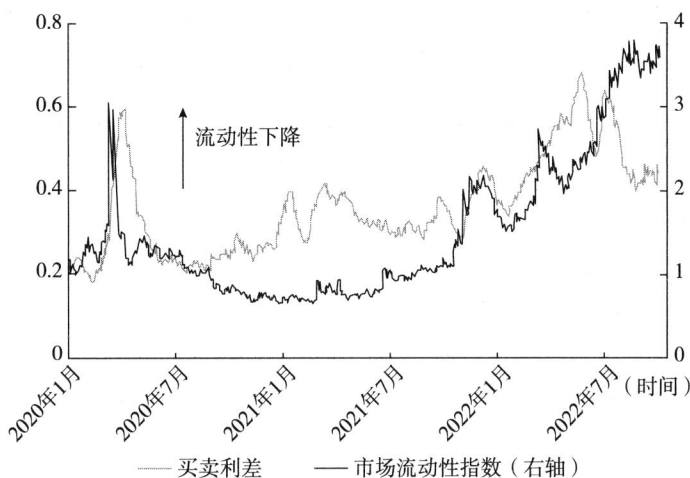

图 2-9 美国国债买卖价差和市场流动性指数（基点）

资料来源：2022 年 10 月《全球金融稳定报告》。

更为紧要的是，必须密切关注发达国家大幅加息、退出定量宽松货币政策对股市泡沫和房地产泡沫的影响。以美国为例，美国主要银行和保险公司因美联储大幅加息导致营业收入、营业利润、净利润、每股现金流等指标整体变差，主要由股市和债券价格下跌所致，也进而导致美国股市陷入循环式下降的困境。如此，随着疫情暴发，在美联储推出的零利率政策和无上限的定量宽松货币政策推动下，美国股市大幅上涨了一倍或以上，股市"造神"运动非常突出。随着美联储大幅加息，股市暴跌或金融危机爆发，股市的"弑神"运动也会不期而至，最后可能给不了股市之神体面的"葬礼"！

（二）新兴市场央行持续收紧货币政策面临多重风险

新兴和前沿市场的央行也在持续收紧货币政策。但各地区的差异仍很明显，一些国家更早、更大幅度地提高了政策利率，以应对通胀压力。本币债券市场的状况严重恶化，反映出对宏观经济前景和债务水平上升的担忧。主权债券期限溢价急剧增加，这在中欧和东欧地区尤为如此。

新兴市场面临着多重风险，这些风险来自高昂的外部借款成本、居高不下的通胀、波动剧烈的大宗商品市场、高度不确定的全球经济前景以及发达经济体政策收紧带来的压力。前沿市场的压力尤其严重，金融环境收紧、基本面恶化以及对大宗商品价格波动拥有巨大敞口等因素共同作用，给前沿市场带来了诸多挑战。政府债务的利息支出持续上升，增加了当前的流动性压力。在一个基本面不佳且缺少投资者风险偏好的环境中，债务违约可能会接踵而至。然而，到目前为止，投资者继续区别对待不同的新兴市场经济体，许多规模最大的新兴市场似乎对外部脆弱性有着更强的韧性。非居民的证券投资流动在2022年上半年出现了大规模流出，此后则显现了一些企稳迹象，尽管其仍然疲软。硬通货主权债的发行状况急剧恶化。如果无法改善其入市融资状况，许多前沿市场债券发行人将不得不寻求其他的资金来源，或者调整债务安排和进行债务重组，或者两种方法同时采用。

（三）全球企业部门压力大幅上升

充满挑战的宏观经济环境也给全球企业部门带来了压力。自2022年4月以来，各部门的信用利差大幅扩大。大型企业反映成本上升导致其利润收缩；同时，由于担忧可能出现经济衰退，各方似乎正在越发普遍地下调全球收益增长的预测。在小型企业方面，主要发达经济体的小型企业破产数量已经开始增加，因为小型企业受借款成本上升和财政支持减少的影响更大。在经济增长充满挑战的背景下，依赖杠杆金融市场的企业正面临着更严苛的贷款条款和发放标准。这些资产的信贷质量可能会在经济衰退期间经受考验，并有可能溢出至更广泛的宏观经济。

（四）房地产部门面临不利影响

随着各国央行大幅收紧货币政策、借款成本的大幅上升和贷款标准的收紧，再加上价格连年上涨导致的估值过高，可能对房地产市场产生不利影响。在最坏的情况下，购房者可负担能力下降带来的压力以及经济前景的恶化，可能使实际房价大幅下跌。

（五）新兴市场银行业面临着较高风险

全球银行业具有较高的资本充足率和充裕的流动性缓冲，这增强了其抗风险能力。然而，IMF的全球银行压力测试显示，在金融环境突然急剧收紧的情况下，全球经济将在高通胀下于2023年陷入衰退，多达29%的新兴市场银行（按其资产规模计算）

将违反资本充足率要求，而大多数发达经济体银行将保持韧性。重建缓冲和填补资本缺口将需要超过 2 000 亿美元。

（六）气候融资和开放型基金面临较大风险

新兴市场和发展中经济体在未来数年将需要大量的气候融资，以推动减排并适应气候变化带来的实体影响。可持续金融发展迅速，但新兴市场和发展中经济体继续处于不利地位。坚决扩大私人气候融资面临重大挑战，包括缺乏具有支持性的气候政策（如有效的碳定价）和依然薄弱的气候信息架构。

开放型投资基金在金融市场中发挥着越来越重要的作用。然而，其资产和负债之间的流动性错配引发了对金融稳定的担忧。持有低流动性资产同时允许同日赎回的开放型基金如何增加投资者挤兑和抛售资产的概率，从而成为引发资产价格脆弱性的一个关键驱动因素。开放型基金的脆弱性也可能产生跨境溢出效应并导致国内整体金融环境收紧，从而对宏观金融稳定带来潜在风险。

三、有关政策建议

针对全球金融稳定的风险和具体的六大风险，IMF 政策提出了相关政策建议，具有较强的参考价值。

第一，各国央行必须采取果断行动，将通胀恢复至目标水平，防止通胀压力变得根深蒂固，避免通胀预期脱锚，使政策信誉受损。前景的高度不确定性影响了政策制定者就未来货币政策走向提供明确和精准指引的能力。但是，央行围绕其货币政策反应方程、实现其职能目标的坚定承诺以及进一步推动政策回归常态的必要性进行明确沟通，对于维护央行信誉和避免不必要的市场波动至关重要。

第二，根据 IMF 的"综合政策框架"，在适当情况下，一些正在应对全球紧缩周期的新兴市场经济体可以考虑使用有针对性的外汇干预、资本流动管理措施和 / 或其他措施的某种组合，以帮助平滑汇率调整，降低金融稳定风险并维持适当的货币政策传导。

第三，发展中经济体和前沿市场的主权借款人应更努力地遏制高债务脆弱性带来的风险，包括与债权人开展早期接触、进行多边合作和寻求国际社会的支持。在最近的多重冲击之后，制订可信的中期财政整顿计划可能有助于控制借款和再融资成本，缓解对债务可持续性的担忧。

第四，政策制定者应遏制金融脆弱性的进一步积累。在考虑各国的具体情况和近期经济挑战的同时，政策制定者应根据需要调整某些宏观审慎工具，以应对具有较大脆弱性领域的问题。鉴于经济面临巨大不确定性且政策持续回归常态，当局应在遏制脆弱性积累、避免顺周期性以及防止金融环境无序收紧之间取得平衡。

第五，实施政策缓解市场的流动性风险，对避免可能的冲击放大效应至关重要。监管机构应监测交易基础设施的稳健性，并支持提高市场透明度。此外，改善交易层面数据的可得性将有助于及时评估流动性风险。鉴于非银行金融机构变得日益重要，交易对手方应仔细监测日内活动和杠杆风险敞口，加强流动性风险管理，并提高透明度和数据可得性。

第六，扩大私人气候融资规模将需要新的融资工具和多边开发银行的参与，以吸引私人投资者、利用私人投资以及增强风险吸收能力。多边开发银行增大股权融资比重并为气候融资提供更多资源，将有助于各国实现这些目标。IMF可帮助其成员应对气候变化挑战，包括开展金融稳定风险评估，通过其新设立的"韧性与可持续性信托"提供贷款，以及倡导弥合数据缺口和增强信息披露。

第七，有必要采取政策行动，降低与开放型投资基金相关的脆弱性和风险。基于价格的流动性管理工具（如摆动定价）可以有效降低资产价格的脆弱性，但政策制定者应该对其实施提供进一步指引。政策制定者还应考虑更密切监测基金的流动性风险管理做法，要求开放型基金增加信息披露以更好地评估脆弱性，以及就改善流动性供给采取措施。

但IMF的政策仍有不足，核心是针对发达国家的系统性风险和金融危机估计不足，快速加息可能引发发达国家股市和房地产泡沫破裂，可能引发发达国家金融市场危机，为此，我们补充四大政策性建议：第一，发达国家要预防危机，包括债务危机、股市泡沫和房地产泡沫破裂的危机，以及由此引发的金融危机。第二，要限制发达国家通过引爆危机实现市场出清摆脱债务压力和定量宽松货币政策的"宏大战略构想"。第三，要积极应对发达国家科技分裂和"新冷战"，尤其是针对全球产业链和价值链的重构设想，防范可能出现的产业危机。第四，新兴市场经济体要加强针对金融危机的防范工作，包括内部危机和外部危机两个方面的冲击。

第三节　全球债务压力或致债务危机

许多国家过去十多年来一直维持着低通胀和低利率，但现在已被不断攀升的通胀和利率所取代，经济衰退的担忧正在浮现，地缘政治的紧张局势也在进一步加剧，财政政策的权衡取舍越发艰难——这对债台高筑的国家更是如此，它们为应对新冠疫情已耗尽了财政空间。家庭正在艰难应对食品和能源价格的上涨，而这增加了社会动荡的风险。

一、政府财政赤字压力仍然极高

2021 年和 2022 年，发达经济体和新兴市场经济体的财政赤字大幅下降，但各收入国家组别的财政赤字仍高于疫情暴发前的水平。2022 年，发达经济体和新兴市场经济体的财政赤字占 GDP 的比重分别为 3.6% 和 6.1%，而 2020 年则分别为 10.4% 和 8.6%。发达经济体和新兴市场经济体（不包括中国）的平均财政赤字明显收缩，反映出在通胀上升环境下疫情支持措施的撤销。此外，由于石油收入增加，许多石油出口国都出现了财政盈余。相反，在中国，由于经济增速放缓且通胀继续保持低位，财政赤字在 2022 年扩大。低收入发展中国家应对新冠疫情的财政措施相对温和，因此其平均财政赤字几乎没有变化。与 2019 年相比，发达经济体和低收入发展中国家的财政赤字有所上升，这反映了其财政支出高于三年前的水平（部分用于应对粮食和能源危机）；新兴市场经济体的财政赤字亦有所上升，但这主要是因为财政收入尚未恢复（参见表 2-2、图 2-10、图 2-11 和图 2-12）。

表2-2 2018—2028年政府财政赤字占GDP比重/%

国家或地区	2018年	2019年	2020年	2021年	2022年	2023年	预期				
							2024年	2025年	2026年	2027年	2028年
全球	-2.9	-3.6	-9.6	-6.6	-4.7	-5.0	-4.6	-4.5	-4.3	-4.2	-4.2
发达经济体	-2.4	-3.0	-10.2	-7.5	-4.3	-4.4	-4.2	-4.1	-3.9	-3.8	-3.9
加拿大	0.4	0	-10.9	4.4	-0.7	-0.4	-0.4	-0.3	-0.2	-0.1	0
欧元区	-0.4	-0.6	-7.1	-5.4	-3.8	-3.7	-2.8	-2.3	-2.1	-2.0	-1.9
法国	-2.3	-3.1	-9.0	-6.5	4.9	-5.3	-4.8	-4.5	-4.1	-3.9	-4.0
德国	1.9	1.5	4.3	-3.7	-2.6	-3.7	-1.9	-0.9	-0.7	-0.5	-0.5
意大利	-2.2	-1.5	-9.7	-9.0	-8.0	-3.7	-3.3	-2.3	-1.8	-1.3	-0.7
西班牙	-2.6	-3.1	-10.1	-6.9	4.5	-4.5	-3.5	-3.8	-4.0	-4.0	-4.0
日本	-2.5	-3.0	-9.1	-6.2	-7.8	-6.4	-4.0	-2.9	-3.1	-3.4	-3.7
英国	-2.2	-2.2	-13.0	-8.3	-6.3	-5.8	-4.4	-4.2	-3.9	-3.9	-3.7
美国	-5.3	-5.7	-14.0	-11.6	-5.5	-6.3	-6.8	-7.1	-6.9	-6.6	-6.8
其他发达经济体	1.2	-0.1	4.8	-1.3	0.2	0.7	0.7	0.7	0.7	0.6	0.6
新兴市场与发展中经济体	-3.5	-4.5	-8.6	-5.2	-5.2	-5.8	-5.3	-5.0	-4.8	-4.7	-4.7
新兴市场除中国	-3.0	-3.4	-8.2	-4.5	-3.4	-5.0	-4.4	-4.1	-3.8	-3.7	-3.6
除中东北非地区产油国	-3.7	4.8	-8.9	-5.5	-6.0	-6.3	-5.7	-5.5	-5.2	-5.1	-5.0
亚洲	4.2	-5.8	-9.7	6.5	-7.4	-6.8	-6.3	-6.2	-6.0	-5.9	-5.9
中国	4.3	6.1	-9.7	6.0	-7.5	-6.9	-6.4	-6.3	-6.2	-6.1	-6.0
印度	-6.4	-7.7	-12.9	-9.6	9.6	-8.9	-8.3	-7.9	-7.7	-7.7	-7.6
欧洲	0.3	0.6	-5.5	-1.9	-2.8	-5.8	-4.0	-3.5	-2.9	-2.7	-2.4
俄罗斯	2.9	1.9	4.0	0.8	-2.2	-6.2	-2.8	-1.8	-0.8	-0.3	0.2

续表

国家或地区	2018年	2019年	2020年	2021年	2022年	预期					
						2023年	2024年	2025年	2026年	2027年	2028年
拉美	-5.0	4.1	-8.8	4.5	-3.9	-5.2	-4.4	-3.7	-3.2	-3.0	-2.7
巴西	-7.0	-5.8	-13.3	4.3	4.6	-8.8	-8.2	-6.6	-5.5	-4.9	-4.4
墨西哥	-2.2	-2.3	4.4	-3.9	-4.4	-4.1	-2.7	-2.7	-2.7	-2.7	-2.7
中东北非地区	-1.7	-2.5	-8.5	-2.1	2.6	-1.0	-1.7	-2.0	-1.9	-1.9	-2.1
沙特	-5.5	4.2	-10.7	-2.3	2.5	-1.1	-1.2	-0.8	-0.3	-0.1	-0.3
南非	-3.7	4.7	-9.6	-5.6	4.5	-5.9	-6.1	-6.7	-6.3	-6.3	-6.5
低收入发展中国家	-3.3	-3.5	-5.0	-4.7	-4.2	-4.2	-4.0	-3.8	-3.7	-3.7	-3.6
肯尼亚	-6.9	-7.4	-8.1	-7.1	-6.0	-5.2	-4.4	-3.9	-3.9	-4.0	-3.9
尼日利亚	4.3	4.7	-5.6	-6.0	-5.5	-5.3	-5.4	-5.6	-5.8	-6.0	-6.1
越南	-1.0	-0.4	-2.9	-3.4	-2.5	-3.3	-3.1	-2.9	-2.5	-2.3	-2.0
产油国	0.4	-0.1	-7.5	-1.1	2	-0.3	0.1	0	0	-0.1	-0.2
全球产出	3.6	2.8	-2.8	6.3	3.4	2.8	3	3.2	3.2	3.1	3

资料来源：IMF2022年10月《财政监测报告》。

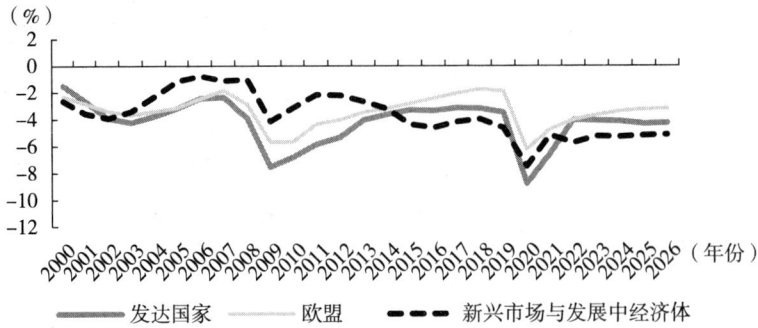

图 2-10 全球财政赤字占 GDP 比重的趋势

资料来源：IMF。

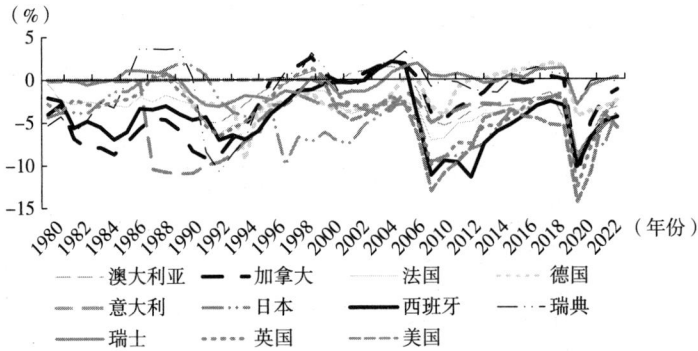

图 2-11 主要发达国家财政赤字占 GDP 比重的趋势

资料来源：IMF。

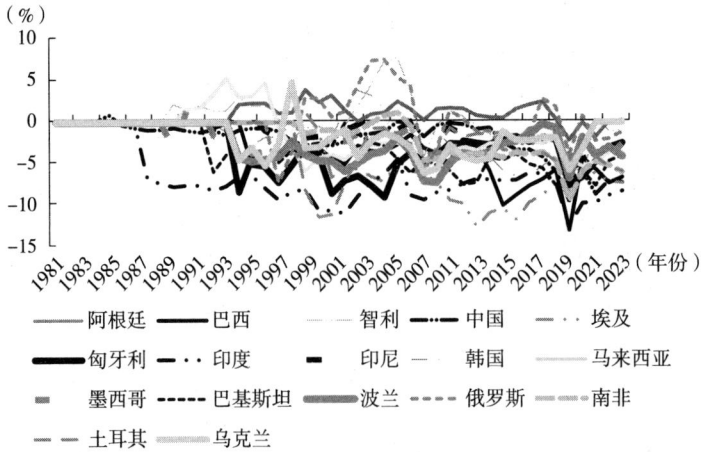

图 2-12 新兴市场与发展中经济体财政赤字占 GDP 比重的趋势

资料来源：IMF。

二、政府债务压力极大

2022 年，全球政府债务与 GDP 之比达到 91%，较疫情前水平高出约 7.5 个百分点，虽然近期许多国家的这一比例有所下降（参见图 2-13 和表 2-3）。由于财政赤字减少、经济复苏和通胀冲击，政府债务的规模有所下降，但发达国家中日本、意大利、美国、西班牙、法国、英国和德国等仍然远高于 60% 的安全线，新兴市场经济体中巴西、阿根廷、巴基斯坦、中国、匈牙利、智利、马来西亚、南非等仍然高于 60% 的安全线（参见图 2-14 和图 2-15）。

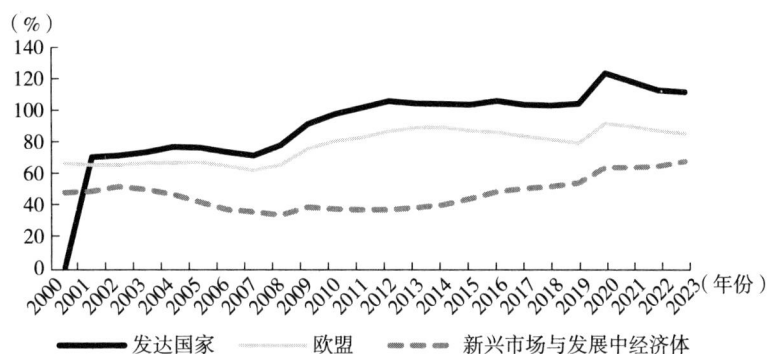

图 2-13　不同国家政府债务余额占 GDP 比重的趋势

资料来源：IMF。

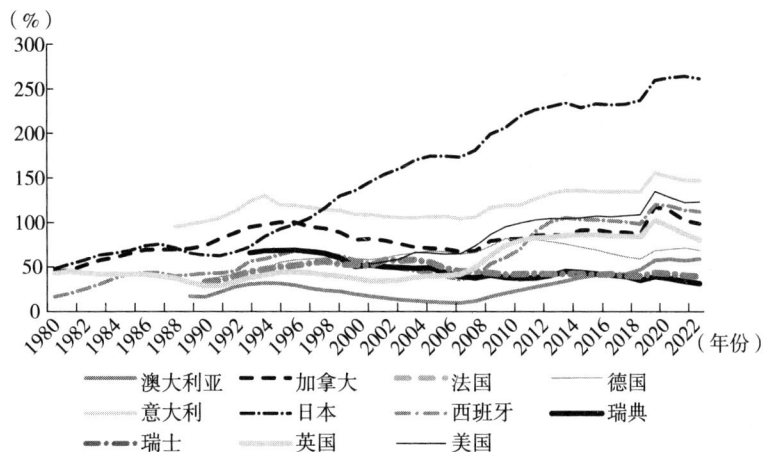

图 2-14　发达国家政府债务余额占 GDP 比重的趋势

资料来源：IMF。

表2-3 2018—2028年政府债务占GDP比重 /%

国家或地区	2018年	2019年	2020年	2021年	2022年	2023年	2024年	2025年	2026年	2027年	2028年
							预期				
总债务占GDP比重											
全球	82.8	84.3	99.7	95.5	92.1	93.3	94.6	96.1	97.3	98.4	99.6
发达经济体	102.9	104	122.9	117.4	112.5	112.4	113.6	115	115.9	116.7	117.8
加拿大	90.8	90.2	118.9	115.1	106.6	105.1	102.2	99.2	96.2	93.6	11.1
欧元区	85.6	83.5	96.6	94.9	90.9	89.8	89	87.9	86.9	86.2	85.4
法国	97.8	97.4	114.7	112.6	111.1	111.4	112.4	112.8	113.3	114.2	115
德国	61.3	58.9	68	68.6	66.5	67.2	66.5	64.4	62.3	60.9	59.6
意大利	134.4	134.1	154.9	149.8	144.7	140.3	140	138.5	136.9	134.8	131.9
西班牙	100.4	98.2	120.4	118.4	112	110.5	108.3	107.9	108.3	108.7	109.3
日本	232.4	236.4	258.7	255.4	261.3	258.2	256.3	257.6	259.2	261.5	264
英国	85.2	84.5	105.6	108.1	102.6	106.3	109.7	112.8	1.12.7	113	113.1
美国	107.4	108.7	133.5	126.4	121.7	122.2	125.8	129.1	131.8	134	136.2
其他发达经济体	52.7	55.1	64.8	64.3	64.6	67.5	69.8	72.2	74.3	76.3	78.1
新兴市场与发展中经济体	51	52.6	62.3	59.4	56.2	57.3	57.7	58.2	58.4	58.6	58.7
新兴市场除中国	55.3	57.6	67.5	67.1	68.4	71.4	74.1	76.8	79.3	81.7	83.8
除中东北非地区产油国	56.5	59.8	70.2	71.5	75.1	79.1	82.6	86.2	89.4	92.5	95.4
亚洲	56.7	60.4	70.1	71.8	77.1	82.4	87.2	92	96.5	100.8	104.9
中国	70.4	75	88.5	84.7	83.1	83.2	83.7	83.8	83.8	83.7	83.6
印度	29	28.5	37	34.7	32.7	36.9	37.9	38.6	39	39.2	39.2
欧洲	13.6	13.7	19.2	16.5	19.6	24.9	25.3	25.3	24.3	23.2	21.5
俄罗斯	67.4	68.3	77.3	71.9	69.7	68.6	69.3	70.1	70.3	70.3	70.1
拉美	85.6	87.9	96.8	90.7	85.9	88.4	91.5	93.7	95.2	96	96.2
巴西	53.6	53.3	60.1	58.7	56	55.6	55.8	56.3	56.9	57.5	57.9

续表

国家或地区	2018年	2019年	2020年	2021年	2022年	预期					
						2023年	2024年	2025年	2026年	2027年	2028年
墨西哥	40.3	43.9	55.4	52.1	43	42.5	41.2	41.6	42	42.3	42.5
中东北非地区	17.6	21.6	31	28.8	22.6	23.6	23.1	22.3	21.5	20.7	19.9
沙特	51.7	56.2	69	69	71	72.3	74	77.1	80	82.4	84.9
南非	41.7	42.8	48.4	48.4	48.2	48.3	46.8	45.8	44.9	44.2	43.2
低收入发展中国家	56.4	59.1	67.8	67	67.9	66.6	65.4	64.1	62.7	61.1	59.5
肯尼亚	27.7	29.2	34.5	36.5	38	38.8	39	40.3	41.5	42.3	43.1
尼日利亚	43.5	40.8	41.3	39.3	37.1	36.3	35.4	34.6	33.8	32.9	31.3
越南	44.4	45.7	60.4	56	49.1	50.5	49.9	49.4	48.8	48.3	47.7
产油国	0.4	-0.1	-7.5	-1.1	2	-0.3	0.1	0	0	-0.1	-0.2
净债务占GDP比重											
全球	67.2	68.2	80	77.91	74.6	75.3	76.8	77.9	78.7	79.4	80.2
发达经济体	73.9	74.7	86.8	84.6	81.6	82.5	84.3	85.7	86.7	87.6	88.7
加拿大	11.6	8.5	15.7	15.4	13.9	14.1	13.9	13.7	13.1	12.5	12
欧元区	70.6	69	79	77.8	74.8	74.5	74.3	73.7	73.21	72.8	72.4
法国	89.2	88.9	101.7	100.6	99	99.4	100.4	100.8	101.3	102.2	103
德国	42.2	40.1	45.4	45.6	45.1	46.7	46.8	45.6	44.3	43.5	42.7
意大利	121.8	121.7	141.4	137.3	133	129.3	129.4	128.2	126.9	125.1	122.6
西班牙	84.9	83.7	103	102.3	97.4	96.6	95.2	95.3	96.1	96.9	97.9
日本	151.1	151.7	162.3	156.9	162.7	161	159.3	159.2	159.4	160.2	161.3
英国	75.4	74.6	94.5	96.7	91.9	95.1	98.2	101	100.9	101.2	101.2
美国	81.1	83.1	98.3	98.3	94.2	95.5	99.8	103.1	105.7	108	110.5

资料来源：IMF2022年10月《财政监测报告》。

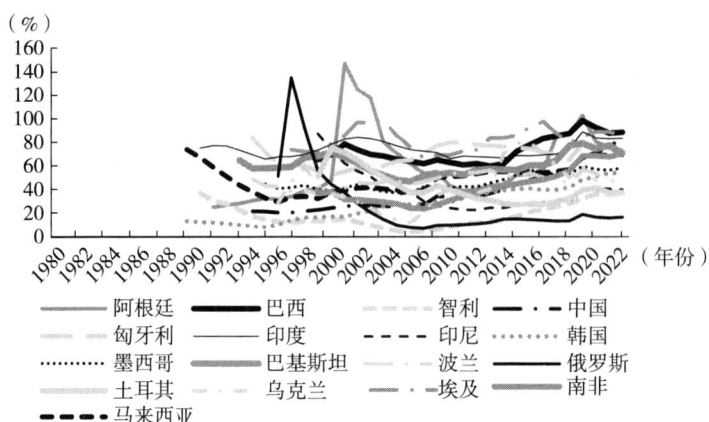

图2-15　新兴市场与发展中经济体政府债务余额占GDP比重的趋势

资料来源：IMF。

根据IMF于2022年10月发布的《全球金融稳定报告》，随着全球金融环境变得更具挑战性，预算约束正在收紧。2022年，许多新兴市场经济体和低收入发展中国家一直在应对利差的迅速上升；低收入发展中国家利差的中位数在过去一年中增加了50%以上。即使债务趋于稳定，未来几年利息支出与GDP之比预计也会上升。如果通胀波动加剧，举债成本可能进一步上升，因为投资者会要求长期债务支付更高的溢价。此外，如果利率升高导致央行利润以及其上缴政府的利润减少，那么财政收入就可能下降。此外，近60%的低收入经济体已经或很可能陷入债务困境，这突显了建立一个稳健的债务减免共同框架的必要性。在持续收紧的金融环境下，全球经济正在放缓。若经济快速衰退，将使各种优先事项之间的权衡取舍变得更加困难，包括在需求管理、稳定债务、保护弱势群体、投资未来之间进行的抉择。

三、财政政策需要调整

IMF认为，疫情后的世界需要对财政政策作出以下必要调整。

第一，为疫情后的世界确定一个协调一致的中期政策框架至关重要。依赖反复出现的意外通胀来减少公共债务并非可行策略，并且会带来支出压力（例如工资和服务成本压力）。正如许多发达市场和新兴市场预期要做的那样，减少财政赤字对于帮助应对通胀和债务脆弱性问题十分必要。财政整顿释放出一个强有力的信号，即政策制定者在遏制通胀方面是一致的，而这又会降低保持通胀预期锚定和维持相对较低偿债成本所需的加息幅度。许多国家也在调整财政规则以锚定相关政策。尽管在政治上具有难度，但平稳地逐步收紧财政政策所带来的影响要小于市场信心丧失后财政政策被迫做出的突然回调。

第二，随着政府预算不断吃紧，确定各种政策和项目的优先次序已变得越发重要。当务之急是确保人人都能获得负担得起的食品，并保护低收入家庭免受通胀上涨的影响。面对长期存在的供应冲击和广泛的通货膨胀，试图以价格管控、补贴或减税来抑制价格上涨的做法将给预算造成巨大成本，且最终也是无效的。政府应当允许价格做出调整，并向最脆弱的群体提供有针对性的临时现金转移支付。价格信号对于促进节能和鼓励私人部门投资可再生能源是至关重要的。应当保障重点领域的公共投资。

第三，在确定优先次序的过程中，各国可能需要进一步增加收入并控制其他支出（包括公共部门工资）的增长，二者都有助于控制总体的工资和价格压力。拥有财政空间（这类国家正日益减少）且通胀得到控制的国家应让自动稳定器充分发挥作用。

第四，政府政策可帮助家庭和企业适应逆境或从中复苏，从而增强韧性。发达经济体自新冠疫情暴发之初就迅速采取有力的财政措施，不仅保障了民生，也为经济的迅速复苏奠定了基础。而这些措施也涉及财政成本和风险，对未来的政策产生了影响。新兴市场和发展中经济体之间的财政应对措施则差异较大——在整个疫情防控期间，许多新兴市场和发展中经济体的资金都捉襟见肘。要建立一个有韧性的社会，政府需要采取行动保护家庭和企业免受实际收入大幅下降和大量失业的影响。此外，还需要在其他密切相关的领域采取行动，包括（但不限于）医疗卫生和大流行病防范、适应气候变化和应对自然灾害，以及实现机会均等等方面。

第五，在吸取疫情应对经验的基础上，政策制定者现在能开发可随时部署的工具，并制定战略、提出针对各种情景的可取应对政策。在保障体系完善、高频经济指标可靠的情况下，可以考虑根据先前确定的触发条件采取预先规定的行动（例如在就业率连续下降后扩大失业保障的范围）。鼓励私人部门利用保险或帮助劳动者掌握新技能来自行提高韧性，这么做就可以减少这方面对政府干预措施的需求，从而将后者用于保护最脆弱的家庭。

第六，在制定财政策略时，政策权衡是重中之重。为能灵活应对不利事件，政府需要在正常时期（最好是在中期财政框架中）逐步建立财政缓冲，同时维护债务可持续性和融资渠道。宏观经济的权衡也意味着，当通胀压力较大时，财政政策应在保护最脆弱群体的同时采取紧缩立场，避免货币政策在遏制通胀方面负担过重。建立缓冲和收紧财政政策需要在多项需求中确定财政支出的优先次序，并以有利于经济增长的方式增加收入。对于在追求实现发展目标（其同样也是"韧性"的重要组成）的同时面临不利冲击的低收入国家来说，它们面临着艰难的权衡。

第七，为增强韧性，各国的国内措施需要得到全球合作的补充。在新冠疫情期间，全球在疫情防范和疫苗部署方面的协同增效作用十分突出。适应气候变化方面的投资可以从国家之间的合作中受益。对于面临粮食危机风险且资源或能力有限的新兴市场和发展中经济体，全球各方应作出更大努力，为其提供紧急贷款、人道主义援助，并确保贸易的畅通无阻。

在IMF的政策建议之外，全球财政政策的核心还在于：一是，保证债务的可持续性，即保证债务利息支付、到期债务兑付和新债发行的可持续性。二是，注重财政政策自身的逻辑，即量入为出但可在特殊情况下扩展规模。三是，控制债务规模的过快过度上涨，即使政府债务对于经济和社会发展具有刺激作用，但总体上仍然有一个合理的度。四是，注重财政政策的应用逻辑，即财政政策不能简单地替代市场投资，而是激发市场主体的活力。五是，注重财政政策与货币政策的协作和边界，避免财政赤字的货币化，同时注意两者对金融市场和经济发展的冲击，包括可能导致经济衰退、债务危机、金融动荡或危机等。

第四节　美联储加息对中国金融安全的冲击

美联储加息与美元升值是全球美元周期的一个阶段，对中国金融安全带来较大的冲击。

一、全球美元周期下的美联储加息与美元升值

　　汇率在全球化中发挥着重要作用，全球化形成了以美元为核心的国际货币体系，全球美元周期冲击着全球金融安全。在经济金融体系的全球化中，汇率成为全球商品和资金跨境流动的核心介质，主要国家汇率的变动决定了商品和资金往来的流动方向，背后当然也有主要国家利率的作用，而主要国家的利率与汇率通常有一致性的作用，即汇率论。以美国为核心的国际货币体系具有霸权特性，可以通过货币政策的调整影响美元的汇率，进而影响全球资金流动，甚至可以通过贬值和升值的周期引发新兴市场经济体金融危机，有时发达国家亦难幸免。大萧条以来的每次金融危机，背后都有全球美元周期的影响，尤其是美联储加息和美元大幅升值的支配，这也是金融危机的汇率论，如 20 世纪 80 年代以来的拉美危机、1997—1999 年的亚洲金融危机等。①

　　尽管我们通常关注的是美联储的货币政策，但实际上美国通过美联储的货币政策决定美元汇率走势。自 20 世纪 70 年代布雷顿森林体系崩溃以来，随着浮动汇率机制的推广及新兴市场和发展中国家资本账户开放，逐步形成了以美元为中心的国际浮动汇率机制，形成了事实上的全球美元周期，对于泡沫化严重的发达经济体和金融体系脆弱的新兴市场经济体，通常因为全球美元周期而发生金融危机，如 1989 年的日本泡沫破裂危机、1997—1999 年的亚洲金融危机等。

　　美联储加息从 2022 年 3 月至 2023 年 2 月 1 日共加息 450 基点（即 4.5%），但美国国债收益率上升实际上受到美联储加息预期的影响，是从 2021 年 10 月开始的。而且，从 2021 年 10 月末至 2023 年 1 月末，美国不同期限的国债收益率上升幅度不同，整体特征为 1 年期以内的国债收益率上升幅度接近或高于加息幅度，1 年期以上的国债收益率上升幅度逐步缩小（参见图 2-16），12 个期限的美国国债收益率上升幅度简单平均为 3.33%。当我们无法判断中国持有的美国国债期限结构的时候，我们在估量相应期间的损失用简单平均的收益率上升幅度。

　　此外，美联储加息预期和加息与美元升值紧密相关。美元从 2021 年 5 月 25 日的 89.669 上升至 2022 年 9 月 27 日的 114.160，其间上升了 27.3%；美元指数再下降至

---

　　① 方明 . 蝶变：从金融风暴走向全球共治［M］. 北京：中国财政经济出版社，2009.

2023 年 1 月末的 102.230，较高点下降了 10.45%；从 2022 年 5 月至 2023 年 1 月末，美元指数仍上升了 14%（参见图 2-17）。

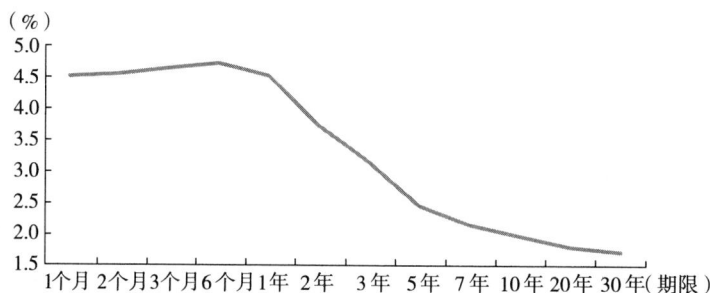

图 2-16　2021 年 10 月末至 2023 年 1 月末不同期限美国国债收益率变化

资料来源：西南财经大学全球金融战略实验室整理。

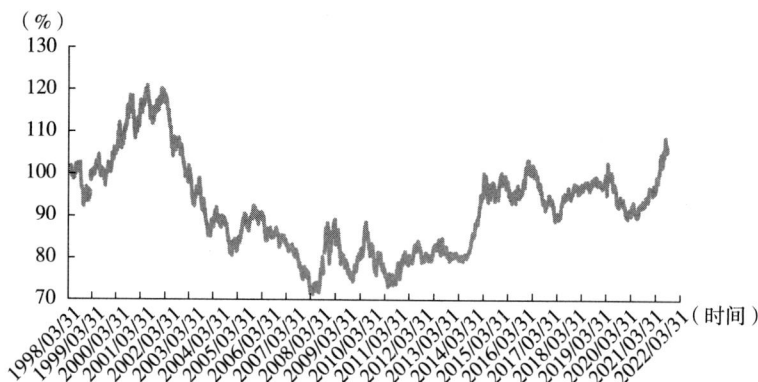

图 2-17　美元指数走势

资料来源：西南财经大学全球金融战略实验室整理。

人民币汇率与美元指数趋势紧密相关。2022 年 2 月末至 2023 年 1 月末，美元兑人民币汇率上升了 7.07%，其中，2022 年 2 月末至 10 月末，美元兑人民币汇率上升了 15.65%，但在 2022 年 10 月末至 2023 年 1 月末，美元兑人民币汇率下降了 7.42%（参见表 2-4）。

表 2-4　主要货币兑人民币汇率变化 / %

时间	美元兑人民币	欧元兑人民币	100 日元兑人民币	港元兑人民币	英镑兑人民币	澳元兑人民币
2022 年 2 月末至 10 月末	15.65	2.55	−10.10	15.17	−0.24	2.75
2022 年 10 月末至 2023 年 1 月末	−7.42	1.19	5.56	−7.37	−1.25	1.62
2022 年 2 月末至 2023 年 1 月末	7.07	3.77	−5.10	6.68	−1.49	4.41

资料来源：西南财经大学全球金融战略实验室整理。

二、美联储加息与美元升值对中国外部金融安全的冲击

（一）对中国国际投资的冲击

国际投资包括资产和负债两个方面：资产包括对外直接投资（ODI）、证券投资、其他投资和外汇储备，负债包括外商直接投资（FDI）、证券投资、其他投资。从另外一个角度来看，国际投资也可由直接投资资产与负债、证券投资资产与负债、其他投资资产与负债和外汇储备构成。美联储加息及相应的美元升值对中国国际投资的冲击，自然可以根据以上分类进行讨论（可以实现跟踪计量），也可以根据国际投资收益进行直接讨论。国际投资的收益通常通过经常账户初次收入中的投资收益反映出来，在此基础上对国际投资的未来或有损失进行评估更为直接和简单。

首先，美联储货币政策与中国国际投资收益的关系较为紧密。

从中国国际收支平衡表可知，2021年和2022年前三季度的投资损失分别为1 638亿美元和1 668.5亿美元（参见图2-18）。

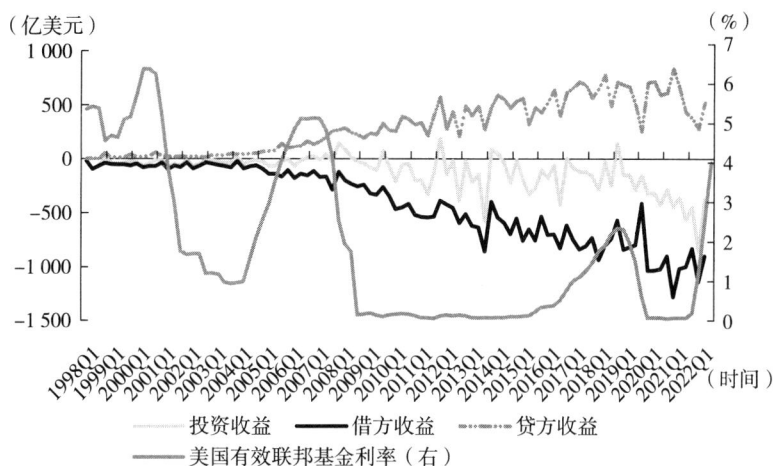

图 2-18　美联储货币政策与中国国际投资收益的趋势

资料来源：西南财经大学全球金融战略实验室整理。

第一，从投资收益与美国有效联邦基金利率的关系来看，两者呈现一定的线性正相关关系（相关系数为0.362），即当美国货币政策收紧、联邦基金利率上升时，中国国际投资收益上升，反之亦然。

第二，从投资贷方收益与美国有效联邦基金利率的关系来看，两者呈现较强的线

性负相关关系（相关系数为 –0.570），即当美国货币政策收紧、联邦基金利率上升时，中国国际投资贷方收益下降，反之亦然。

第三，从投资借方收益与美国有效联邦基金利率的关系来看，两者呈现较强的线性正相关关系（相关系数为 0.591），即当美国货币政策收紧、联邦基金利率上升时，中国国际投资借方收益下降，反之亦然。

第四，2022 年第四季度时美国有效联邦基金利率为 4.1%，分别按照中国国际投资的贷方收益线性函数和借方收益线性函数计量，得到贷方收益和借方收益分别为 152 亿美元和 –200.8 亿美元，计算投资收益为 –48.8 亿美元。较根据中国投资收益与美国有效联邦基金利率的线性函数得到的 2.4 亿美元的结果存在较大的差距。

其次，美元指数与中国国际投资收益相关性并不强。

美元指数与中国国际投资收益、贷方收益和借方收益的线性相关系数接近 0（参见图 2-19）。

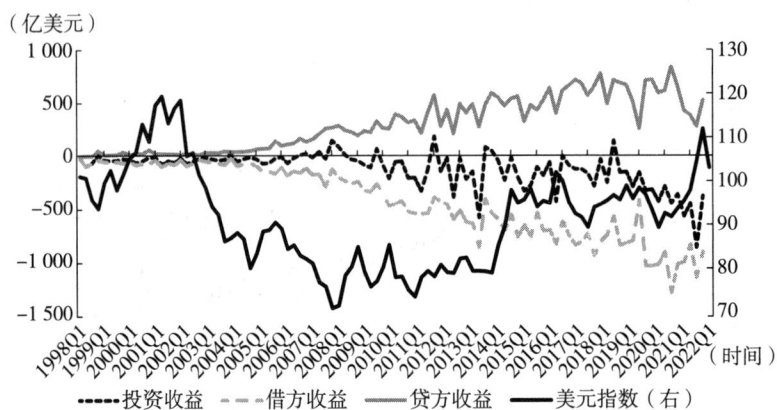

图 2-19 美元指数与中国投资收益的趋势

资料来源：西南财经大学全球金融战略实验室整理。

最后，美元兑人民币汇率与中国国际投资收益存在着极强的相关性，间接反映了美元升值对中国国际投资收益的影响（参见图 2-20）。

第一，美元兑人民币汇率与中国国际投资收益存在弱的正相关性（相关系数为 0.416）。

第二，美元兑人民币汇率与中国国际投资贷方收益存在极强的负相关性（相关系数为 –0.811）。

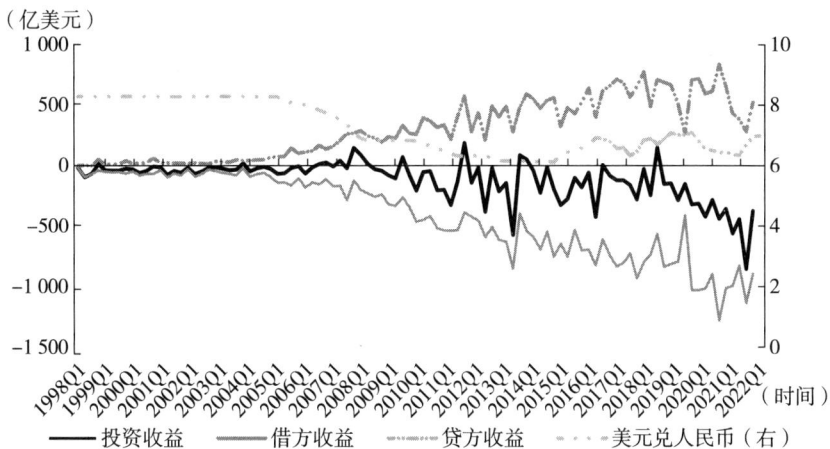

图 2-20 中国国际投资收益与美元兑人民币汇率趋势

资料来源：西南财经大学全球金融战略实验室整理。

第三，美元兑人民币汇率与中国国际投资借方收益存在极强的正相关性（相关系数为 0.792）。

第四，2022 年第四季度时美元兑人民币汇率为 6.983，分别按照中国国际投资的贷方收益线性函数和借方收益线性函数计量，得到贷方收益和借方收益分别为 358.2 亿美元和 −492.2 亿美元，计算投资收益为 −134 亿美元，较根据中国投资收益与美元兑人民币汇率的线性函数得到的 −133.9 亿美元基本一致。相应地，2022 年中国投资收益总体为 −1 802 亿美元，较 2021 年的 −1 638 亿美元上升了 10%。

最后，可以进一步根据自变量有效联邦基金利率、美元兑人民币汇率和因变量中国国际投资收益、贷方收益和借方收益构建预测模型。从简单直接的判断来看，可以根据美元兑人民币汇率与中国国际投资收益、贷方收益和借方收益的现有线性关系对未来的或有损失进行判断，并利用实际结果进行检验。

（二）对资金外逃内逃的影响

美元兑人民币汇率走势与美元指数的趋势基本一致，尤其是在 2005 年 7 月 21 日人民币汇率改革以后。美元作为世界货币，是一种基准货币，美元升值，通常会使其他货币贬值（实施固定汇率制的货币除外）；美元贬值，通常会使其他货币升值。2021 年以来，随着美元升值趋势，人民币汇率出现了相应的贬值趋势（参见图 2-21）。

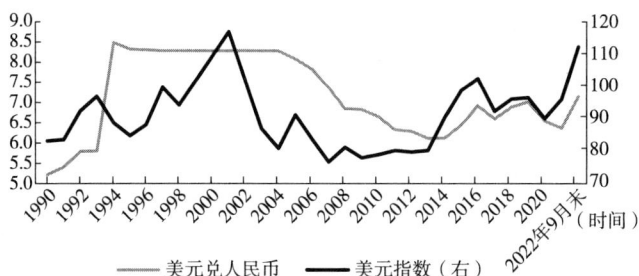

图 2-21　美元兑人民币与美元指数的走势

资料来源：西南财经大学全球金融战略实验室整理。

第一，资金外逃的净误差与遗漏方法。资金外逃有多种计算方式，最直接的方式就是看国际收支平衡表的净误差与遗漏，其为负通常认为是资金外逃，其与人民币升值趋势紧密相关：当人民币升值预期和升值幅度越大时，资金外逃趋势越明显（参见图 2-22 中 2008—2015 年）；当人民币贬值预期和贬值幅度越小时，资金外逃趋势会有所放缓（参见图 2-22 中 2015—2020 年）。在美联储加息预期和美元升值趋势开始的 2021 年以来至 2022 年美联储大幅加息和美元大幅上升期间，人民币汇率有所贬值，但中国资金外逃趋势呈现明显收缩趋势。2022 年前三季度，中国资金外逃规模为 2 351 亿美元；2022 年第四季度，中国资金内逃规模为 2 126 亿美元。

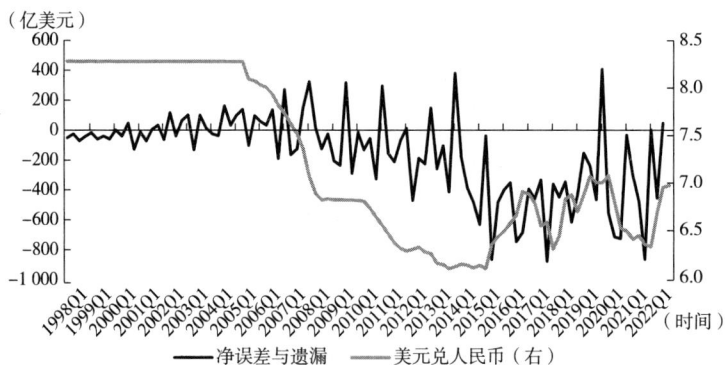

图 2-22　中国净误差与遗漏同美元兑人民币汇率的趋势

资料来源：西南财经大学全球金融战略实验室整理。

通过对美元指数、美国有效联邦基金利率和中国净误差与遗漏的散点图分析，美元指数与美联储加息对中国资金外逃没有直接的明显线性相关性，但美元兑人民币汇率与中国资金外逃有明显的线性相关性。从 1998 年第一季度至 2022 年第三季度，美元兑人民币汇率和中国净误差与遗漏呈现出正的线性相关性，相关系数为 0.473。这也说明了美元兑人民币汇率越高（美元升值，人民币贬值），中国净误差与遗漏也越大，资金外逃趋势越不明显；反之亦然。

第二，中国资金内逃外逃的新计量方法。在国际收支平衡表中有经常账户的贷方（资金收入，记为正）与借方（资金支出，记为负），经常账户余额是贷方加上借方的结果；资本账户包括资本转移和非生产、非金融资产的收买或出售，前者主要是投资捐赠和债务注销，后者主要是土地和无形资产（专利、版权、商标等）的收买或出售，金额小，但记账方式与经常账户类似，也记为贷方（资金收入，记为正）和借方（资金支出，记为负），资本账户余额是贷方和借方之和的结果；金融账户由资产（资金流出，记为负）与负债（资金流入，记为正）两方构成，金融账户余额由资产与负债之和构成；资本与金融账户余额由资本账户余额与金融账户余额之和构成。

在国际收支平衡表的金融账户中，将直接投资、证券投资和其他投资的资产与负债分别记为负和正，表示资金流出和流入，问题不大，但把储备资产（包括外汇储备）的流出记为负，表示资金流出，至少在讨论资金外逃的问题中不太合适。因此，在讨论资金外逃问题时，我们将外汇储备余额的变化从资本与金融账户中拆解出来，留下的部分称为资本与非储备金融账户。此外，资金外逃仅仅是我们看到的资金非法跨境流动的一个侧面，事实上，资金还存在着内逃的现象，即资金非法流入。

为了更准确地计量中国资金外逃内逃情况，我们用了一段时期内中国经常账户余额（CCB）、中国资本与非储备金融账户余额（CNRB）、国内商业银行美元存款（CBUCB）与外汇储备余额（FRB）的关系来测量中国资金外逃内逃金额（OoC）情况，然后再来看相关与美联储加息和美元升值的关系。基本公式为：

$$OoC = CCB + CNRB - \Delta CBUCB - \Delta FRB$$

这里以年为基本单位，Δ 表示 2022 年末与 2021 年末的差额，2022 年因数据的关系，只统计到 2022 年 9 月。当 OoC 为负时，意味着资金的外逃；当 OoC 为正时，意味着资金的内逃。自 2003 年以来，中国资金存在着普遍的内逃现象，外逃出现在 2015 年、2016 年和 2022 年。2022 年前 9 个月资金外逃规模达 2 351 亿美元，和净误差与遗漏计量的外逃 2 126 亿美元较为接近但高出 225 亿美元（参见图 2-23）。当然，这里忽略了外汇储备投资在美联储加息时所导致的损失。假定 1990—2002 年外汇存款余额变化不大，还可以大致得到 1990—2002 年的资金内逃外逃情况。

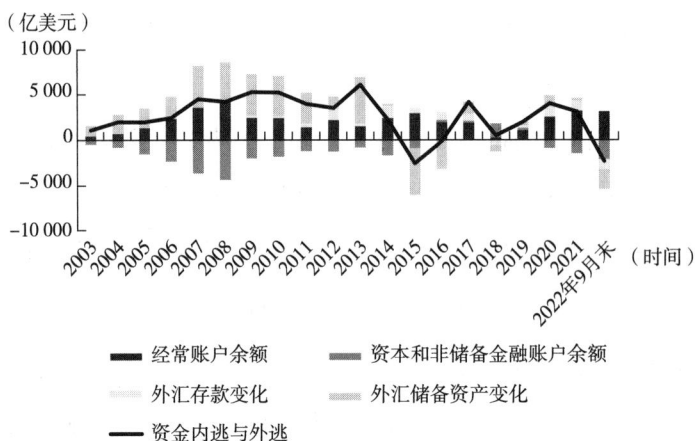

图 2-23　中国资金内逃外逃的计量

资料来源：西南财经大学全球金融战略实验室整理。

　　显然，中国资金内逃外逃的计量结果与中国国际收支平衡表中的净误差与遗漏之间相关性不大。同样地，中国资金内逃外逃的计量结果与美元兑人民币汇率相关性不强，但与美元指数和美联储有效基金利率水平存在着较强的相关性（参见图 2-24）。

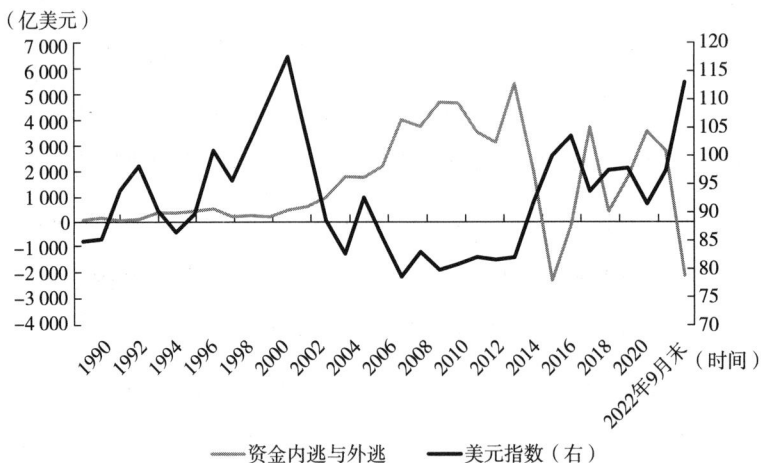

图 2-24　美元指数与中国资金内逃外逃趋势

资料来源：西南财经大学全球金融战略实验室整理。

　　其中，美元指数与中国资金内逃外逃存在着较强的负的线性相关性，1990 年至 2022 年 9 月末，相关系数为 –0.653；2003 年至 2022 年 9 月末，相关系数为 –0.85。根据 2003 年至 2022 年 9 月末的线性相关性公式推断，2022 年资金外逃规模应当为 –370.6 亿美元，因为第四季度美元大幅贬值，资金内逃明显，估计在 1 980 亿美元左右。

美国有效联邦基金利率与中国资金内逃外逃存在着一定的负线性相关性，1990 年至 2022 年 9 月末，相关系数为 −0.457（参见图 2-25）。

不过，人民币自 2003 年以来的升值预期，以及 2005 年人民币开始小幅逐步升值，导致资金内逃与美元相对于人民币贬值的预期与实际情况也基本相符。也就是说，美联储加息和美元升值预期会导致人民币贬值预期加重，会导致资金外逃；美元贬值预期会导致人民币升值预期，会导致资金内逃。

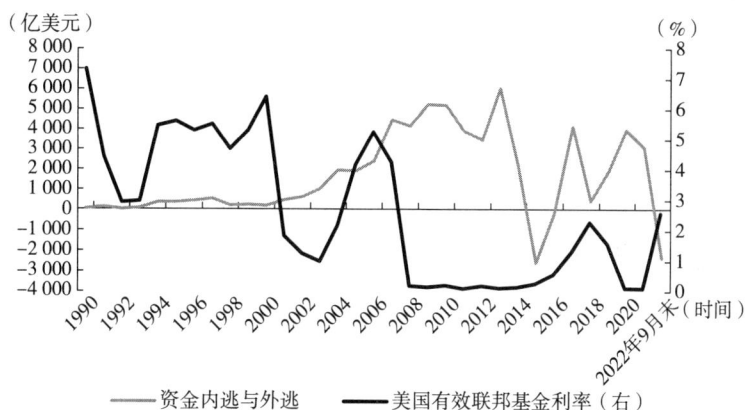

图 2-25　美联储货币政策与中国资金内逃外逃趋势
资料来源：西南财经大学全球金融战略实验室整理。

最后，可以根据美元指数与中国资金内逃外逃的线性相关系数预测未来的趋势，也可以自变量美元指数、美国联邦基金利率，因变量中国资金内逃外逃构建新的数据模型进行预测。

（三）对中国香港市场和在美中概股的冲击

美联储加息导致美国股市大幅下跌，针对中国的贸易摩擦和科技摩擦对中概股造成了较大压力，香港股市也面临着较大的压力。具体来看，2022 年，香港恒生指数与美国中概股指数的平均振幅分别为 2.07% 和 2.74%，较逐步上升的 2019 年、2020 年和 2021 年有显著上升（参见图 2-26）。从两个指数 2022 年的振幅趋势来看，在美联储第一次加息时上升至年内和近四年的高点，此后美联储每次加息导致的振幅有所收缩，但在美联储 11 月加息前后再度大幅上升，此后逐步收敛（参见图 2-27）。

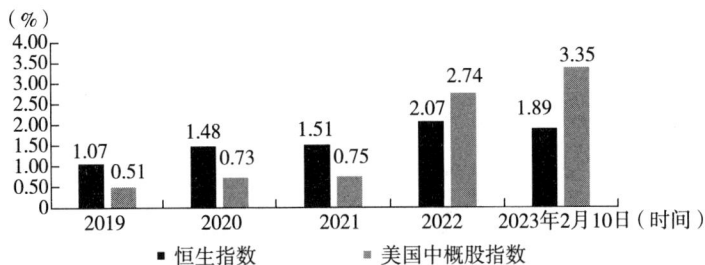

图 2-26　恒生指数与美国中概股指数平均振幅

资料来源：西南财经大学全球金融战略实验室整理。

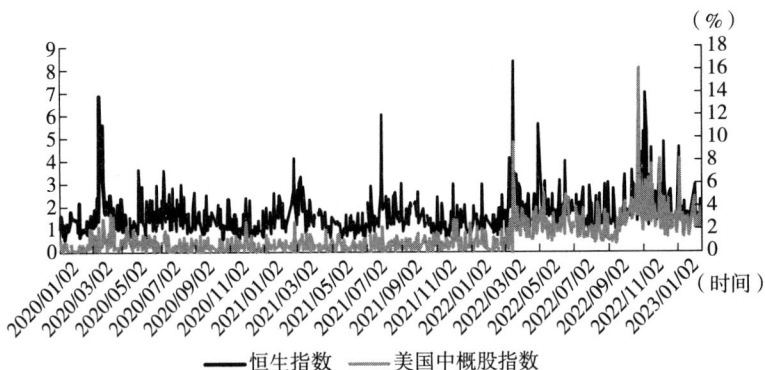

图 2-27　恒生指数与美国中概股指数的振幅趋势

资料来源：西南财经大学全球金融战略实验室整理。

香港恒生指数从 2021 年 2 月 18 日 31 183.36 的高点持续下跌，2022 年 10 月 31 日下跌至 14 597.31 的低点，大幅下跌了 53.2%，2022 年 10 月 31 日较 2021 年末下跌了 36.8%；美国中概股指数从 2019 年 2 月 22 日的 1 413 持续下跌，2022 年 10 月 24 日下跌至 715.464 5 的低点，然后再反弹，2022 年 10 月 24 日较 2019 年 2 月 22 日下跌了 49.38%，较 2021 年末下跌了 25.58%，都超出了同期美股下跌的幅度（参见图 2-28）。

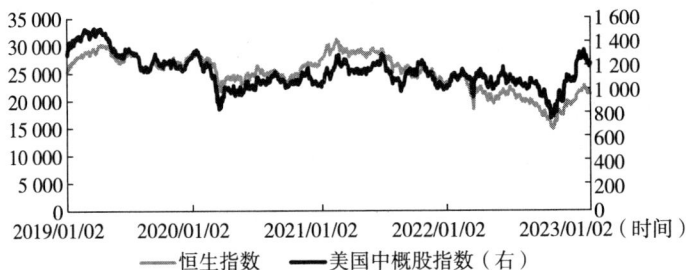

图 2-28　恒生指数与美国中概股指数的走势

资料来源：西南财经大学全球金融战略实验室整理。

三、美联储加息与美元升值对中国内部金融安全的冲击

突发的外部事件会对中国金融市场带来较大的冲击，俄乌冲突和美联储加息都对中国金融市场带来了较大的冲击，这里用日振幅与振幅年均值偏离度来计量中国金融市场受到的冲击程度。[①]

（一）对中国股市和基金的冲击

从 2019—2022 年（参考 2023 年 2 月 10 日前）上证指数、深证成指、沪深 300、创业板指数、科创 50 指数和基金指数的年均振幅来看，除 2020 年全球新冠疫情对股市的重大冲击导致中国股指和基金指数大幅波动外，2022 年俄乌冲突与美联储大幅加息都导致了中国股指和基金指数的大幅波动（科创 50 指数 2020 年大幅波动是因为科创板在 2019 年 7 月 22 日首批公司才上市，因此也缺乏 2019 年的平均振幅），并较 2021 年的年均振幅基本持平或更高（参见图 2-29）。

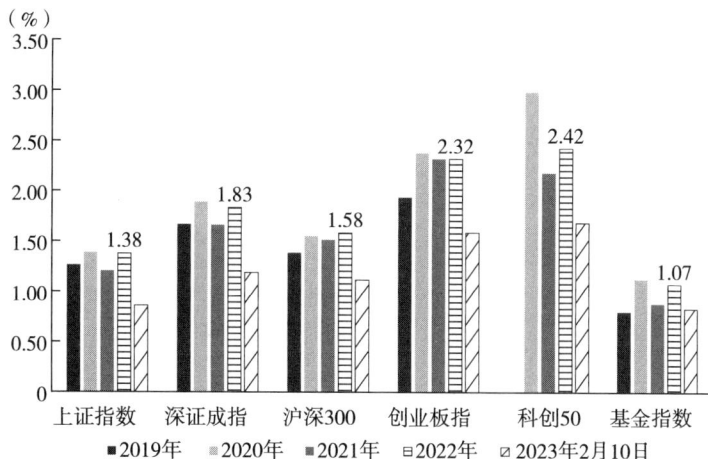

图 2-29　中国主要股指和基金指数的年均振幅

资料来源：西南财经大学全球金融战略实验室整理。

俄乌冲突于 2022 年 2 月 24 日爆发，对中国金融市场当日反应极大，此后振幅迅速下降；美联储此轮加息时间从 2022 年 3 月 16 日开始，中国金融市场提前反应，3

---

① 振幅指当日最高点与最低点的距离与前一交易日收盘价的比值。

月 15 日开始大幅波动；4 月 29 日振幅较大，因加息在五一假期期间，节后振幅下降；6 月 16 日美联储第一次加息 75 基点，6 月 14 日振幅较大，其后振幅快速变小；7 月 28 日美联储加息 75 基点，中国金融市场振幅不大；9 月 22 日，美联储加息 75 基点，中国金融市场振幅不大；11 月 3 日美联储加息 75 基点，中国金融市场反应较大，但前后反应较小；12 月 15 日美联储再加息 75 基点，中国金融市场 16 日反应不大，隔周末后 19 日反应较大；2023 年 2 月 1 日，美联储加息 25 基点，中国金融市场 2 月 1 日反应幅度略有增加，此后振幅快速下降（参见表 2-5 和图 2-30）。这说明中国金融市场对于外部事件的冲击具有较强的韧性，对于美联储持续加息的反应越来越小。

表 2-5　外部事件对中国股市和基金市场的冲击（以振幅表示，单位：%）

时间	联邦基金目标利率	加息幅度	上证指数	深证成指	沪深300	创业板指	科创50	基金指数	备注
2022年2月24日	0.000	0.00	2.487	2.487	2.487	3.282	2.648	3.731	当日反应极大，此后迅速下降
2022年3月17日	0.500	0.50	5.042	5.042	5.042	6.095	5.666	6.447	提前反应，此为3月16日数据，3月15日开始大幅波动
2022年5月5日	1.000	0.50	2.694	2.694	2.694	3.752	3.031	4.533	4月29日数据，因五一假期消化，节后振幅下降
2022年6月16日	1.750	0.75	2.866	2.866	2.866	3.198	2.892	3.516	6月14日数据，振幅较大
2022年7月28日	2.500	0.75	1.476	1.476	1.476	1.730	1.956	1.954	7月29日数据，反应变小
2022年9月22日	3.250	0.75	1.686	1.686	1.686	2.224	1.517	2.630	9月23日数据，反应幅度不大
2022年11月3日	4.000	0.75	2.822	2.822	2.822	3.486	3.731	3.644	11月4日数据，前后反应较大
2022年12月15日	4.500	0.50	0.650	0.650	0.650	0.897	0.936	1.521	12月16日数据，反应不大
2023年2月2日	4.750	0.25	1.214	1.214	1.214	1.448	1.399	1.602	2月1日数据，反应幅度略有增加

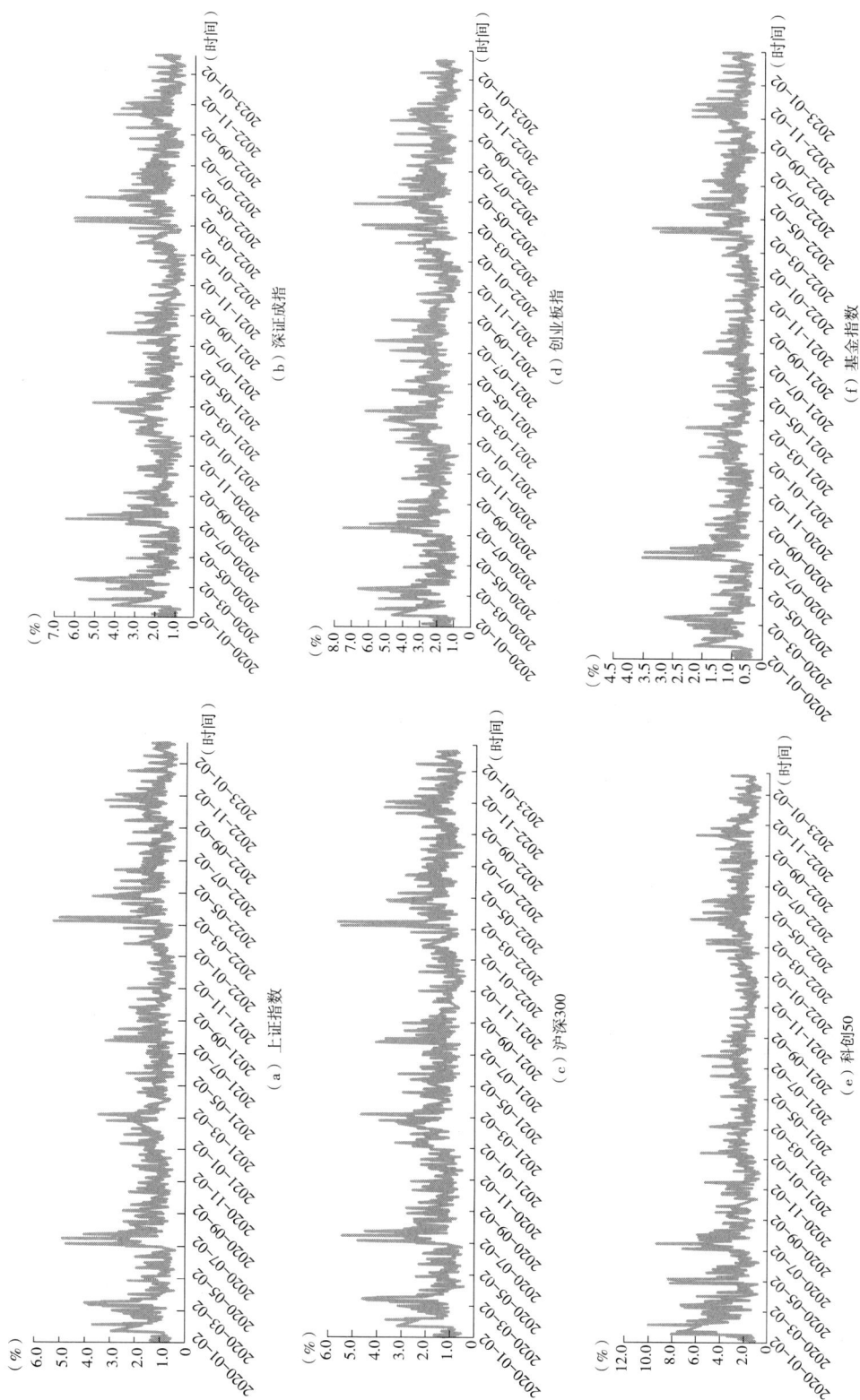

图 2-30　2020 年以来中国主要股指与基金指数的振幅走势

资料来源：西南财经大学全球金融战略实验室整理。

（二）对中国债市和理财市场的冲击

2022 年 11 月 14 日出现大面积的债券基金、银行理财产品亏损，原因是债券市场大跌。从 10 月末至 11 月 15 日，短短十余个交易日，市场中近 8 000 只固收类理财产品中，超过 2 600 只是净值下跌的，下跌占比达到 1/3。其中，有 22 只产品净值跌幅超 1%，4 只产品跌幅超 2%。11 月 14 日，反映债券价格的"中债总净价指数"单日下跌 0.62%，创出 2017 年以来的最大单日跌幅。

中国债券市场和理财产品市场在 2022 年 11 月的大幅下跌，既有内部原因，也有外部原因。内部原因有二：一是防疫政策优化、地产政策加码所导致的市场资金紧张预期，对于资金面的担忧有所加剧，银行间市场隔夜回购利率日内有所上行，随着多笔正回购大单的突然出现，流动性较盘初有所收紧；二是市场出现的恐慌情绪，导致大家都申请赎回，赎回 – 抛售 – 债券下跌 – 产品净值下跌 – 再赎回。从外部冲击来看，从 2022 年 11 月 7 日至 16 日，1 年期国债收益率从 1.75% 上升至 2.25%，其间上升了 50 基点；从 10 月 31 日至 12 月 6 日，10 年期国债收益率从 2.645% 上升至 2.945%，其间上升了 30 个基点。事实上，美联储从 2022 年 3 月 17 日加息始至 10 月末时，中国 1 年期和 10 年期国债收益率分别下降了 42 个基点和 15.5 个基点，也就是说美联储大幅加息在 11 月前对中国国债收益率没有提升，只是随着美联储 11 月 3 日再次大幅加息 75 基点，体现出了对中国债券市场的冲击（参见图 2-31）。

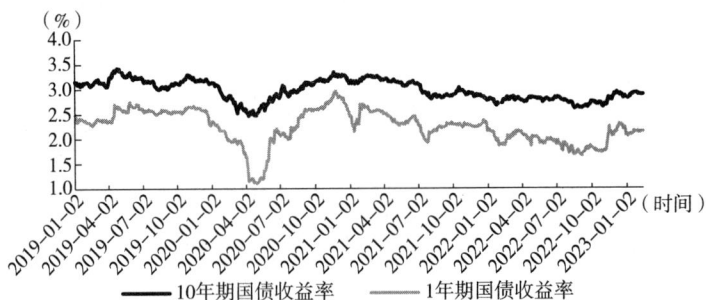

图 2-31　1 年期和 10 年期国债收益率走势

资料来源：西南财经大学全球金融战略实验室整理。

但从总体来看，美联储加息对于中国债券市场和理财产品市场的冲击仍然是短期和有限的。从 2019 年以来，中国债券市场整体体现出持续上升的趋势，中债 – 总净价指数在 2019 年以来的持续上升后，从 2022 年 10 月末的 121.94 下跌至 12 月的 120 以上波动（参见图 2-32）。不过，随着美联储持续加息，中国债券市场仍有面临着相应冲击的可能性。

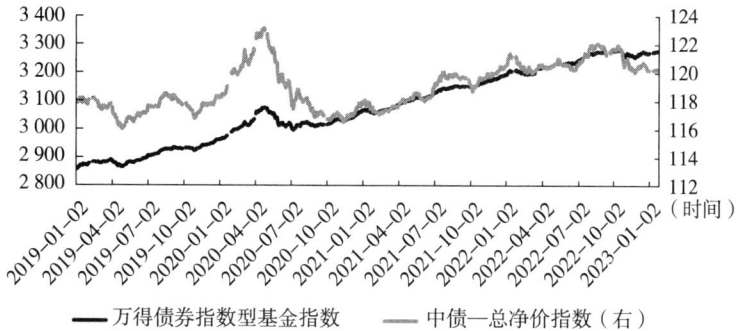

图 2-32　中债－总净价指数与万得债券指数型基金指数的趋势
资料来源：西南财经大学全球金融战略实验室整理。

（三）对中国房地产泡沫的冲击

美联储加息给美国乃至全球房地产带来了泡沫破裂的压力，也给中国房地产带来了较大压力，许多中国房地产开发商不能偿还美元债务，房地产泡沫破裂压力较大。

从万得房地产指数和上证地产指数来看，2022 年平均振幅分别为 2.64% 和 2.84%，较 2019 年、2020 年和 2021 年有明显上升（参见图 2-33）。

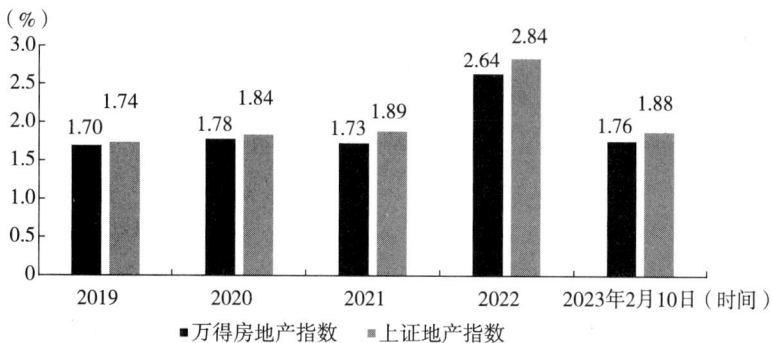

图 2-33　中国房地产指数平均振幅趋势
资料来源：西南财经大学全球金融战略实验室整理。

随着美联储大幅加息，中资美元房地产债券到期收益率大幅上升，不少中资房地产企业出现债券违约。亚洲中资美元债到期收益率由 2021 年末的 4% 上升至 2022 年

11月9日的8.126%，此后收益率回调到6%左右，而亚洲中资美元房地产债到期收益率由2021年末的12.71%上升至2022年10月31日的36.593%，在中国房地产政策调整后出现了明显下降，回调到15%左右（参见图2-34）。事实上，中国房地产企业美元债存在着高收益债券（即垃圾债）的特点，随着美联储加息和美元升值（2022年美元指数最大升值幅度超过27.3%，美元兑人民币最大升值幅度为15.65%），所需偿还的利息成本和美元升值的成本大幅上升，在内部融资不畅和业务压力大幅上升之际，形成内外交织的螺旋式下降压力，房地产泡沫破裂压力极大。根据九轶科技数据显示，从一级发行情况来看，2022年美元债净融资情况呈净流出态势，中资美元债净融资遇阻，2022年中资美元债共发行991笔，发行规模达1 280亿美元，同比缩水37%；随着地产信用风险持续释放，中资美元债违约和要约展期的规模均创历史新高，2022年中资美元债共计33个主体134笔美元债发生了违约，违约规模合计587亿美元。另外，21家主体共计41笔美元债进行了要约展期。

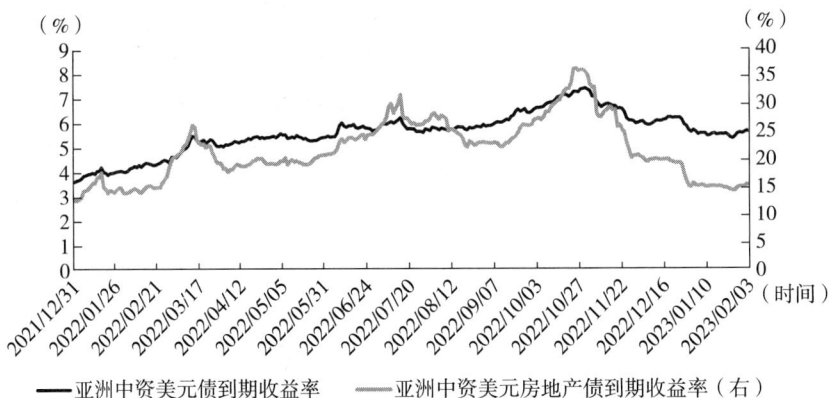

图2-34 亚洲中资美元债和美元房地产债到期收益率趋势

资料来源：西南财经大学全球金融战略实验室整理。

2022年11月中旬，中国人民银行、国家金融监督管理总局联合发布《关于做好当前金融支持房地产市场平稳健康发展工作的通知》，推出16条金融举措，对房地产相关领域进行金融支持，外界将该通知简称为"房地产金融16条"。中国政府及时调整房地产金融政策，终于缓解了房地产泡沫破裂的风险。

四、退出定量宽松货币政策对中国金融安全的冲击

美国次贷危机引爆全球风暴后，以美国为首的发达国家开启了定量宽松货币政策。新冠疫情暴发后，以美国为首的发达国家开启了再次定量宽松货币政策。定量宽松货币政策拯救了发达国家经济和金融的危机状态，其实施和退出对中国金融安全不可避免地产生影响。

定量宽松货币政策诞生于 2001 年 3 月日本银行的货币政策实践中。在全球金融风暴爆发后，美国率先推出了定量宽松货币政策。2008 年 11 月 25 日，美联储开始实施第一轮量化宽松政策，宣布将购买政府支持房利美、房地美和联邦住房贷款银行与房地产有关的直接债务，还将购买由两房、联邦政府国民抵押贷款协会所担保的抵押贷款支持证券。到 2010 年 4 月，第一轮量化宽松政策结束，总计购买政府支持企业债券及相关抵押贷款支持证券 1.725 万亿美元，并将联邦基金利率降至 0.25% 历史低位。美联储的第一轮量化宽松政策把华尔街的金融公司从破产边缘拯救了出来。2010 年 11 月 4 日，美联储宣布，启动第二轮量化宽松政策。截至 2011 年 6 月量化计划结束，美联储从市场购入 6 000 亿美元中长期国债，并对资产负债表中到期债券回笼资金进行再投资。第二轮量化宽松政策结束后，效果并不理想，美国的失业问题仍然严峻，经济复苏依然脆弱，物价大涨。2012 年 9 月 14 日，美联储将 0 ~ 0.25% 超低利率的维持期限延长到 2015 年中期，从 15 日开始推出进一步量化宽松政策，也就是第三轮量化宽松政策。美联储宣布将每月向美国经济注入 400 亿美元，直到疲弱的就业市场持续好转。此外，美联储还承诺将超低利率进一步延长至 2015 年。直到 2015 年，以美国为首的发达国家才逐步开始退出定量宽松货币政策。

在全球疫情暴发之后，美国推出了第二次定量宽松货币政策。从 2020 年 3 月至 2022 年，美联储总体购债规模预计分别为 4 万亿美元。从 2022 年 5 月开始，在大幅加息应对通胀飙升时，美国开始了第二次定量宽松货币政策的退出。

（一）金融危机对中国金融安全的间接冲击

美国退出定量宽松货币政策与美联储加息相伴而行，可能引发全球金融市场泡沫破裂或金融危机，对中国金融安全带来间接冲击。

首先，美联储加息退出定量宽松货币政策可能刺破泡沫引发金融风暴。美联储以货币政策推动美元汇率形成了全球美元周期，美联储加息退出定量宽松货币将带动全球央行加息收紧货币政策，可能刺破泡沫引发全球金融风暴。

第一，全球流动性收紧。随着以美国为代表的发达国家央行先后加息并准备退出定量宽松货币政策，过度宽松的流动性将会面临着同时关闸带来的流动性紧张，可能引发全球流动性危机。

第二，全球证券资产价格泡沫破裂。随着主要发达经济体加息，发达经济体债券和股票价格面临着价值重估，必然引发股市和债券价格的大幅下跌，可能出现股市泡沫破裂和金融机构持有的债券大幅下跌，严重的还可能引发金融危机。

第三，全球房地产价格泡沫破裂。随着主要发达经济体加息，发达国家房地产市场面临着双重压力：一是购买者偿还房贷的利息上升，二是房地产开发商的借贷压力上升。发达国家房地产泡沫破裂会影响到全球房地产价格。

第四，美元升值可能引发全球资金流向美国。随着美联储加息，美元将出现升值趋势，进而导致全球资金流向美国，其他国家股市受发达国家股市泡沫破裂的影响，可能出现金融市场大幅动荡，引发部分发达国家和新兴市场经济体资金外流和货币大幅贬值，可能引发金融风暴。

其次，美联储加息退出定量宽松货币政策将进一步刺破全球债务泡沫。

第一，持续的财政支持导致各国公共债务和赤字率明显上升，全球债务压力再次加重。IMF发布的《财政监测报告》估算，2020年全球公共债务达GDP的98%，创历史新高。根据IMF2021年10月的数据推算，发达国家2020年、2021年和2022年的公共债务占GDP的比重分别为122.7%、121.6%和119.3%，公共债务规模分别为62.2万亿美元、69.2万亿美元和71.9万亿美元；新兴市场与发展中国家2020年、2021年和2022年的公共债务占GDP的比重分别为63.1%、63.4%和64.8%，公共债务规模分别为21.6万亿美元、24.6万亿美元和27.3万亿美元；2020年、2021年和2022年的公共债务规模分别为83.8万亿美元、92.8万亿美元和99.2万亿美元，占全球GDP的比重分别为98.6%、97.8%和96.9%。国际金融协会（IIF）发布的《全球债务监测》报告显示，2021年全球债务总额首次突破300万亿美元，达到303万亿美元，创历史新高。债务占全球GDP的比重为351%，比2020年的360%有所降低。2008

年全球金融危机爆发时债务占全球 GDP 的比重为 282%。

第二，新兴市场面临着较大的外债压力。随着国际投资往来日益频繁，新兴市场与发展中经济体的外债负担不断上升：从 1980 年的 5 541 亿美元上升至 2021 年的 12.1 万亿美元，41 余年的时间里增长了近 21 倍；外债还本付息总额也从 1990 年的 1 831.4 亿美元上升至 2021 年的 3.7 万亿美元，31 年的时间里上升了 19.2 倍。从新兴市场与发展中经济体外债余额、利息和还本付息等占 GDP 的比重趋势来看，随着发达国家零利率和负利率货币政策的实施，外债利息负担有所下降但外债偿还压力整体处于上升趋势。外债余额占 GDP 的比重从 1989 年 50.8% 的最高值波动中下滑，2012 年降至 26.5%，2020 年反弹至 32.6%，2021 年可能会略有下降；外债利息占 GDP 的比重从 1985 年的超过 2% 下降至 2011 年的 0.784%，2020 年才恢复到 1.2%，2021 年可能回落到 1.1%；外债还本付息总额占 GDP 的比重却处于高位，2015 年达 12%。不过，随着美联储加息，债务偿还压力将大幅上升。

最后，发达国家或新兴市场经济体金融危机将冲击中国金融安全。在美联储加息、退出定量宽松货币政策导致的全球经济衰退和局部或全球性的金融危机外，俄乌冲突引发的局部或全球"新冷战"和对俄罗斯的制裁，尤其是金融制裁，使得中国金融安全面临着多重冲击叠加缠绕，严重的情况下不排除爆发一定程度金融危机的可能性。尤其是在中国金融决策中试图进一步扩大金融对外开放，尤其是衍生品市场的开放，放宽资本账户管制以迎接证券投资热钱并进一步推动人民币国际化的动机下，可能会爆发被全球美元周期和国际金融大鳄操纵的金融危机。

（二）经济衰退对中国金融安全的间接冲击

首先，新冠疫情全球大流行下以美联储为代表的发达国家央行大幅降息至零利率或负利率，并提供类似无上限的定量宽松货币政策，加上美元相对较弱和俄乌地缘政治局势持续紧张推动了全球大宗商品价格飙升，推动了生产者物价和消费者物价的大幅上涨，全球通胀在 2022 年飙升。根据 IMF2022 年 7 月《世界经济展望》的更新预测，全球 2022 年第一季度、第二季度的 CPI 分别为 7% 和 8.6%，第三季度和第四季度分别为 9% 和 8.3%，2023 年第一季度、第二季度、第三季度、第四季度分别为 6.9%、5.3%、4.5% 和 4.1%。其中，欧美国家通胀上升快速：美国从 2021 年 2 月的 1.7% 快速上升，于 3 月超过了美联储设定的 2% 的通胀目标，并在 5 月超过了 5%，2021 年末达到了 7%，2022 年来持续上升，6 月达到 9.1%，7 月回到 8.5%；欧盟调和消费者物价指数（HICP）在 2021 年 1 月才 1.2%，2021 年末已达 5.3%，2022 年 7 月达到了 9.8%。

其次，与通胀上升相伴的加息可能导致经济衰退。IMF 于 2022 年 10 月发布的《世界经济展望》对经济增长的预期较为悲观，OECD 于 11 月发布的《OECD 经济展望》较 IMF 更为悲观。IMF 认为，目前已有越来越多的经济体增长放缓，甚至出现萎缩。全球经济增长率预计将从 2021 年的 6.0% 下降至 2022 年的 3.2% 和 2023 年的 2.7%。如果不包括全球金融危机和新冠疫情最严重阶段，那么这将是 2001 年以来最为疲弱的增长表现，其反映了几大经济体增长的大幅下滑：2022 年上半年，美国 GDP 收缩；2022 年下半年，欧元区出现收缩。约三分之一的世界经济面临连续两个季度的负增长。全球通胀预计将从 2021 年的 4.7% 上升到 2022 年的 8.8%，但 2023 年和 2024 年会分别降至 6.5% 和 4.1%。通胀水平高出预期的情况在发达经济体最为普遍，而新兴市场和发展中经济体的通胀形势则存在很大差异。全球贸易增长率从 2022 年的 4.3% 降至 2023 年的 2.5%。

IMF 预计经济前景持续面临异常巨大的下行风险有五方面原因：第一，央行可能错误判断降低通胀所需的适当货币政策立场。几大经济体的政策路径可能继续分化，导致美元进一步升值并引发跨境问题。更多的能源和食品价格冲击可能导致通胀持续更长时间。第二，全球金融环境收紧可能使很多新兴市场陷入债务困境。俄罗斯停供天然气可能抑制欧洲的产出。第三，新冠疫情若出现反复，或是发生新的全球卫生恐慌事件，都可能进一步阻碍经济增长。第四，如果中国房地产行业面临危机，可能会蔓延至银行业，拖累经济增长，并带来负面跨境影响。第五，地缘政治分裂可能会阻碍贸易和资本流动，进一步损害气候政策合作。一年后的全球增长率有 25% 左右的概率会降至 2.0% 以下——这处于 1970 年以来全球增长率的最低第 10 百分位水平。

最后，全球经济衰退将对中国金融安全带来较大冲击。第一，2022 年中国经济深受内部疫情的影响和外部美联储加息退出定量宽松货币政策的影响。随着 2022 年 11 月防疫政策的改善，中国经济迎来了内部改善的良机，但外部经济衰退将导致外需的下降，中国经济仍然面临较大的外部压力，在内部动力和外部压力的对冲下，中国经济更可能体现平衡发展。第二，如果发达国家经济衰退与金融危机同时出现，将打破中国经济获得的基本平衡，而给经济带来下行压力，进而破坏中国金融安全的基石。

第三章

全球系统性风险趋势：概况

2022年以来，全球系统性风险面临经济危机、局部战争和地缘政治"三座大山"。经济上，新冠疫情推出的刺激政策的溢出效应明显，全球经济正在经历通胀滞胀，同时，发达国家的货币供给外生化以及新一轮贸易保护主义抬头，多数国家货币政策转向，美联储也加快了缩减资产购买进程，加息和缩表伴随的金融风险也在上升，发展中经济体的外部公共负债已经达到了前所未有的高水平。2022年，地缘政治冲突此起彼伏，政治动荡导致经济不稳定，引发投资者信心不足，从而致使部分国家的资本外逃，很多发展中国家的本币贬值，使债务困境进一步加剧，瑞士信贷爆雷，或许是金融风暴的前奏。2022年，俄乌冲突带来的能源危机影响深远，大国裹挟的债务危机、地缘政治和局部战争此起彼伏，全球正面临着前所未有的历史风险与机遇。2022年，全球安全情况变得复杂微妙，全球系统性风险指数从2022年初的53跌到9月30日的43，反弹动能较弱，下跌动能较大，趋势上，整体延续2017年来的下跌态势。

2021年，我们预测，全球系统性风险可能仍在积聚更多的动能，全球过度宽松的货币政策和财政政策、过度泡沫化的金融市场可能使部分国家酝酿着危机。

和2021年报告一样，我们通过双重透视法①对186个全球国别或地区的动态系统性风险指数和静态系统性风险指数进行处理，区分了全球系统性风险较低国家或改善的国家、系统性风险较高的国家、已经发生系统性风险的国家和可能爆发系统性危机的国家，详情请参见本章相关章节内容。

对于基于国别动态和静态系统性风险指数基础上构建的区域动态和静态系统性风险指数，我们也用双重透视法对区域进行了风险分类分析。从动态系统性风险指数来看，可能需要高度关注马来西亚、印度尼西亚、越南、印度和厄瓜多尔等国，这些国家的系统性风险要加大关注力度。动态系统性风险指数达到70以上，未来可能面临下

---

① 有关双重透视法的概念描述，请参阅2019年出版的《2019—2020年全球系统性风险趋势报告》相关章节。

降趋势的区域，也有爆发系统性危机的可能。对动态系统性风险指数下降幅度较大的波兰、新西兰、哥伦比亚、韩国、老挝、美国、塞拉利昂、匈牙利等 47 个国家或经济体，也要特别关注。

对于区域，2021 年预警的独联体区域，俄乌冲突已爆发，能量释放，危机呈现。和 2021 年预警内容一样，未来两年我们需要高度关注东盟、南亚、独联体和中低等收入国家的系统性风险趋势，而上海合作组织（简称上合组织）、金砖国家、"一带一路"和新兴市场区域的系统性风险需要关注。

本章节使用的数据源于全球风险管理平台，使用截至 2022 年 9 月 30 日前的数据，由于平台数据根据经济运行中，采集的源数据在不断增加或动态修正中，可能在数值上有微小差异。

第一节　全球系统性风险体现的趋势

一、全球系统性风险趋势

2022 年以来，新冠疫情蔓延明显放缓，各国为发展经济制定了不同的应对疫情的策略，有"躺平"的，有积极应对的，全球新增确诊病例继续上升但上升幅度明显下降。2 月 24 日，俄乌冲突爆发，地缘政治冲突加剧，风险显著上升，带动全球大宗商品价格大幅上升，进而在全球宽松货币政策下引发发达国家和部分新兴市场国家的通胀恶化，新兴市场和发达国家央行开始大幅加息，部分国家面临经济危机和地缘政治风险双重压力。美联储大幅加息的同时加速退出定量宽松货币政策，给全球股市和债券等资产带来价值重估，并在美元快速大幅升值的同时引发新兴市场经济体的货币贬值和资金外逃，全球经济正出现衰退与通胀并存的"滞胀"趋势，部分国家可能出现严重的外债违约，全球正面临经济衰退、金融安全的巨大考验，全球系统性风险较往年上升。

站在 2022 年末，回溯全球系统性风险指数历史走势，自 1994 年以来，全球系统性风险指数准确地体现了1997—1999年的亚洲金融危机（指数降至40以下）、2000年美国新经济泡沫破裂（指数降至40以下）、2008—2010年的全球金融风暴（指数剧降至6附近）、欧债危机（指数在30～50徘徊）、2015年开始的美联储缩表危机和2018年美国开始发动的全球"贸易战"，全球系统性风险指数多次击穿50水平线。2019年末出现的新冠疫情，其在2020年的蔓延扰乱了许多国家的经济活动，人们对经济预期悲观，全球系统性风险指数变化呈现大幅波动，其中2020年3月16日为最低值23.7，事实上，2020年全球系统性风险已经爆发。进入2021年，因全球扩散的新冠疫情及复杂的地缘政治因素，加上部分国家坚持贸易战、科技战，世界经济恢复受到很大影响，全球系统性风险指数反弹受到较大压力，经统计，从2021年1月1日至2021年12月31日，全球系统性风险指数全部小于55，且多数时间在50以下运行，说明全球系统性风险并未远去。

进入2022年，全球安全形势迅速恶化，情况变得更加复杂，全球系统性风险指数从年初的52跌到9月30日的43附近，反弹动能较弱，下跌动能较大，在趋势上延续2021年，整体仍然处于下跌态势。从2022年1月1日至9月30日，最高为54.7，仅有11天超过50，在3月4日抵达最低水平27.9，和2021年相比，2022年平均指数整体水平低于2021年。主要驱动力量是2022年复杂的地缘政治因素、大国裹挟战争持续和部分国家央行加息等，全球系统性风险面临经济危机、局部战争和地缘政治风险三重压力。截至2022年9月30日，全球系统性风险指数为43.7，处于三级警报范围，考虑到后期可能出现的地缘政治复杂情况对新兴经济体的重大影响，以及美联储利率变动周期因素，全球系统性风险可能会继续增加（参见图3-1和图3-2）。

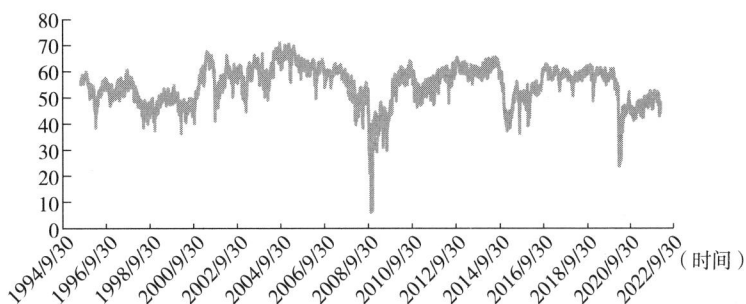

图3-1　全球系统性风险指数趋势

资料来源：北京睿信科全球风险管理平台（www.sunrisk.cn）。

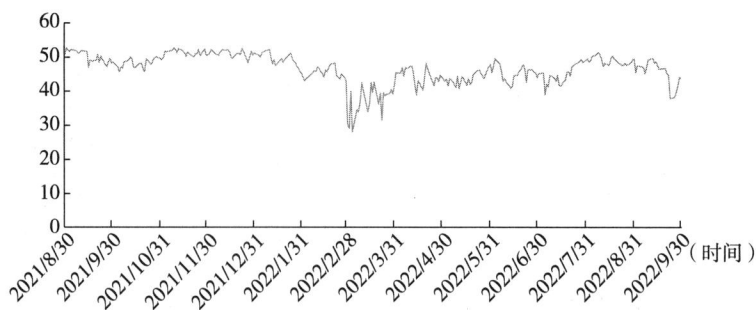

图 3-2　2021 年 8 月 30 日至 2022 年 9 月 30 日全球系统性风险指数趋势
资料来源：北京睿信科全球风险管理平台（www.sunrisk.cn）。

二、美国系统性风险趋势

经济上，美国面临高债务、高通胀，依然是 2022 年面临的结构性经济矛盾。为抑制国内持续上涨的高通胀、高物价，美联储已多次加息，但多次加息持续提高国债收益，更加重了美国的还款压力，美国在加息和不加息的选择上可谓是进退维谷。由于美国是全球最大经济体，美元是全球主要储备货币，美国的加息负面效应已经波及全球，给世界经济发展带来负面影响。政治上，两党斗争不断加剧，政治制度问题充分暴露。2020 年以来，受到疫情和大选双重因素刺激，美政客为一己之私收割政治资本，加速社会的分裂。经济上的问题加上政治上的分裂，多重社会问题相互交织，导致美国 2022 年社会矛盾继续累加，在 2022 年 4 月 21 日，系统性风险指数击穿 50 水平线后，继续探底，于 9 月 26 日抵达历史低点 24.4，美国的系统性风险较往年继续加大。

从历史上看美国系统性风险指数，每次方向性的变化都和当段时期的风险事件相关。例如，整个 20 世纪 80 年代，美国系统性风险指数多次击穿 50 水平线，都是系统性风险较高的阶段，主要与第二次石油危机、经常账户赤字和财政赤字的"双赤字"、经济滞胀和美苏对抗的冷战等相关；20 世纪 90 年代初的储蓄银行危机导致了其系统性风险的上升，此后持续改善，但在 1995 年提出强势美元政策后，伴随着美元的升值和新科技泡沫出现的是通胀的大幅上行，以及美联储不断加息，直到 2000 年美国新科技泡沫的破裂，美联储开始降息，2002 年美元进入贬值趋势，美国系统性风险趋势才有所改善；至 2004 年美联储开始加息，美国系统性风险指数再度下行，直到停止加息后于 2007 年开始反弹，到 2008 年 9 月达到高点后大幅下降，主要与美国房地产泡沫积聚和次贷危机爆发并引爆全球金融风暴相关。

次贷危机之后，于 2007 年 8 月开始，美联储先后 10 次大规模降息，从 5.25% 降至 0 ~ 0.25%，同时也先后启动三轮量化宽松政策，这期间，系统性风险指数从 2008 年 11 月 12 日的 28.5 持续上升到 2014 年 6 月 26 日的最高点 77，反映了美国推出降息及量化宽松刺激政策取得的成绩。当美联储宣布退出量化宽松货币政策后，美国进入加息通道，系统性风险指数在 2015 年 8 月 24 日下降至 41.8 的低点，上升至 2016 年 11 月 4 日的 69 高点后下跌，2018 年美国开始发动全球贸易战和美国主动挑起的一系列单边政策和单边协议，不仅对全球经济造成了损失，也对美国本土经济造成了伤害。自 2014 年 5 月开始，从美国系统性风险趋势图（参见图 3-3）看，美国系统性风险指数呈阶梯下降，也就是说美国系统性风险在逐年上升，2019 年底的新冠疫情，更是加重了美国系统性风险上升的趋势。2022 年，从 3 月开始加息至 9 月底，美国的物价并没有受到压制，反而曾在 2022 年 6 月达到了本轮物价上涨的巅峰，美国系统性风险指数继续探底，有学者预计 2023 年美国出现通缩。

截至 2022 年 9 月 30 日，美国系统性风险指数为 30.4，处在低水平运行和一级警报范围内。我们预计，美国系统性风险指数将下降至 30，甚至 20 左右，存在着再次爆发系统性危机的可能性。

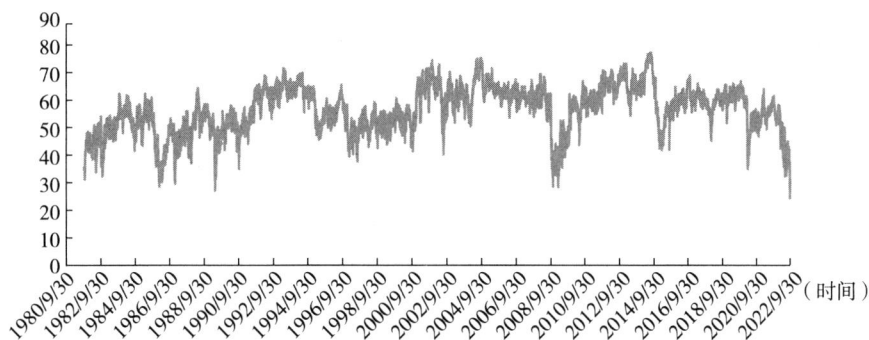

图 3-3　美国系统性风险指数趋势

资料来源：北京睿信科全球风险管理平台（www.sunrisk.cn）。

三、中国系统性风险趋势

2019 年末，中国在新冠疫情这一全球公共卫生安全危机中，对全球公共卫生事业尽责，与世界携手抗疫，做出了重要贡献，并提供了成功借鉴，成为2020年唯一实现GDP正增长的国家。新冠疫情虽然给全球经济带来了不确定性，但中国控制疫情有效性是确定的，经济稳定发展预期也是确定的，间接体现在中国系统性风险指数图（参见图3-4）上，其指数基本上都在50以上运行。2022年，在面对外部环境复杂、国内疫情反复的情况下，国家持续出台了系列支持政策，助推经济回暖，中国经济基本面是稳中向好，实体经济韧性增强，中国系统性风险指数多数时段在55以上，显示其系统性风险减小。

近些年来，中国是经济快速增长的发展中国家，是世界经济增长的重要支撑力量。随着金融革命的展开，汇率恢复到合理的价值，中国系统性风险不断下降，并且在2004年5月左右达到历史高点。然后随着人民币汇率改革和股票市场改革，以及其他金融市场的变革，系统性风险指数进入波动调整状态，并随着全球金融风暴而显著下行，近年来主要在50～70的区间波动。

从系统性风险指数展示的系统性风险来看，主要分布在四个阶段：一是集中分布在1992年之前的11年里；二是零散分布在1992—1996年，并以1994年为主，主要是由1992—1993年经济过热宏观调控所致；三是2008年受全球金融风暴的影响；四是2014年开始中国处于经济转型期，主要是受中国经济新常态下投资下滑和外需下降的影响。2015年以来，系统性风险指数主要处于50～80的区间波动，但中间有几次下破50。受美国贸易摩擦及2019年底出现新冠疫情的影响，中国系统性风险指数从77左右（2020年5月19日）的水平开始下滑至45.2（2020年11月23日）。2021年，系统性风险指数多数时段都在55水平线上，显示中国系统性风险较小，经济发展已进入健康轨道。2022年，党的二十大召开，给社会经济发展一个良好预期，在全球经济挑战重重，且供应链问题持续存在的情况下，中国系统性风险指数依然保持较好的运行态势。2022年初以来，中国系统性风险指数没有击穿50水平线，多数时段在60以上运行，展示了经济稳中向优高水平发展的基本面，风险整体较小。

截至2022年9月30日，中国系统性风险指数为55，估计未来仍然以50～70的区间波动为主，虽然风险较小，但仍然要居安思危，防范外部因素风险溢出的系统性危机对国内的影响，指数的后续走势需要密切关注。

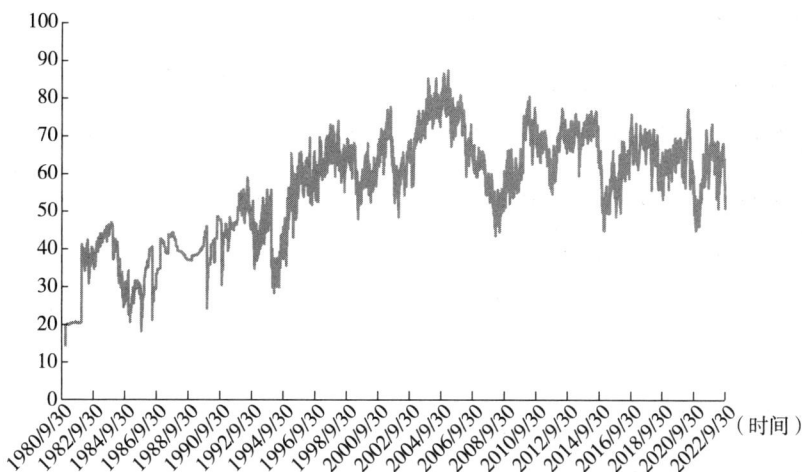

图 3-4 中国系统性风险指数趋势

资料来源：北京睿信科全球风险管理平台（www.sunrisk.cn）。

四、德国系统性风险趋势

德国是欧元区的核心支柱，也是欧盟的支柱。德国在财政领域更是以谨慎为主，加上其强大的自主技术创新能力，使德国经济具有较强的韧劲。德国经济为出口导向型，出口对德国经济有着重大影响。2022 年以来，俄乌冲突造成的能源危机对德国影响很大，冲突不仅加剧了原材料和中间产品供应的瓶颈，特别是德国汽车行业不得不在 3 月暂时停止生产，同时，能源价格的急剧上升推高了生产成本，从而使生产者价格也明显上升，德国工业公司的进货订单持续下降。继 2020 年因疫情出现经济衰退风险后，2022 年德国经济面临经济萎缩衰退风险。

回溯德国系统性风险指数历史趋势图（参见图 3-5），从指数频率区间的分布来看，两德统一后，德国系统性风险指数主要集中在 30～70 区间。从指数小于 50 的年度分布来看，主要集中于 1984—1994 年、1997—2003 年、2006—2009 年和 2015 年，既体现了自身早期面临的风险，也体现了全球的系统性风险，尤其是美国的系统性风险，如 1982 年和 1983 年美联储加息、德国跟随加息；1991 年的两德统一和巨额的财政压力与通胀压力，以及紧缩的货币政策与 1992—1993 年的欧洲货币危机的影响；1997—1999 年的亚洲金融危机；2000—2002 年的美国新经济泡沫破裂、加息和国债风险；2006—2009 年的经济潜力风险和追随美国加息带来的国债风险，以及后期的全球金融风暴。从 2013 年 7 月 3 日至 2015 年 3 月 11 日，德国系统性风险指数从 72 相对高点下降至 22 低点，比 2008 年 11 月 11 日全球金融风暴期间的低点 31.9 还要低。此后，德国系统性风险指数在波动中持续上升，2018 年 9 月 26 日上升至 74.4 的高点后略有下滑。受新冠疫情影响，2020 年 3 月 19 日，抵达 40.4 低点，此后逐步反弹。进入 2022 年，受俄乌冲突带来的能源危机、通货膨胀等多重因素影响，德国系统性风险指数从 2 月开始，一直处于下跌态势，9 月 26 日达到 28.6 低点，说明 2022 年德国系统性风险非常大，离缓解遥遥无期。

目前，俄乌冲突带来的能源价格持续飙升，部分大宗商品上涨，德国公司需要付出更高成本，利润大幅减少，一些资本已经开始逃离德国，德国的工业体系面临"去工业化"较大风险。截至 2022 年 9 月 30 日，德国系统性风险指数为 37.9，估计未来仍然以 30 ～ 60 的区间波动为主，德国系统性风险指数继续波动，后续走势需要密切关注。

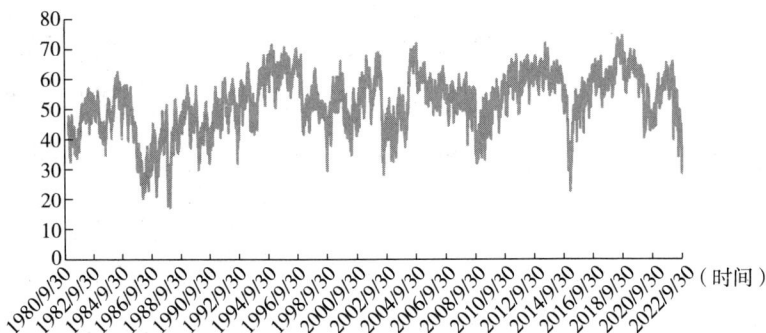

图 3-5　德国系统性风险指数趋势

资料来源：北京睿信科全球风险管理平台（www.sunrisk.cn）。

五、法国系统性风险趋势

2022 年以来，俄乌冲突和通货膨胀危及法国经济，作为发达工业国家之一，法国在核电、航空、航天和铁路方面居世界领先地位，2021 年国内生产总值位居世界第七，也是欧元区的核心支柱之一。近年来，因新冠疫情、俄乌冲突的影响，作为经济增长引擎的汽车、航空等传统优势产业持续低迷，对外贸易更是如履薄冰，经济受到较大冲击。2022 年，法国经济在恢复过程中，为扭转经济颓势，法国政府在

2021 年强势推动大规模经济复苏刺激计划，积极推进"后疫情复苏"计划，但法国工业原材料严重依赖资源，大宗商品价格又虚高，2022 年的俄乌冲突带来的能源价格上涨影响也在持续，法国国内通货膨胀也在加剧，法国经济"带疫运行"受到较大阻力，继续前几年的延宕起伏。从法国系统性风险指数图（参见图 3-6）中可以看到，近几年指数处于箱体震荡中，在 2022 年下半年，法国系统性风险指数多次击穿 50 水平线。

回溯法国系统性风险指数的走势，系统性风险指数主要集中在 30～70 区间波动。整体来看主要分为以下六个阶段。

第一阶段：1981 年 1 月 1 日至 1996 年 8 月 15 日，系统性风险指数处于上升期。在 1991 年 12 月以前，20 世纪 70 年代至 80 年代前期资本主义社会的石油危机爆发，资本主义国家经济进入滞胀期，法国系统性风险指数处于较低水平缓慢上升。

第二阶段：1996 年 8 月 16 日至 2004 年 10 月 4 日，系统性风险指数处于先下行再恢复的第一个周期。1997—1998 年，受东南亚经济危机影响，外向型经济的法国有一个低潮期，系统性风险指数在 1998 年 10 月 1 日为 31.8 最低点，2000 年股市泡沫随美国新经济泡沫的破裂而破裂，2000 年 5 月 16 日指数值跌至低点 36.2，2002 年 7 月 15 日跌至低点 32.1。

第三阶段：2004 年 10 月 5 日至 2014 年 2 月 5 日，系统性风险指数处于先下行再恢复的第二个周期。2008 年全球金融风暴和 2012—2013 年欧债危机的爆发导致法国系统性风险指数于 2008 年 12 月 5 日指数值跌至 31.3，后逐步恢复，在 2012 年 10 月 15 日，指数值达到 70.8。

第四阶段：2014 年 2 月 6 日至 2018 年 10 月 9 日，系统性风险指数处于先下行再恢复的第三个周期。2015 年美联储宣布退出定量宽松货币政策并之后逐步开始加息。法国系统性风险指数于 2015 年 3 月 11 日跌至 27.4，后恢复至 50 以上。

第五阶段：2019 年至 2020 年底，指数呈下行走势，指数由 65 左右下跌至 2020 年 3 月 19 日的 33.5。2019 年法国面临了诸多困难，比如"黄马甲事件"、提升油价、英国脱欧不决事件、欧洲制造业整体下滑、欧元区多国债务问题，以及全球贸易和经济下滑等因素，都使得法国经济增长的动力被削弱。2019 年底，新冠疫情席卷世界，法国没有幸免。

第六阶段：进入 2021 年，法国系统性风险指数开始反弹，至 2022 年 2 月 23 日达到 66 附近。2022 年 3 月，俄乌冲突爆发，伴随能源价格上升，国内通胀等因素叠加，此后一直处于跌势，最低点跌至 2022 年 9 月 23 日的 39.2。

截至 2022 年 9 月 30 日，法国系统性风险指数为 48.5，总体看来，法国系统性风险相对较低，发生系统性风险的可能性较低，预计未来很有可能继续在 50 上下波动。

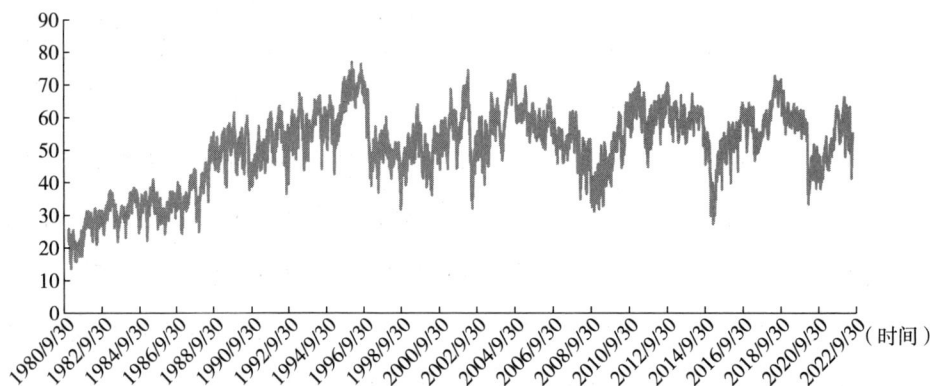

图 3-6　法国系统性风险指数趋势

资料来源：北京睿信科全球风险管理平台（www.sunrisk.cn）。

六、日本系统性风险趋势

2022 年以来，在美联储激进加息的背景下，全球五大结算货币中的四大货币兑美元全线下跌，日元跌逾 24% 居首，然而，日本央行继续"逆行"，维持超级宽松政策的举动，成功引起国际空头的关注，并曾两度交易时触发交易所熔断机制。日元的避险属性失灵，日元贬值外溢效应引发国际社会警觉和广泛担忧，日本第一生命研究所经济学家熊野英生（Hideo Kumano）警告称，由于过度贬值，未来日元或逐渐变成垃圾币。2022 年 6 月底，对国债、借款、政府短期证券进行合计计算的"国家债务"达到 1 255.19 万亿日元，日本的国家债务刷新历史纪录，国际投资家吉姆·罗杰斯（Jim Rogers）认为，日本经济面临着财政、货币双双崩溃的风险。日本股市目前也处于高位，可能会下跌，"股债双杀"可能性很大。同时，在人口老龄化严重、新冠确诊病例居高不下以及消费意愿降低等多重因素影响下，日本面临的经济下行风险正在继续增大，正陷入滞胀，日本系统性风险压力较大。

从历史上看，自 20 世纪 80 年代开始，日本进入日元国际化阶段，尤其是 1985 年 9 月"广场协议"后，日元大幅升值，日本经济金融泡沫化日益严重，最终泡沫破裂导致日本经济陷入了泥淖之中。日元过度升值是日本经济的核心症结，经过银行重组和财政平衡，以及走向宽松货币政策和零利率政策，更在安倍经济学的指引下，走向 QQE 和负利率政策，仍然难以说日本经济未来会十分乐观。

从日本系统性风险指数小于 50 的时间分布来看，1985—1991 年系统性风险较为显著，其余各年份都存在，但较当时频率有所下降。其中几个比较严重的年份分别是 1998 年亚洲金融危机期间、2008—2009 年的全球金融风暴期间、2013—2017 年及 2021 年 9 月以后。日本系统性风险指数体现出多次触底反弹的情况，而且其系统性风险指数主要处于 50 以下的区间波动，表明其系统性风险非常不稳定。

进入 2022 年，日本系统性风险指数震荡处在 40～55 区间，多数时间仍然小于 50，风险仍然较大，截至 2022 年 9 月 30 日，日本系统性风险指数为 46 线水平，预计日本未来系统性风险指数仍会在 30～60 区间波动，还有再次下行至 30 线的可能（参见图 3-7）。

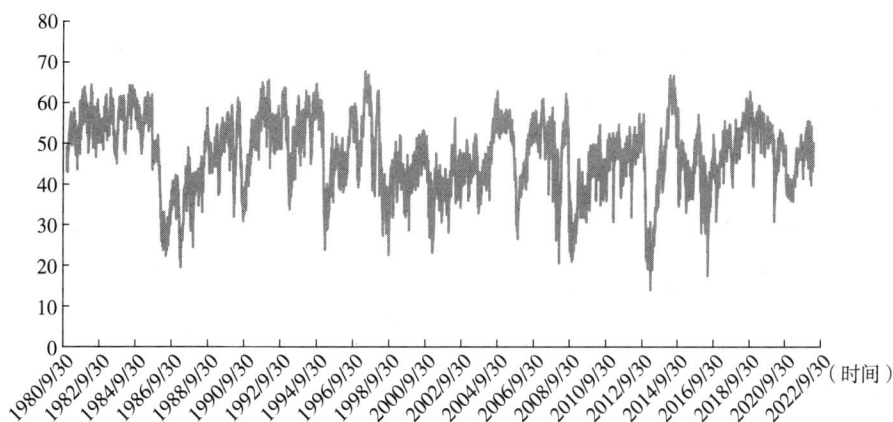

图 3-7　日本系统性风险指数趋势

资料来源：北京睿信科全球风险管理平台（www.sunrisk.cn）。

七、英国系统性风险趋势

2020 年，英国是受新冠疫情影响最严重的国家，其 GDP 遭遇了 300 多年来最大跌幅。2021年，英国"群体免疫论"在现实中屡屡碰壁，进入以经济增长乏力和物价上涨为特征的滞胀时期。2022年，俄乌冲突爆发，高通胀不断上升，全球加息潮开启，英国无论在政治上还是经济上，都遇上"寒冬"。2022年10月，上台45天的首相伊丽莎白·特拉斯（Elizabeth Truss）宣布辞去英国保守党党首职务和英国首相职务，自2016年举行脱欧公投以来，已有4名首相黯然下台，特拉斯的短暂执政似乎将英国政治动荡推向一个高潮，英国全民再度掀起了一场有关脱欧的讨论，首相辞职或许是英国长期陷入系统性政治危机的开始。2022年的经济形势也不乐观，9月，英国同比通胀率升至10.1%，创40年来新高，汽油价格下跌不足以抵消食品开支飙升，食品价格创下几十年来最大涨幅。英格兰银行设定的通胀率目标为2%，而实际通胀率已达5倍有余。据英国《独立报》网站10月16日报道，经济学家警告，英国将进入衰退期，直至2023年夏天为止。报道称，预计从2022年10月到2023年6月，英国经济每个季度将萎缩0.2%左右。

从英国系统性风险指数图（参见图3-8）看，指数主要集中在40～70区间。从指数小于50的年度分布来看，主要集中于1984—1993年、1997—2010年、2016年和2020—2021年，基本上也体现了全球的系统性风险，尤其是美国的系统性风险，这和英、美两国的特殊关系相关，如1982年和1983年美联储加息、英国央行跟随加息；1992—1993年的欧洲货币危机，包括英镑危机；1997—1999年的亚洲金融危机；2000—2002年的美国新经济泡沫破裂、加息和国债风险；2004—2010年的经济潜力风险和追随美国加息带来的国债风险，以及后期的全球金融风暴；2016年的英国脱欧公投能否在2020年11月中期前与欧盟达成脱欧协议，给英国及欧盟都带来不确定风险。2019年底至2021年4月全球暴发的新冠疫情及英国可能有硬脱欧风险，使得英国系统性风险指数多数时间处在50以下，最低为2020年3月18日的25.4附近，显示英国系统性风险非常大，2月24日起，英国已解除所有针对新冠疫情的限制政策，经济形势持续转好，2021年4月后，指数开始反弹，至2022年1月初达到68高点。

2022年2月起，英国系统性风险指数呈连续下探状态，最低点是9月23日的34.2，向上动能不足，截至2022年9月30日，英国系统性风险指数为41.2，后期，指数可能在30～60区间波动。

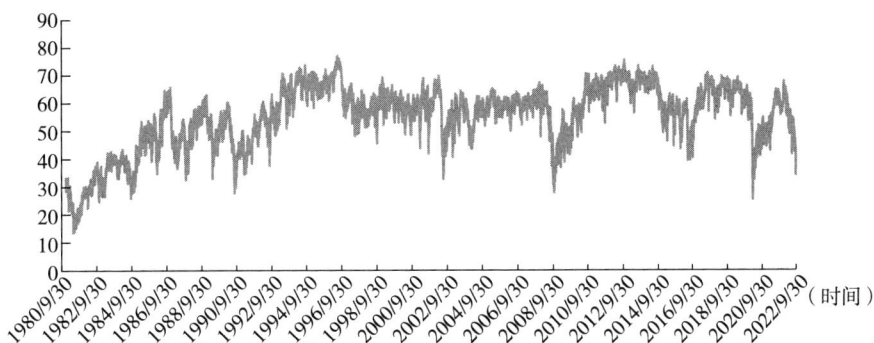

图 3-8　英国系统性风险指数趋势

资料来源：北京睿信科全球风险管理平台（www.sunrisk.cn）。

第二节　全球国别系统性风险趋势

本节在阐述全球国别系统性风险趋势时，和 2021 年报告的描述方法一样，利用双层透视法来看全球国别系统性风险趋势，基本将全球国家或经济体划分为四个类别：一是国别系统性风险较低的国家，主要依据静态系统性风险指数来划分；二是国别系统性风险较高的国家，从静态系统性风险指数来划分；三是已经发生系统性危机的国家，主要从动态系统性风险指数的变动幅度来划分；四是将要发生系统性危机的国家，主要从动态系统性风险指数的变动幅度来划分。

一、系统性风险较低或改善的国家或经济体

（一）系统性风险较低的国家或经济体

根据国别静态系统性风险指数的排名，我们将指数在 50 及以上的国家或经济体列为国别系统性风险较低的国家或经济体。从 2022 年的情况来看，系统性风险较低的国家或经济体共有 50 个，较 2021 年少 4 个（2021 年为 55 个）。除丹麦、挪威和阿联酋等少数经济体外，多数经济体指数低于 2021 年，系统性风险较 2021 年加大。

其中，指数处在 60 以上的国家或经济体共有 5 个，由高到低的顺序分别为中国、

瑞士、美国、丹麦和挪威。其中，和2021年一样，中国仍然最高，为62.7，自2014年以来连续9年名列第一位；瑞士名列第二位，为61.7；美国名列第三位，为60.9。均较2021年有所小幅减少。

指数处在55～60的国家或经济体共有15个，由高到低的顺序分别是阿联酋、韩国、瑞典、加拿大、新加坡、澳大利亚、沙特、冰岛、荷兰、科威特、英国、智利、新西兰、文莱和卢森堡，较2021年增加1个。

指数处在50～55的国家或经济体共有30个，由高到低的顺序分别是泰国、日本、德国、以色列、捷克、芬兰、马来西亚、越南、爱尔兰、阿曼、秘鲁、波兰、奥地利、印度尼西亚、保加利亚、毛里求斯、阿塞拜疆、法国、卡塔尔、巴拿马、乌兹别克斯坦、阿尔及利亚、斯洛文尼亚、葡萄牙、西班牙、所罗门群岛、博茨瓦纳、俄罗斯、比利时和爱沙尼亚，较2021年减少3个（参见表3-1）。

表3-1　2021年、2022年国家或经济体静态系统性风险指数全球排名情况（>=50）①

国家/经济体	2021年静态系统性风险指数	是否一直低于50	国家/经济体	2022年静态系统性风险指数	是否一直低于50	2022年排名
中国	63.9	否	中国	62.7	否	1
瑞士	61.6	否	瑞士	61.7	否	2
丹麦	60.8	否	美国	61.1	否	3
美国	59.9	否	丹麦	60.9	否	4
韩国	59.1	否	挪威	60.6	否	5
挪威	59.0	否	阿联酋	58.6	否	7
瑞典	58.5	否	韩国	58.4	否	8
新加坡	57.8	否	瑞典	58.2	否	9
新西兰	56.9	否	加拿大	57.8	否	10
卢森堡	56.8	否	新加坡	57.4	否	11
加拿大	56.6	否	澳大利亚	57.3	否	12
澳大利亚	56.6	否	沙特	57.1	否	13
阿联酋	56.2	否	冰岛	56.9	否	14
荷兰	56.0	否	荷兰	56.6	否	15

① 部分国家或经济体的2021年数据与本书中的数据可能存在细微差距，那是因为我们写作本书时，采用截至2021年9月的数据，2021年10月至12月我们使用的是预测数据，导致2021年的部分数据指标产生了误差，2022年9月我们使用的是修正后的数据。"是否一直低于50"，是指从1980年以来的静态系统性风险指数数值。

续表

国家／经济体	2021年静态系统性风险指数	是否一直低于50	国家／经济体	2022年静态系统性风险指数	是否一直低于50	2022年排名
智利	55.7	否	科威特	56.6	否	16
英国	55.7	否	英国	56.3	否	17
冰岛	55.5	否	智利	56.2	否	18
德国	54.8	否	新西兰	56.0	否	19
日本	54.5	否	文莱	55.8	否	20
以色列	53.9	否	卢森堡	55.0	否	21
沙特	53.8	否	泰国	54.4	否	22
秘鲁	53.7	否	日本	54.4	否	23
科威特	53.5	否	德国	54.4	否	24
芬兰	53.4	否	以色列	53.7	否	25
泰国	53.4	否	捷克	53.4	否	26
波兰	53.4	否	芬兰	53.1	否	27
爱尔兰	53.2	否	马来西亚	53.1	否	28
文莱	53.0	否	越南	53.0	否	29
保加利亚	53.0	否	爱尔兰	52.9	否	30
捷克	52.9	否	阿曼	52.8	否	31
俄罗斯	52.6	否	秘鲁	52.8	否	32
爱沙尼亚	52.6	否	波兰	52.5	否	33
法国	52.2	否	奥地利	52.4	否	34
奥地利	52.2	否	印度尼西亚	52.3	否	35
越南	52.1	否	保加利亚	52.3	否	36
马来西亚	52.1	否	毛里求斯	52.0	否	37
阿塞拜疆	52.0	否	阿塞拜疆	52.0	否	38
斯洛文尼亚	51.7	否	法国	51.7	否	39
乌兹别克斯坦	51.5	否	卡塔尔	51.3	否	40
印度尼西亚	51.5	否	巴拿马	50.9	否	41
比利时	51.1	否	乌兹别克斯坦	50.8	否	42
哥斯达黎加	51.1	否	阿尔及利亚	50.7	否	43
博茨瓦纳	51.1	否	斯洛文尼亚	50.7	否	44
葡萄牙	51.0	否	葡萄牙	50.6	否	45
阿尔及利亚	51.0	否	西班牙	50.6	否	46
阿尔巴尼亚	50.9	否	所罗门群岛	50.4	否	47
所罗门群岛	50.8	否	博茨瓦纳	50.3	否	48
毛里求斯	50.8	否	俄罗斯	50.2	否	49
立陶宛	50.8	否	比利时	50.2	否	50
土耳其	50.6	否	爱沙尼亚	50.1	否	51

资料来源：北京睿信科全球风险管理平台（www.sunrisk.cn）。

（二）系统性风险改善的国家或经济体

2022年疫情还在反复，俄乌冲突爆发，能源危机显现，通胀在全球蔓延，发达国家纷纷加息，其负面溢出效应已经给恢复中的经济体带来新的不确定性。部分经济体2022年相对于2021年，静态系统性风险指数有所改善，体现出其系统性风险相对有所好转。

2022年，静态系统性风险指数上升的经济体中前10名分别是：沙特、科威特、阿曼、文莱、特立尼达和多巴哥、乍得、阿联酋、刚果（布）、伊拉克、巴林，指数上升分别为3.3、3.1、3.0、2.8、2.7、2.4、2.4、2.1、2.1、2.0（参见图3-9）。

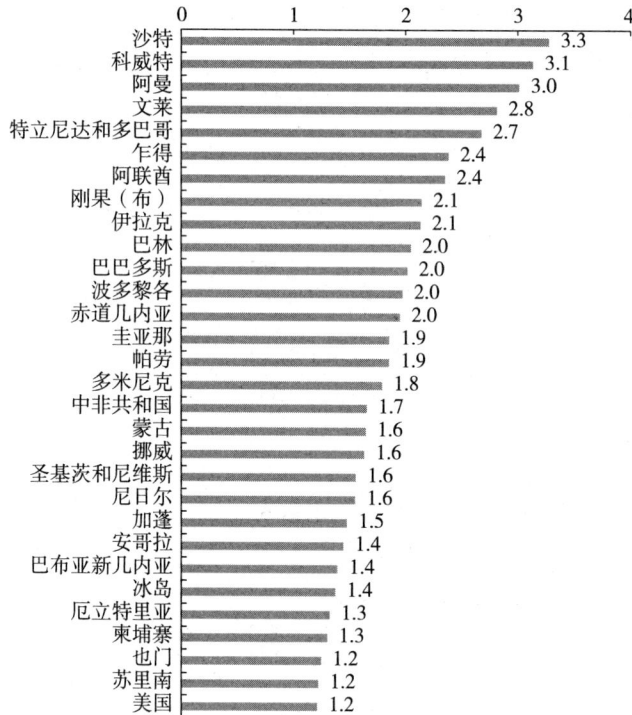

图 3-9 2022 年全球系统性改善的排名前 30 的经济体

资料来源：北京睿信科全球风险管理平台（www.sunrisk.cn）。

二、系统性风险较高的国家或经济体

我们将静态系统性风险指数低于 40 的国家或经济体称为系统性风险较高的国家或

经济体。从 2022 年的情况来看，这样的国家或经济体共有 32 个，排在全球第 150 名之后。

其中，静态系统性风险指数低于 35 的经济体有 11 个，由高到低排序分别是几内亚比绍、苏里南、帕劳、委内瑞拉、苏丹、基里巴斯、南苏丹、马绍尔群岛、圣马力诺、图瓦卢和瑙鲁。

静态系统性风险指数在 35～40 的经济体有 21 个，由高到低排序分别是阿富汗、安哥拉、毛里塔尼亚、莱索托、乍得、赞比亚、刚果（金）、土库曼斯坦、圣基茨和尼维斯、也门、圣文森特和格林纳丁斯、津巴布韦、赤道几内亚、巴哈马、多米尼克、利比亚、马里、安提瓜和巴布达、密克罗尼西亚、中非共和国、厄立特里亚。而且，2021 年所有低于 40 的国家或经济体，1980—2021 年，无一例外都一直低于 50，属于系统性风险较高的国家或经济体（参见表 3-2）。

表 3-2　2022 年国家或经济体静态系统性风险指数全球排名情况（<40）

国家 / 经济体	2021 年静态系统性风险指数	是否一直低于 40	国家 / 经济体	2022 年静态系统性风险指数	是否一直低于 40	2022 年排名
毛里塔尼亚	38.7	是	阿富汗	39.9	是	159
莱索托	38.3	是	安哥拉	39.6	是	160
特立尼达和多巴哥	38.2	是	毛里塔尼亚	39.3	是	161
安哥拉	38.2	是	莱索托	38.7	是	162
赞比亚	38.2	是	乍得	38.4	是	163
土库曼斯坦	38.1	是	赞比亚	38.0	是	164
刚果（金）	38.1	是	刚果（金）	37.8	是	165
津巴布韦	37.6	是	土库曼斯坦	37.8	是	166
利比亚	37.0	是	圣基茨和尼维斯	37.5	是	167
马里	36.7	是	也门	37.2	是	168
圣文森特和格林纳丁斯	36.0	是	圣文森特和格林纳丁斯	37.1	是	169
乍得	36.0	是	津巴布韦	37.0	是	170
也门	36.0	是	赤道几内亚	36.5	是	172
圣基茨和尼维斯	35.9	是	巴哈马	36.4	是	173

国家／经济体	2021 年静态系统性风险指数	是否一直低于 40	国家／经济体	2022 年静态系统性风险指数	是否一直低于 40	2022 年排名
密克罗尼西亚	35.8	是	多米尼克	36.4	是	174
巴哈马	35.5	是	利比亚	36.1	是	175
安提瓜和巴布达	35.3	是	马里	36.0	是	176
多米尼克	34.6	是	安提瓜和巴布达	35.9	是	177
赤道几内亚	34.6	是	密克罗尼西亚	35.8	是	178
几内亚比绍	34.4	是	中非共和国	35.8	是	179
中非共和国	34.1	是	厄立特里亚	35.0	是	180
厄立特里亚	33.7	是	几内亚比绍	34.4	是	181
苏丹	33.1	是	苏里南	33.8	是	182
委内瑞拉	33.0	是	帕劳	33.7	是	183
基里巴斯	32.7	是	委内瑞拉	33.7	是	184
苏里南	32.6	是	苏丹	32.8	是	185
帕劳	31.9	是	基里巴斯	32.5	是	186
南苏丹	31.5	是	南苏丹	32.0	是	187
马绍尔群岛	31.4	是	马绍尔群岛	30.8	是	188
图瓦卢	27.7	是	圣马力诺	27.5	是	189
圣马力诺	27.4	是	图瓦卢	27.2	是	190
瑙鲁	24.1	是	瑙鲁	24.1	是	192

资料来源：北京睿信科全球风险管理平台（www.sunrisk.cn）。

三、系统性风险上升较大的国家或经济体

（一）静态系统性风险指数下降的国家或经济体

相对 2021 年，2022 年静态系统性风险指数下降的国家或经济体数量较 2021 年大幅上升，共有 94 个，我们在图 3-10 中列举了前 29 个经济体，其中，下降幅度由大变小的前 10 位经济体分别为摩尔多瓦、爱沙尼亚、俄罗斯、卢森堡、阿尔巴尼亚、塔吉克斯坦、土耳其、科索沃自治省、格林纳达、摩洛哥。

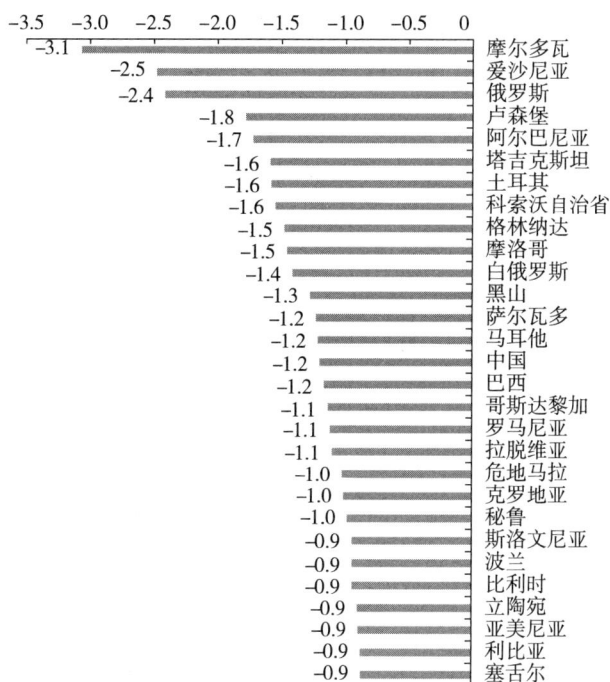

图 3-10 2022 年静态系统性风险指数下降的国家或经济体

资料来源：北京睿信科全球风险管理平台（www.sunrisk.cn）。

（二）动态系统性风险指数下降幅度较大的国家或经济体

2022 年 9 月 30 日的全球国别动态系统性风险指数分别较 2021 年 9 月 30 日和 2021 年 12 月 31 日的指数下降了 10 以上的经济体为 78 个和 66 个。其中，共有 57 个国家或经济体是交叉的，它们分别是：俄罗斯、乌克兰、新西兰、韩国、菲律宾、波兰、澳大利亚、哥伦比亚、卢森堡、挪威、匈牙利、马耳他、德国、美国、葡萄牙、瑞典、突尼斯、老挝、比利时、斯洛文尼亚、爱尔兰、丹麦、芬兰、乌干达、西班牙、英国、奥地利、拉脱维亚、中非共和国、希腊、塔吉克斯坦、黑山、马来西亚、加拿大、智利、印度、巴基斯坦、新加坡、图瓦卢、意大利、荷兰、埃及、捷克、基里巴斯、科索沃自治省、斯洛伐克、亚美尼亚、越南、圣基茨和尼维斯、危地马拉、塞浦路斯、罗马尼亚、塞拉利昂、瓦努阿图、阿尔巴尼亚、波黑、喀麦隆，这些经济体的系统性风险要加大关注力度（参见图 3-11 和图 3-12）。从 2022 年 9 月 30 日开始的全球国别动态系统性风险指数较 2021 年 12 月 31 日的指数下降了 10 以上的国家或经济体，更要高度关注。

	-50	-40	-30	-20	-10	0	
-41.6							乌克兰
-34.2							哥伦比亚
-33.2							新西兰
-33							波兰
-32.2							俄罗斯
-32.2							韩国
-31.1							瑞典
-28.8							美国
-27.8							波黑
-26.6							老挝
-26.6							马耳他
-26.2							匈牙利
-26.1							菲律宾
-26							卢森堡
-25.1							澳大利亚
-25							斯洛文尼亚
-24.5							德国
-24.5							比利时
-22.9							挪威
-22.8							突尼斯
-21.4							奥地利
-21.4							马来西亚
-21.3							黑山
-21.2							乌干达
-20.8							丹麦
-20.4							意大利
-20.2							英国
-19.5							塞拉利昂
-19.4							西班牙
-19.1							拉脱维亚
-18.9							斯洛伐克
-18.6							加拿大
-18.6							荷兰
-18.6							芬兰
-18.6							埃及
-18.2							爱尔兰
-18							中非共和国
-17.9							巴基斯坦
-17.6							科索沃自治省
-16.6							罗马尼亚
-16.1							土耳其
-15.2							葡萄牙
-15.2							希腊
-14.9							智利
-14.6							越南
-14.3							新加坡
-14							马其顿
-13.9							塔吉克斯坦
-13.8							图瓦卢
-13.8							喀麦隆
-13.6							阿尔巴尼亚
-13.3							捷克
-13.2							法国
-13.1							斯里兰卡
-12.8							莱索托
-12.6							以色列
-12.4							基里巴斯
-12.4							瓦努阿图
-12.3							塞浦路斯
-12.3							佛得角
-12.1							立陶宛
-12.1							萨摩亚
-11.7							塞尔维亚
-11.7							摩尔多瓦
-11.6							危地马拉
-11.5							南苏丹
-11.1							南非
-11							博茨瓦纳
-10.6							克罗地亚
-10.5							圣基茨和尼维斯
-10.4							不丹
-10.4							科摩罗
-10.2							几内亚比绍
-10.2							爱沙尼亚
-10.1							汤加
-10							加蓬
-10							印度
-10							亚美尼亚

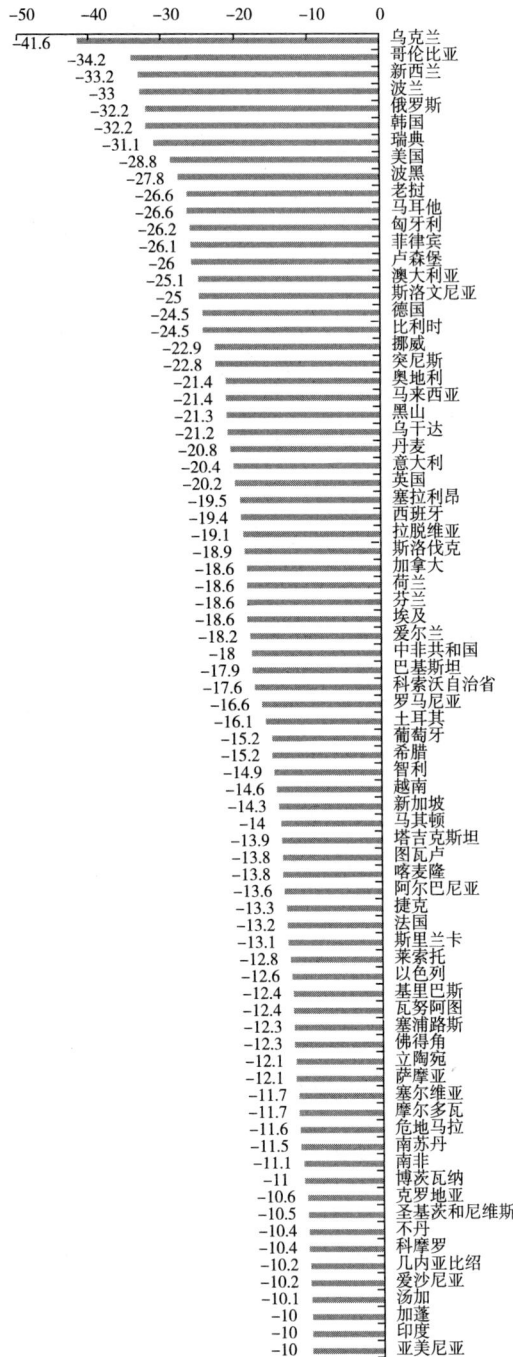

图 3-11　2022 年 9 月 30 日较 2021 年 9 月 30 日动态系统性风险指数下降情况（<-10）

资料来源：北京睿信科全球风险管理平台（www.sunrisk.cn）。

−45	−40	−35	−30	−25	−20	−15	−10	−5	−0

−41.4 俄罗斯
−39.9 乌克兰
−34.6 新西兰
−34.3 韩国
−33 菲律宾
−29.6 波兰
−28.1 澳大利亚
−26 哥伦比亚
−24.9 卢森堡
−24.4 挪威
−23.3 匈牙利
−22.6 马耳他
−21.8 德国
−21.7 美国
−21.3 葡萄牙
−20.9 瑞典
−20.8 突尼斯
−20.8 老挝
−20.2 比利时
−19.9 斯洛文尼亚
−18.8 爱尔兰
−18.8 丹麦
−18.8 芬兰
−18.8 乌干达
−18.6 西班牙
−18.3 英国
−18.1 奥地利
−17.6 拉脱维亚
−17.6 中非共和国
−17 希腊
−16.9 塔吉克斯坦
−16.9 黑山
−15.6 马来西亚
−15.4 加拿大
−15.4 智利
−15.2 印度
−15.2 马拉维
−15.1 巴基斯坦
−14.8 新加坡
−14.8 图瓦卢
−14.8 意大利
−14.1 荷兰
−13.8 埃及
−13.7 捷克
−13.3 基里巴斯
−13.2 孟加拉
−13 科索沃自治省
−12.9 中国
−12.7 斯洛伐克
−12.6 亚美尼亚
−12.5 越南
−12.3 圣基茨和尼维斯
−12.3 加纳
−12.2 危地马拉
−12.2 塞浦路斯
−11.9 罗马尼亚
−11.8 塞拉利昂
−11.5 印度尼西亚
−11.1 斐济
−10.9 瓦努阿图
−10.8 阿尔巴尼亚
−10.6 波黑
−10.6 泰国
−10.5 乍得
−10.2 阿根廷
−10 喀麦隆

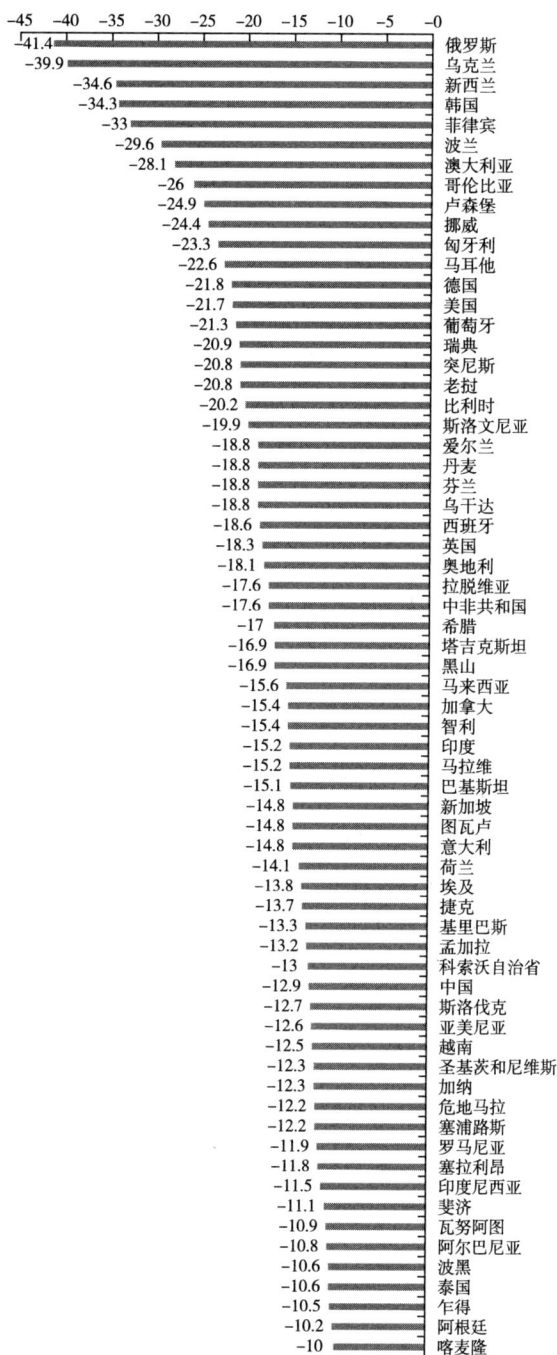

图 3-12　2022 年 9 月 30 日较 2021 年 12 月 31 日动态系统性风险指数下降情况（<-10）

资料来源：北京睿信科全球风险管理平台（www.sunrisk.cn）。

四、可能爆发系统性危机的国家

除了静态系统性风险指数本身极低和下降的国家外，动态系统性风险指数下降幅度达到一定水平的国家都有可能发生系统性风险。此外，由于动态系统性风险指数的周期性波动性较强，还有一类情况可能会出现系统性危机，即动态系统性风险指数达到75以上，未来可能面临下降趋势的国家或经济体，也有爆发系统性危机的可能。

根据我们对动态系统性风险指数的观察，其周期性非常明显，即上行到75以上的高度后一定会下行，充分体现了市场物极必反的规律。我们将2021年9月30日、2021年12月31日和2022年9月30日三个时间点的动态系统性风险指数进行排序后，获得了指数超过75的国家，得到表3-3。表中所有阴影显示的国家都是未来要高度关注可能出现系统性危机的国家，包括马来西亚、印度尼西亚、越南、厄瓜多尔和坦桑尼亚等。

全球系统性风险趋势报告对风险预警国家跟踪具有连续性。在2020年9月出版的《2020—2021年全球系统性风险趋势报告》中，我们已将斯里兰卡、乌克兰和俄罗斯等国家纳入系统性风险预警的国家或经济体表格中。在2021年9月出版的《2021—2022年全球系统性风险趋势报告》中，在预警的国家中，特别指出需特别关注的8个国家，即可能爆发系统性危机的国家，包括斯里兰卡、乌克兰、俄罗斯等，2022年相关国家的系统性风险已经爆发。在往期全球系统性风险年度报告中，2022年有危机但没有爆发，其风险因子产生动能积聚仍然未散的国家，也需特别关注。

表3-3　动态系统性风险指数对国家或经济体系统性风险的预警

国家/经济体	2021年9月30日动态系统性风险指数	国家/经济体	2021年12月31日动态系统性风险指数	国家/经济体	2022年9月30日动态系统性风险指数
马来西亚	83.4	印度尼西亚	84.5	厄瓜多尔	80.6
越南	79.3	马来西亚	77.6	伊拉克	77.1
乌干达	77.4	厄瓜多尔	77.3	坦桑尼亚	77
印度尼西亚	76.7	越南	77.2	印度尼西亚	73
波黑	76.1	坦桑尼亚	76.5	沙特	73

续表

国家 / 经济体	2021 年 9 月 30 日动态系统性风险指数	国家 / 经济体	2021 年 12 月 31 日动态系统性风险指数	国家 / 经济体	2022 年 9 月 30 日动态系统性风险指数
马耳他	75.8	印度	75.7	巴林	68.6
坦桑尼亚	74.7	菲律宾	75.1	牙买加	68.3
阿曼	72.1	乌干达	75	肯尼亚	66.4
埃及	70.8	泰国	74.8	约旦	66.3
印度	70.5	阿联酋	72.1	卡塔尔	66.1
乌克兰	70.5	伊拉克	71.9	越南	64.7
突尼斯	70.1	马耳他	71.8	卢旺达	64.4
阿联酋	69.8	约旦	71.4	泰国	64.2
斯洛伐克	68.9	俄罗斯	70.3	科威特	64.1
哈萨克斯坦	68.6	阿曼	69.4	阿联酋	62.6
卡塔尔	68.3	哈萨克斯坦	68.9	马来西亚	62
新加坡	68.2	乌克兰	68.8	印度	60.5
菲律宾	68.2	新加坡	68.7	尼日尔	60
克罗地亚	68.1	肯尼亚	68.2	哈萨克斯坦	59.8
约旦	67.1	突尼斯	68.1	摩洛哥	59.6
泰国	66.6	阿曼	68.6	—	—

资料来源：北京睿信科全球风险管理平台（www.sunrisk.cn）。

第三节 全球主要区域或组织系统性风险趋势

利用双层透视法来看全球区域或组织系统性风险趋势，基本将全球主要区域或组织划分为四个类别：一是系统性风险较低的区域或组织，主要依据静态系统性风险指数来划分；二是系统性风险较高的区域或组织，主要依据静态系统性风险指数来划分；三是已经发生系统性危机的区域或组织，主要依据动态系统性风险指数的变动幅度来划分；四是将要发生系统性危机的区域或组织，主要依据动态系统性风险指数的变动幅度来划分。

一、系统性风险较低或改善的区域或组织

（一）系统性风险较低的区域或组织

根据区域或组织静态系统性风险指数的排名，我们将指数在50及以上的区域或组织，列为系统性风险较低的区域或组织。从2022年的情况来看，系统性风险较低的区域或组织共有22个。

其中，指数在60以上的区域或组织有1个，为60.2。

指数在55~60区间的区域或组织共有11个，由高到低的顺序分别是RCEP组织、上合组织、APEC组织、金砖国家、G20、北约组织、高收入国家、发达国家、中高等收入国家、新兴市场、"一带一路"。

指数在50~55区间的区域或组织共有9个，由高到低的顺序分别是发展中国家、东盟、老欧盟、欧盟、老欧元区、欧元区、中东、新欧盟、中东欧。

（二）系统性风险改善的区域或组织

总体来看，因新冠疫情的影响、独联体区域中俄乌冲突和加息浪潮等外部因素的驱动，风险外溢明显，所有的区域或组织2022年相对于2021年系统性风险指数有所下降，风险上升。

从区域或组织静态系统性风险指数来看，2022年相对于2021年指数上升较大的区域或组织有：欧佩克国家、加勒比、北美自贸区、北约、东盟、高收入国家和发达国家，这些区域或组织较2021年改善较为明显。

二、系统性风险较高的区域或组织

我们将静态系统性风险指数在40附近及以下的区域或组织称为系统性风险较高的区域或组织。从2021年的情况来看，风险较高的区域或组织有加列比12国这一个区域，2022年相对于2021年虽然稍有所提高，但还是处于高风险状态。

2022年，区域或组织静态系统性风险指数下降较大，风险较2021年有所提高，较2021年下降超过0.5的区域有：RCEP组织、新欧盟、中东欧、拉美、新欧元区、

"一带一路"、发展中国家、南美洲、新兴市场、上合组织、金砖国家、中高等收入国家、独联体，其中独联体下降最大，为1.8。

三、系统性风险上升较大的区域或组织

2022年9月30日开始的区域或组织动态系统性风险指数分别较2021年9月30日和2021年12月31日的指数下降的区域或组织为36个和34个。其中交叉的有34个区域或组织，分别是：独联体、北美自贸区、新欧盟、北约、中东欧、OECD国家、发达国家、高收入国家、APEC组织、欧盟、老欧盟、老欧元区、欧元区、上合组织、东盟、南亚、新兴市场国家、新欧元区、"一带一路"、金砖国家、中低等收入国家、中高等收入国家、新兴市场及发展中国家、北非、中亚、东非共同体、非洲、中美洲、拉美、南美洲、中东、加勒比、非洲法郎区、南非。其中，独联体、北美自贸区、北约、新欧盟、发达国家、中东欧等下降幅度较大，要高度关注这些区域或组织。

四、可能爆发系统性危机的区域或组织

除了静态系统性风险指数不高的区域或组织外，动态系统性风险指数下降幅度达到一定水平的区域或组织都有可能发生系统性风险。此外，由于动态系统性风险指数的周期性波动性较强，还有一类情况可能会出现系统性危机，即动态系统性风险指数达到70左右（较国家略低一些），未来可能面临下降趋势的区域或组织，也有爆发系统性危机的可能。

2021年预警的独联体区域，俄乌冲突爆发，已呈现危机。和2021年预警内容一样，未来两年我们可能需要高度关注东盟、南亚、独联体和中低等收入国家的系统性风险趋势，而东非共同体、东盟和南亚的系统性风险也需要得到关注。

第四章

全球系统性风险趋势：
市场与经济潜力空间（上）

全球系统性风险由六个维度构成：全球汇率市场、全球货币市场、全球股票市场、全球债务市场、全球商品市场和全球经济潜力。这六个维度从六个侧面体现出了全球系统性风险的来源。系统性风险指数是指风险与机遇的统一，体现为 0～100 的数值。这六个方面的趋势，采用指数数值量化风险的大小，指数数值越大，风险越小（机遇越大）；指数数值越小，风险越大（机遇越小）。除商品指数外，其余五个指数，均使用代表权重国（美国、日本、中国、法国、德国和英国）的相应指标指数为基础复合而成。其中，德国和法国均为欧元区国家，描述货币市场和经济潜力风险指数时，使用德国或法国名称，但其实代表的是欧元区的整体情况。

2014 年，随着美联储准备退出定量宽松的货币政策并加息，美元进入升值周期，尽管大宗商品由于伊朗等地缘政治因素出现价格大幅上升，但这一走势未能持续。2018 年，美国展开全球贸易战，加紧在中东和东欧的地缘政治攻势，全球进入新的动荡期，全球系统性风险呈上升趋势。2019 年，随着全球经济复苏放缓、贸易摩擦加剧，伤及美国自身经济，美联储 7 月 31 日开始降息，开启新一轮降息周期。2020 年新冠疫情暴发后，美联储快速降息至零，同时开启无底限定量宽松货币政策，全球股市大跌受到了抑制，美元汇率在全球危机中体现了其避险货币的特征，汇率一度走强。但是，随着全球金融市场的逐步稳定，疫情的致死率逐步下降，美元开始出现由强转弱的趋势。2022—2023 年，美元将强势为主，美联储收紧政策升温，依旧将支撑美元汇率。此外，汇率风险指数虽然居高，但仍不排除在面对全球股市和房市双泡沫化及相关危机时美元的短期走强。拜登政府实施的大规模财政刺激政策以及扩大基建开支等，将导致财政赤字攀升，最终制约美元走强。美元作为世界货币，其周期性走势通常决定了其他货币汇率的走势，未来两年，其他主要经济体货币汇率有升值的走势，全球汇率风险有上升的趋势。

从全球货币市场风险趋势来看，核心取决于全球经济复苏状况和相关央行的货币政策走势，在一定程度上还取决于金融市场的流动性风险和信用风险。2022 年后，俄乌冲突加上通货膨胀的影响，全球央行大多数都采取了加息操作，全球货币市场风险增大。

从全球股票市场的风险趋势来看，受俄乌冲突以及全球加息的影响，全球股市大跌。虽然美国2022年12月加息幅度有所下降，导致股市有所反弹，但由于缺乏实体经济的支持，发达国家股市泡沫化进一步上升，风险日益积聚，2022—2023年会面临股市大跌和泡沫破裂的风险。多个国家的股市泡沫可能破裂，从而引发系统性危机。

本章使用的数据源于全球风险管理平台，由于平台数据根据经济运行中，采集的源数据在不断增加或修正，可能在数值上有微小差异。

第一节　全球汇率风险趋势

汇率是两种货币之间兑换的比率，亦可视为一个国家的货币对另一种货币的价值。"外汇＋市场"被称为最接近完全竞争的市场，外汇种类多，基本上各个国家或经济体都有自己的货币，当然也有多国共用同一种货币的货币区，如欧元区和非洲法郎区等；外汇产品丰富，包括从现货到期权再到期货等衍生品。在开放的全球竞争经济体系当中，汇率常常具有重要的作用，包括决定一个国家的经济发展和价格水平，以及贸易和投资往来。而且，汇率的异常波动，常常导致一个国家或经济体的危机。

一、全球汇率风险指数趋势

全球汇率风险指数的起伏变化体现全球系统性风险走势。从美元指数趋势图（参见图4-1）可以看出，1994—2002年美元汇率总体呈现80～120区间大幅波动上涨的态势。在克林顿推出强势美元政策以前，美元处于弱势，汇率出现短暂下跌，全球汇率风险指数多次跌进40～50区间，风险增大。1995年强势美元政策推行，美元持续升值，多次突破120。1997—1999年亚洲金融危机期间，亚洲新兴市场货币汇率大幅贬值，但发达国家汇率基本稳定。中国坚持人民币汇率不贬值，始终保持8.3水平。但全球汇率风险指数下跌，在50～60区间波动。2002年美国退出强势美元政策，美元开始新一轮贬值，全球其他国家货币汇率开始升值，中国在 2005 年 7 月 21 日开始汇率改革，人民币汇率逐渐升值，全球汇率风险指数几次跌至 50 以下，多次逼近 50。2008—2010 年全球金融风暴期间，美元贸易加权汇率指数大幅贬值，跌至 70 附近，全球汇率风险指数跌破 40，逼近 30，其间多次在 40 和 50 上下波动。2015 年美联储缩表开始，美元进入升值周期，全球汇率风险指数大幅下跌，一度跌破 40，最低点为 38.2（2015 年 3 月 11 日）。从 2020 年末至 2021 年末，美债收益率攀升对美元起到支撑作用，美元汇率呈抬头趋势，全球汇率风险指数从 60～90 区间波动上升，截至 2022 年 2 月 23 日，指数在 90 高位上下波动。2 月 24 日，俄乌冲突爆发，欧美各国立即宣布对俄罗斯进行制裁，加上新冠疫情的影响，各国纷纷进行加息操作。全球汇率风险指数呈逐步下跌的趋势，2022 年 9 月 23 日探底至历史最低点 23.3，后续虽逐渐反弹，但仍然改变不了下跌态势（参见图 4-2）。

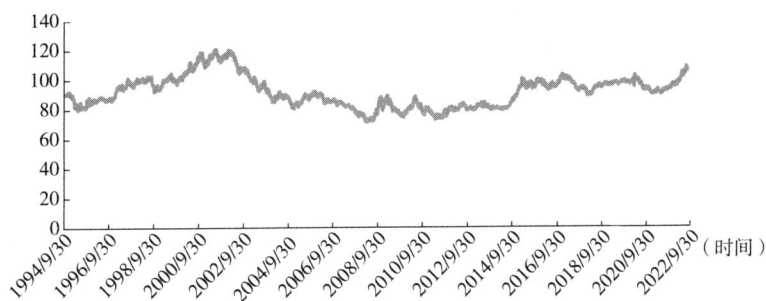

图 4-1　美元指数趋势

资料来源：北京睿信科全球风险管理平台（www.sunrisk.cn）。

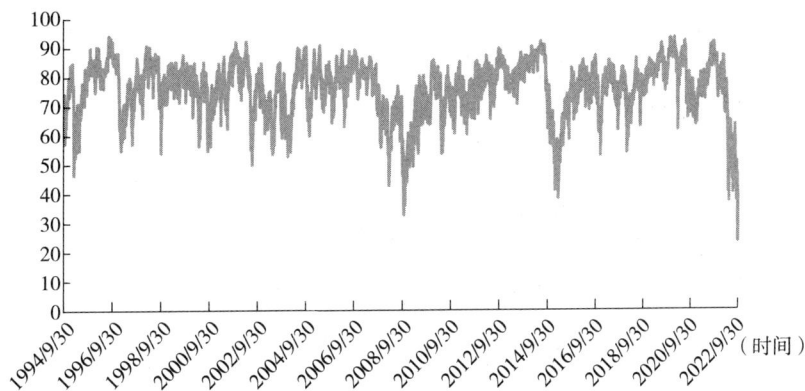

图 4-2　全球汇率风险指数趋势

资料来源：北京睿信科全球风险管理平台（www.sunrisk.cn）。

二、主要国家汇率风险指数趋势

（一）美元

美元汇率总体在 70～120 区间波动，变化主要体现在以下五个时间段：一是从 1995 年起，美国总统克林顿上台后实施强势美元政策，美元快速升值，导致 1998 年亚洲金融风暴，并形成了对美国的冲击；二是 2001—2004 年，美元汇率大幅波动下降，这主要与美国新经济泡沫破裂和美元进入三年下跌周期直接相关；三是 2007—2011 年，美元汇率在 70～90 区间低位波动，主要与美国次贷危机爆发并引爆全球金融风暴相关；四是 2014—2018 年，美元汇率波动上升，主要与美国退出定量宽松货币政策、美联储加息预期不断加重以及美元不断升值相关；五是 2019 年以后，市场预期美元降息，美元指数持续走高。进入 2022 年，美元汇率逐步攀升达到 20 年来的最高点 114.1（参见图 4-1）。美元汇率创新高的原因主要有三点：一是美联储步入激进加息周期。截至 2022 年末，美联储已经进行了 6 次加息，首次连续在四次会议上加息 75 个基点。在美联储持续加息背景下，短期利差成为资金流动的主要推手，进而带动美元指数上涨。二是美国经济基本面优于欧元区，欧元、英镑等非美货币的疲软给予美元指数上涨动力。三是市场避险情绪推升美元。2 月的俄乌冲突引发地缘政治风险，由于美元的避险属性以及美国国债市场的大规模、高流动性，各国将美债作为官方储备的最佳选择。在 11 月利率会议的声明中，美联储联邦公开市场委员会（FOMC）暗示激进加息已经临近尾声，可能在 12 月缩小加息步伐，汇率可能有下行风险。

（二）日元

日本经济经历战后高速发展，日元随之开启国际化历程。但是，日元的国际化从整体上是不成功的，尽管它成为一种国际套利货币。在日本国际化过程中，日元的大幅升值是日本问题的症结。从 1994 年开始，日元汇率基本是在 70～150 区间波动，2022 年受美国连续加息与俄乌冲突引发地缘政治风险影响后，日本坚持负利率政策。美元兑日元一度跌破 150 日元大关，刷新 32 年来低值。2022 年 9 月 30 日为 144.7 水平。

（三）人民币

人民币从 1982 年开始，中间经历了一系列的汇率改革，直到 1994 年才将人民币汇率贬值到合理水平，长期稳定在 8.3 上下，从而为中国经济的持续发展奠定了良好的战略基础。2005 年 7 月 21 日改革以后，人民币汇率开始了升值进程。近年来随着美元升值，尤其是 2021 年，美联储收紧政策预期升温，致美元汇率企稳，人民币贬值预期和压力加大，但因疫情常态化后，经济逐步好转，也对人民币起到一定支撑作用，截至 2022 年 5 月汇率在 6.5 上下波动。2022 年 6 月以后，美国出乎意料地连续 4 次加息 75 基点，人民币兑美元汇率持续下跌。截至 2022 年 9 月 30 日，人民币汇率为 7.1(美元兑人民币)。

（四）欧元

欧元是按最优货币区理论构建的一个区域货币，但现实中最优货币区并不存在，导致欧元区内部存在着自身不可调和的矛盾。欧元本身也并没有成为与美元抗衡的货币，整体汇率趋势仍然受美元走势的操纵。这当然与汇率天然是两种货币的价格比值有关，也与欧元的独立性不足有关。从近 10 年来看，欧元汇率在 1.04 ～ 1.39 区间，2021 年则一直保持在 1.2。2022 年后受俄乌冲突引发地缘政治风险与美国连续加息的影响，欧元汇率整体呈下降趋势。2022 年 9 月 30 日，美元兑欧元为 1 水平。

（五）英镑

2008 年全球金融危机前，英镑有升值趋势，此后的英国脱欧直接导致英镑大幅贬值，目前再加上疫情控制不力，以及经济恢复乏力的双重影响，汇率趋势向下，加上俄乌冲突引发地缘政治风险与美国连续加息的影响，2022 年 9 月 30 日，美元兑英镑为 1.1 水平（参见图 4-3）。

从六国汇率风险指数来看，美国汇率风险指数在全球金融风暴期间和美联储缩表压力期间突破 10，接近 0，其余时间相对稳定，风险较低；日本汇率风险指数随着日元的波动而体现出比其他发达国家更为显著的波动性，汇率风险指数在 2008 年全球金融风暴期间更是突破 10，跌至 0（2008 年）；人民币随着 1994 年汇率改革完成，1995

年1月至2005年7月人民币汇率风险指数较高，相对稳定，但汇改后波动性显著增加，在2008—2010年全球金融风暴集中期间显著下探，但总体指数较高，风险较小；德国和法国为欧元区国家，汇率风险指数走势一致，欧元汇率风险指数和美元汇率风险指数走势相近，多次下探至20，2015年前后两次跌进10；英镑汇率风险指数早期比较稳定，但近年来受脱欧的影响，英镑大幅贬值，导致英国汇率风险指数近年来出现了显著的下跌趋势，多次跌进30，甚至10，汇率风险极高。进入2022年，受发达国家纷纷加息以及俄乌冲突引发的地缘政治风险影响，主要国家风险指数基本呈下跌趋势，其中日本和英国分别在4月和9月均跌进10（参见图4-4和图4-5）。

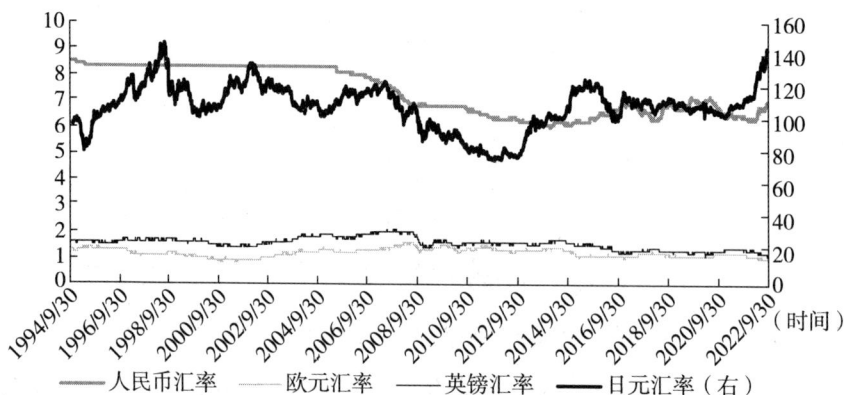

图4-3　美元兑人民币、欧元、英镑及日元汇率走势

资料来源：北京睿信科全球风险管理平台（www.sunrisk.cn）。

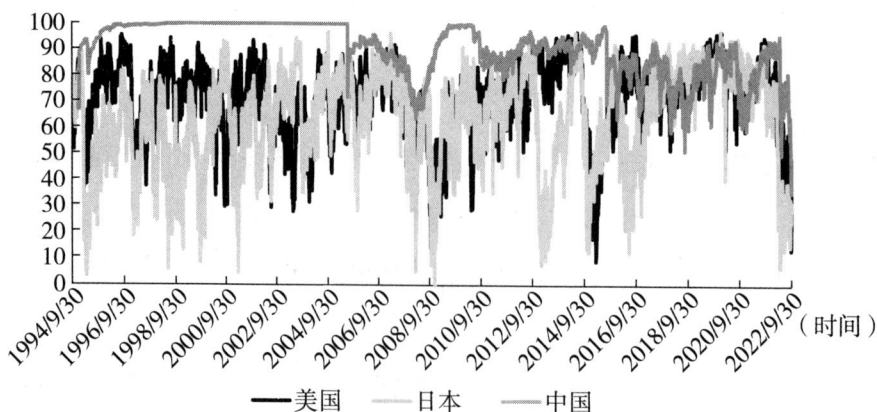

图4-4　美元、日元和人民币汇率风险指数趋势

资料来源：北京睿信科全球风险管理平台（www.sunrisk.cn）。

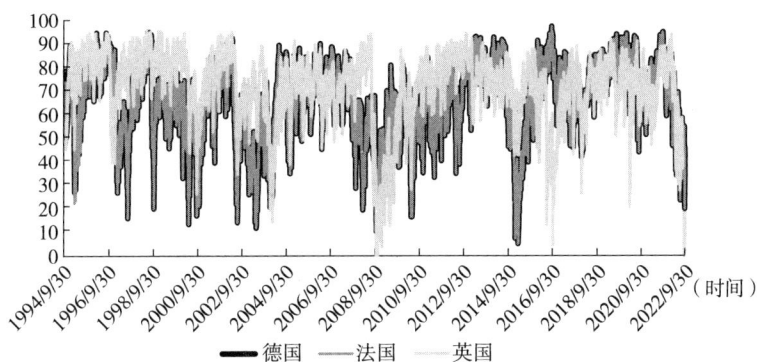

图 4-5 欧元和英镑汇率风险指数趋势

资料来源：北京睿信科全球风险管理平台（www.sunrisk.cn）。

第二节 全球货币市场风险趋势

2008 年，金融危机对金融市场造成巨大冲击，将全球经济拖入低增长、低通胀的迷雾。为应对全球金融危机，各国相继出台了史无前例的宽松货币政策，美联储、欧洲央行、日本央行不断下降基准利率。然而，包括基准利率、存款准备金、公开市场操作等常规货币政策被运用到了极限，仍然不足以有效刺激市场。除美国经济从 2014 年以来有所增长，美联储退出定量宽松货币政策并逐步加息外，其他发达国家央行基本保持不动。2021 年以来，美联储预期退出量化宽松政策，货币市场风险压力增大。

中国的货币政策，随中国的政策与发展实践而不断发展变化，具有中国特色，货币市场不是很成熟，其风险指数波动较大。2021 年以来，央行提出保持货币政策稳定性，增强前瞻性、有效性，既有力支持实体经济，又坚决不搞"大水漫灌"，以适度的货币增长支持经济高质量发展，助力中小企业和困难行业持续恢复，保持经济运行在合理区间。

一、全球货币市场风险指数趋势

全球货币市场风险指数充分体现了全球系统性风险的来源。整体看，全球货币市场风险指数呈现波动下行的态势。2004 年指数下降至 50 附近，风险初现。从 2007 年美国次贷危机开始，全球金融危机爆发，因为流动性和信用风险的上升，指数大幅下跌，2008年一度跌至20附近，风险加剧。2009—2015年，受金融危机后续影响以及美联储缩表影响，全球货币市场风险指数基本在40～60区间波动。2016—2019年，指数整体有一定回升，在波动中呈上行趋势，大致在50～80区间，但中间仍有几次突破50线以下。2020—2021年末，受疫情后续影响，全球经济复苏乏力，全球市场风险指数下行。2022年初，全球疫情逐渐好转，全球货币市场风险指数基本在50～80区间波动，整体在波动中呈上行趋势，9月开始逐渐下降，截至2022年9月30日，全球货币市场风险指数为65.4（参见图4-6）。

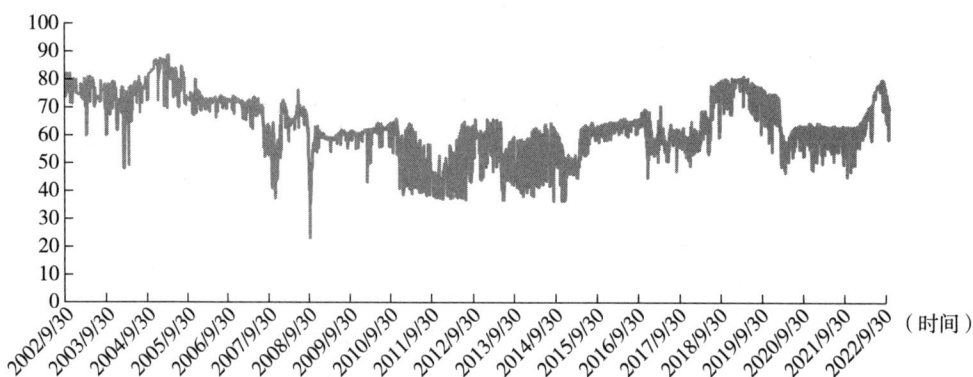

图4-6　全球货币市场风险指数趋势

资料来源：北京睿信科全球风险管理平台（www.sunrisk.cn）。

二、主要国家货币市场风险指数趋势

2002年以来，除2007—2008年全球金融危机外，发达国家隔夜指数掉期Curncy指标与LIBOR 3个月指标整体稳定，且走势大体相似。中国隔夜指数掉期Curncy指标与LIBOR 3个月指标则整体呈现大幅波动的态势。隔夜指数掉期Curncy指标欧元区（代表国德国）在2014年9月开始出现负值，日本在2016年2月也开始出现负值。LIBOR 3个月指标欧元区（代表国德国）从2015年4月开始出现负值，日本从2016年2月开始出现负值。截至2022年9月30日，美国、中国、德国、英国和日本隔夜指数掉期Curncy指标值分别为3.66%、1.86%、-0.49%、3.26%和-0.04%，美国、日本、德国和英国LIBOR 3个月指标值分别为3.75%、-0.04%、1.17%和3.34%，中国 3 个月 Shibor 为 4%（参见图 4-7 和图 4-8）。

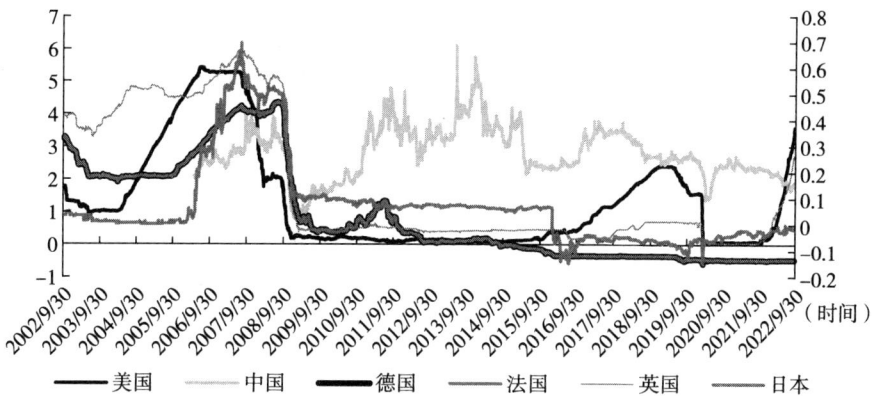

图 4-7　权重代表国隔夜指数掉期 Curncy 指标走势

资料来源：北京睿信科全球风险管理平台（www.sunrisk.cn）。

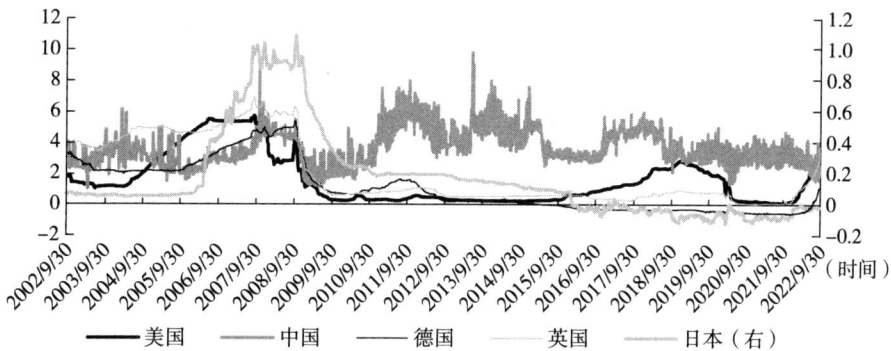

图 4-8　权重代表国 LIBOR 或 Shibor 3 个月指标走势

资料来源：北京睿信科全球风险管理平台（www.sunrisk.cn）。

从六国货币市场风险指数来看，发达国家相对稳定。德国和法国同属欧元区，欧洲央行有统一的货币市场，它们的货币市场风险指数一致。自 2002 年以来从 90 左右的高位下行，目前基本保持在 50 左右；美国货币市场风险指数除在 2008 年全球金融风暴期间一度大幅下挫外，基本保持在 50 以上波动，2015 年后逐步上升至 80；日本货币市场风险指数长期保持在 50 左右波动；中国的货币市场不是很成熟，风险指数长期在 0 ~ 100 区间大幅波动；英国货币市场风险指数从 2002 年初的 90 波动下行至 60 左右，全球金融风暴期间大幅下挫，一度降至 10 以下。截至 2022 年 9 月 30 日，美国、日本、中国、德国、法国和英国的货币市场风险指数分别为 85.8、49.9、47.7、41.9、41.9 和 92.8（参见图 4-9）。

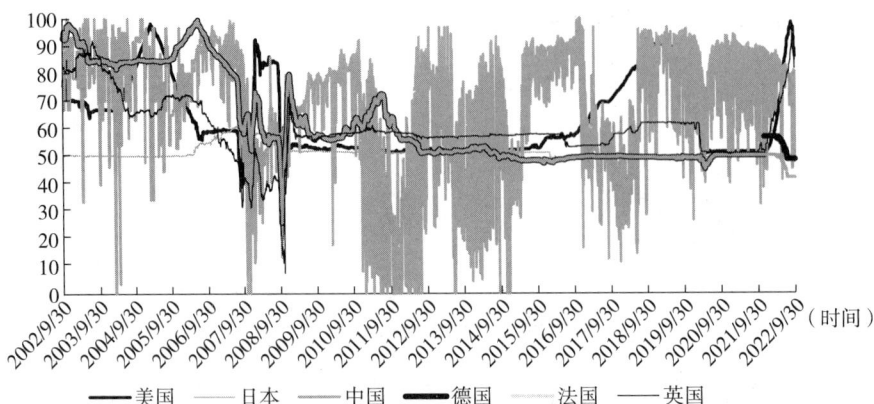

图 4-9　主要国家货币市场风险指数趋势

资料来源：北京睿信科全球风险管理平台（www.sunrisk.cn）。

第三节　全球股指风险趋势

进入 2022 年后，新冠疫情虽然已经放缓，但俄乌冲突依旧在延续，全球经济复苏放缓，在诸多风险的搅动下，全球金融市场也难归平静。虽然 2022 年欧元区财政政策仍然偏宽松，但此后财政政策立场大概率转向中性。防疫放开后，欧央行提速变窄并酝酿加息。2022 年以来美联储加息节奏渐紧以及俄乌冲突，导致大宗商品价格也在上涨，而后疫情时期经济恢复动力不足，股指持续拔高，通胀压力增大，股市泡沫越来越大，随时有破裂的风险。所以，综合诸多的风险因素，2022—2023 年对于全球股票市场而言注定又是极具挑战性的两年。

一、全球股指风险指数趋势

以六国股指为基础的全球股指风险指数，同样充分体现了全球系统性危机爆发的来源，或者说部分危机就充分体现在股市的大幅波动上。1997—1999 年的亚洲金融危机，导致全球股指风险指数在极端情况下下探至 30 以下接近 20 的水平，风险加剧，而大多数时间在 40～60 区间波动；2000 年美国新经济导致的股市泡沫破裂，深刻影响到了发达国家的股市，使得全球股指风险指数多次下探至 30 以下，极端情况下甚至达到 20；2006 年美联储加息到高位（2004 年 6 月 30 日至 2006 年 6 月 30 日，美联储加息 17 次，共加息 425 个基点），导致房地产泡沫破裂，次贷危机开始爆发，股指风险指数跌至 40 以下；随着 2008 年由美国次贷危机引发的全球金融风暴爆发，股指系统性风险指数在 2008 年 11 月突破 10 降至 0 附近，危机彻底爆发；此后的欧债危机使全球股指风险指数再次突破 40；2015 年美联储缩表导致危机，使指数再度下探至 40 以下接近 30 的水平。2018 年 12 月 25 日，全球股指风险指数下探至 43，而 9 月初还在 70 的高位。2020 年 3 月 18 日受全球疫情影响，全球股指风险指数下行至有史以来第二低位 17.5。美联储以及其他各国处于紧缩的货币政策之下，各国陆续进行加息操作，俄乌冲突导致大宗商品价格上涨，而后疫情时期经济恢复动力不足，股指持续拔高，通胀压力增大。截至 2022 年 9 月 30 日，全球股指风险指数为 52.6，股市泡沫继续膨胀。未来一段时间，股市泡沫有破裂风险，全球股指风险指数可能出现剧烈波动，出现下行至 40 以下是大概率事件（参见图 4-10）。

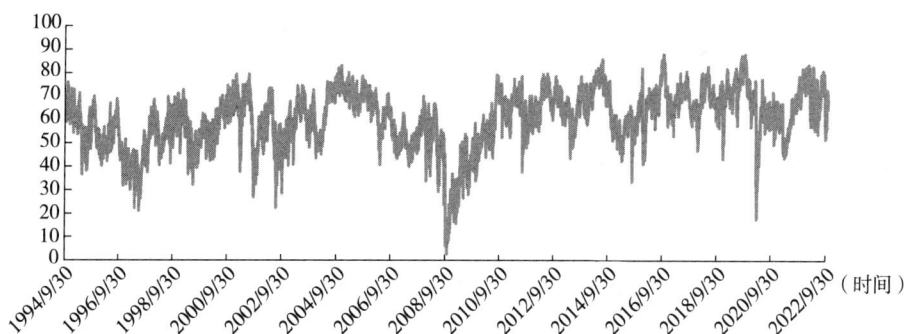

图 4-10 主要国家股指风险指数趋势

资料来源：北京睿信科全球风险管理平台（www.sunrisk.cn）。

二、主要国家股指风险指数趋势

自 1994 年以来，发达国家整体股指呈上升趋势，目前均处于高位，在 2000 年新经济泡沫破裂和 2007—2008 年全球金融危机期间，六国股指均呈现较大波动。中国股指目前还在 3 000 点低位徘徊，上升空间大。整体看，目前因美国基础货币流动性和各类经济刺激方案的作用，以美国为首的发达国家股指已处于高位，而发展中国家处于低位徘徊。

从六个国家股指风险指数的具体情况来看，也充分体现了股市的波动性以及与美国股指接近同步的特点，同时也体现了股市对风险的集中表现特点。从2020年初以来，发达国家股指风险指数波动较大，2020年3月受疫情影响，各国指数都出现了跌进10，甚至0的变化，风险巨大，但之后至今，各国指数都呈现波动上升向好态势。2022年以来，由于各国的激进加息政策，六国股指风险指数均在50～90区间波动。从2022年9月时的情况来看，发达国家和中国的股指风险都有一定风险。随着疫情影响趋于稳定，财政无须也无法再推出巨额转移支付。虽然2022年欧元区财政政策仍然偏宽松，此后财政政策立场将大概率转向中性。防疫放开后，欧央行提速变窄并酝酿加息，但是2022年以来在美联储加息节奏渐紧以及俄乌冲突的影响下，实际上面临着泡沫破裂的风险。截至2022年9月30日，美国、日本、中国、德国、法国和英国的股指风险指数分别为41.4、64、58.8、50、61.4、76.7（参见图4-11、图4-12）。

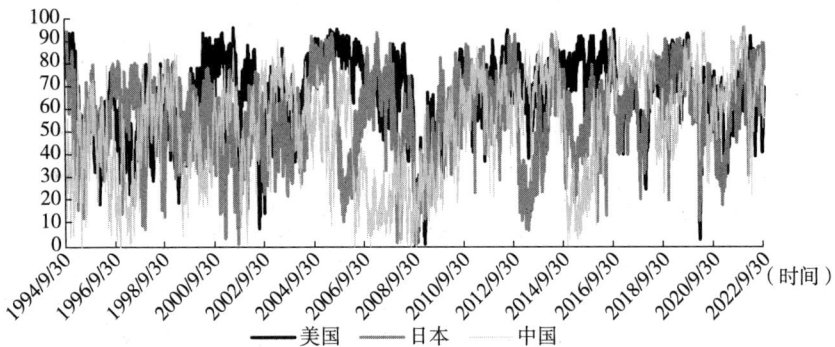

（a）

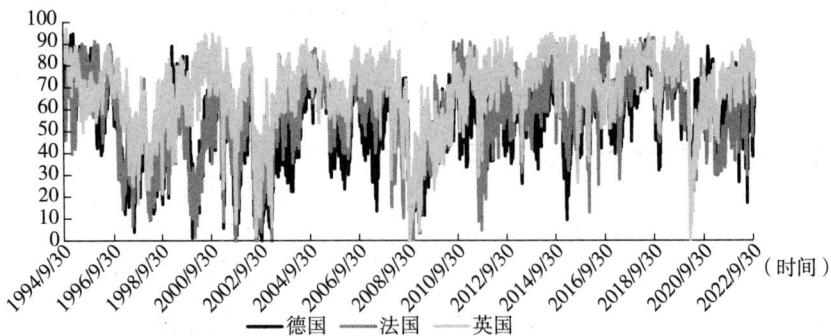

（b）

图4-11　六国股指风险指数趋势

资料来源：北京睿信科全球风险管理平台（www.sunrisk.cn）。

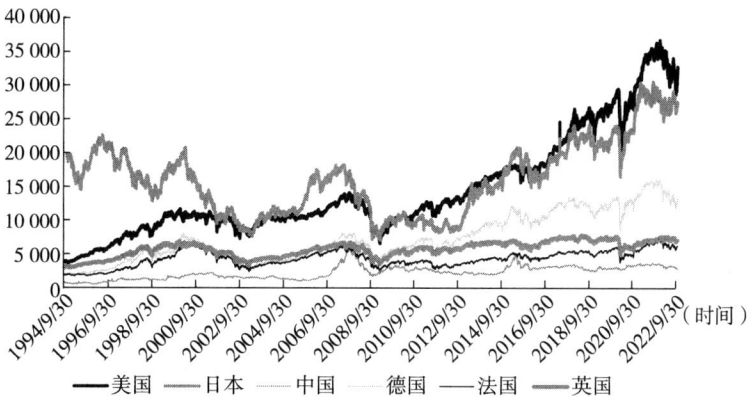

图 4-12　六国股指走势

资料来源：北京睿信科全球风险管理平台（www.sunrisk.cn）。

第五章

全球系统性风险趋势：
市场与经济潜力空间（下）

受全球疫情扩散的影响，全球经济陷入普遍衰退之中，全球财政政策和货币政策提倡大幅扩张，在暂时降低了流动性风险的同时，也促使国债利率进一步下探，部分发达国家如美国出现了利差倒挂，国债市场系统性风险显著上升。不仅如此，提倡过度扩张的财政政策也将为一些负债较高的国家带来较大的信用风险，严重的已导致债务危机。此外，受经济衰退的影响，不少企业倒闭或偿债能力显著下降，企业信用风险有显著上升趋势，信用债市场系统性风险显著上升。未来在通胀预期下，美联储预期退出定量宽松货币政策，国债风险指数可能下行。

全球大宗商品市场基本上可以分为两大类，即贵金属与其他大宗商品，贵金属占比不高。贵金属具有保值价值，尤其是在危机爆发时价格通常上涨，但同样也取决于美元走势，即与美元汇率成反向走势，美元升值，贵金属价格通常下行；美元贬值，贵金属价格上涨。但非贵金属大宗商品价格既取决于全球经济状况决定的供求关系，也取决于美元周期性走势。全球疫情逐步得以控制，经济逐步复苏，美元正从强势向弱势转换，市场对非美国家货币收缩预期升温，导致美元指数回落，而全球商品市场泡沫继续增大，风险未来有上升趋势。

经济潜力空间比值是美元兑一国货币汇率与该国购买力平价的比值，实际上是国际物价与国内物价的对比关系：比值越高，空间越大；比值越小，空间越小。从全球经济潜力风险趋势来看，发达国家经济潜力空间比值本身就较低，虽然2022年各国经济潜力空间比值都有所上升，但是未来两年，随着美元从强势向弱势转换，除美国外的发达国家和新兴市场与发展中国家汇率都有升值的可能，其经济潜力空间比值可能进一步下降，经济潜力风险可能上升。

本章使用的数据源于全球风险管理平台，由于平台数据根据经济运行中，采集的源数据在不断增加或修正，可能在数值上有微小差异。

第一节　全球债务风险趋势

在全球系统性风险的评估中，全球债务风险指的是主要国家的政府债务占 GDP 比重、财政余额占 GDP 比重和国债利率收益这三个因素的集合。而国债利率及利差走势体现出来的经济周期风险，在某种程度上会体现出其投资风险，即购买国债未来可能面临的风险，或面临利差倒挂的风险。

一、全球债务风险指数趋势

全球债务系统性风险指数充分体现全球系统性风险的来源。全球债务风险指数具有明显的周期性，并长期呈明显的上升趋势。从 1994 年初到 2000 年 12 月，全球债务风险指数主要在 20 ~ 30 低水平波动。2001—2003 年，互联网新经济泡沫破裂，全球债务风险指数先涨后跌，由 2001 年初的 30 上升到 2004 年 6 月的 64 附近，2004 年 6 月后下跌，于 2007 年 1 月抵达 30 水平线。2007 年 3 月，全球债务风险指数单向上涨，于 2009 年 4 月到达高点 60.5，在此期间，起始于美国的 2008 年金融危机爆发。2009 年 4 月及以后，全球债务风险指数一直波动下跌，多次探底，于 2020 年 3 月 9 日到达 12.4 的低水平，全球债务风险非常大。全球或正走向金融、经济和债务危机的交汇点。未来在通胀预期下，美联储升息加码，全球债务困境持续加剧，全球债务风险指数可能继续下行（参见图 5-1）。

二、主要国家的国债收益率走势

2 年期国债与 10 年期国债收益率利差值呈现周期性特点，这主要与当时相应国家的宏观经济政策有关，也与该时段全球或区域发生危机风险事件有关，比如 1997 年亚洲金融危机、2000 年互联网新经济泡沫破裂、2008 年全球金融风暴以及后期的欧债危机、英国脱欧事件、特朗普政府发动的贸易战、全球新冠疫情的冲击等。2010 以来，2 年期国债与 10 年期国债收益率利差值整体呈线性下降趋势，2019 年除法国外的发达国家，其 2 年期国债与 10 年期国债收益率利差值逐渐趋近于 0，其中美国在 2019 年 8 月出现倒挂 –0.051，英国在 2019 年 8 月也出现倒挂 –0.04，而中国在同时期却出现了截然相反的走势，出现一个小峰值。进入 2022 年，美国在 7 月出现倒挂 –0.013，英国也在 8 月出现倒挂 –0.015，截至 2022 年 9 月 30 日，美国、日本、中国、德国、法国和英国 2 年期国债与 10 年期国债收益率利差值分别为 –0.450%、0.293%、0.78%、0.349%、0.907% 和 –0.139%（参见图 5–2）。

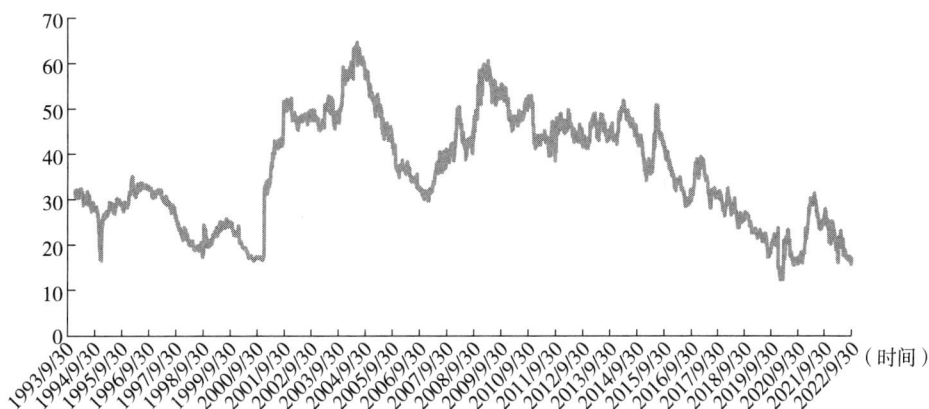

图 5–1　全球债务风险指数趋势

资料来源：北京睿信科全球风险管理平台（www.sunrisk.cn）。

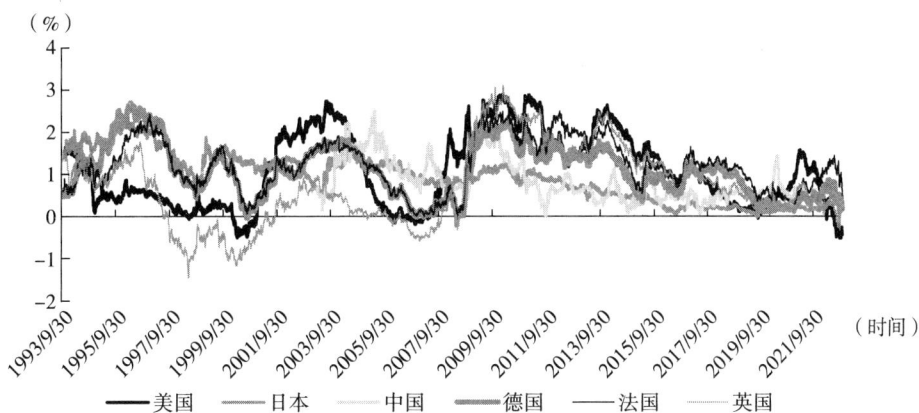

图 5–2　2 年期国债与 10 年期国债收益率利差走势

资料来源：北京睿信科全球风险管理平台（www.sunrisk.cn）。

第二节　全球商品市场风险趋势

通常而言，商品价格是由市场的供求关系决定的，而市场的供求关系通常受经济环境影响：经济环境好，需求量大，价格自然上升，反之亦然。然而，随着全球商品现货和期货以及更为复杂的衍生品出现，全球大宗商品日益具有金融属性，其走势仍然与经济环境和市场供求关系有关，但更多地与其定价的世界货币——美元有关。通常我们会看到美元的周期性走势与商品的周期性走势的逆向而行。2022年，全球疫情逐步得以控制，经济逐步复苏，美元从强势向弱势转换，市场对非美国家货币收缩预期升温，导致美元指数回落，而全球商品市场泡沫继续增大，风险未来有上升趋势。

一、全球商品风险指数趋势

商品风险指数充分体现了全球系统性风险的来源。商品风险指数呈现较大的波动性，但整体呈现一个 V 形结构，大部分时间在 0 ~ 90 区间大幅波动。在 1995—2008 年全球金融风暴之前，风险指数呈现出上弧形波动趋势。全球金融风暴期间，风险指数呈现出明显的触底特征。2008 年底开始呈现出波动上升趋势，并保持在 70 ~ 90 区间的高位，尽管 2014—2015 年呈现出 V 形波动，但 2015 年后上行趋势得以持续。2018 年 9 月初商品风险指数暂时回落至 60 线附近。2022 年 3 月后俄乌冲突的地缘政治影响导致商品风险指数持续上升。在市场不受商品供需等扰动因素影响时，商品的金融属性得到放大，美元走强会对以美元计价的大宗商品带来负面影响，大宗商品指数与美元呈现出显著的负相关关系。但 2021 年以来，美元指数和大宗商品的共振上涨行情已延续了 1 年多，俄乌冲突导致美国及其盟友对俄罗斯能源出口的制裁，加上以美国为首的各国疯狂加息，导致美元指数和大宗商品的共振上涨依旧在持续。但美联储货币政策过于"鹰派"致使美国需求显著减弱，那么美国的经济增长势头或将走弱，美元与大宗商品的同涨行情将接近尾声，且不排除共同下探的可能性。截至 2022 年 9 月 30 日，商品指数升至 268.29，风险指数为 46.4，未来美元强势减弱，商品泡沫持续积聚，风险指数可能下降，风险加剧（参见图 5-3）。

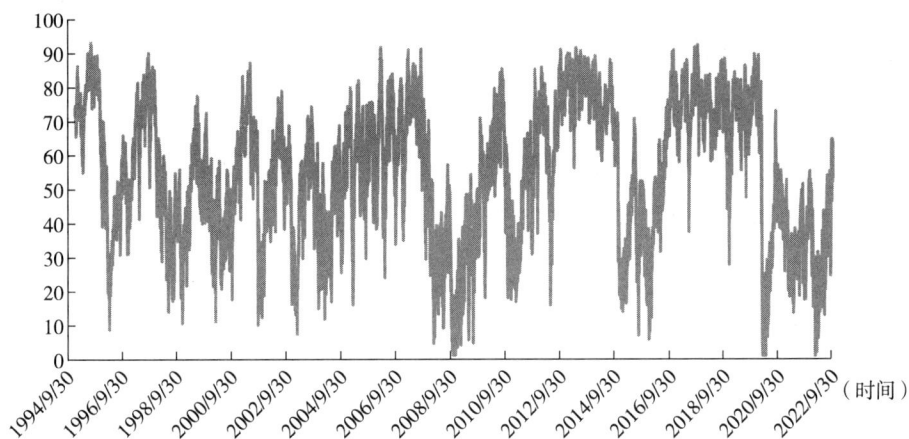

图 5-3　全球商品风险指数趋势

资料来源：北京睿信科全球风险管理平台（www.sunrisk.cn）。

二、全球商品指数走势

全球商品价格指数通常是指 RJ/CRB 指数。一般所称的 CRB 指数（Commodity Research Bureau Futures Price Index）是由美国商品研究局汇编的商品期货价格指数，于 1957 年正式推出，涵盖了能源、金属、农产品、畜产品和软性商品等期货合约，为国际商品价格波动的重要参考指标。2020 年采用纽约期货交易所发布的 CCI 商品指数，由于该商品指数在 2021 年 1 月暂停发布，2021 年我们选用路孚特（Refinitiv，前汤森路透金融与风险部门）发布的 CRB 核心商品指数来作分析。

从全球商品指数走势来看，亚洲金融危机对全球商品带来巨大的影响，全球商品指数从 1997 年 200 的高点下跌至 1999 年的 120 低点，小幅反弹后，2001 年底再度降至 145，这期间基本与美元强势政策相对应。随着 2000 年美国新经济泡沫破裂和 2002 年初美元指数开始下跌，全球商品价格指数迎来了一波迅猛上涨，指数在 2008 年 7 月达到 465 的高点。随着 2008 年 10 月全球金融风暴的爆发，全球商品价格指数在 2008 年 12 月降至 200 的阶段性低点，但随着全球发达国家央行大幅降息和采取定量宽松货币政策，以及经济持续衰退的压力放缓，再度上升至2011年的340高点，此后随着欧债危机的爆发和全球经济持续疲软，以及美元在波动中逐渐走强，指数逐步下降。随着美国2014年开始退出定量宽松货币政策，并在此后逐步加息，全球商品价格指数下降至2016年1月的155阶段性低点，并持续在150～200区间上下波动（参见图5-4）。2021年1月至2022年9月，全球需求有所回升，商业信心迅速上升，美国与新兴市场国家的经济增速差距缩小至近20年最低水平，美元指数持续走强。然而疫情对供给端的影响依然严峻，大宗商品供需矛盾加大，市场隐含通胀率较高，油价、铜价均有较强走势。在近期地缘政治风险加剧的背景下，黄金、原油等大宗商品强势上涨。

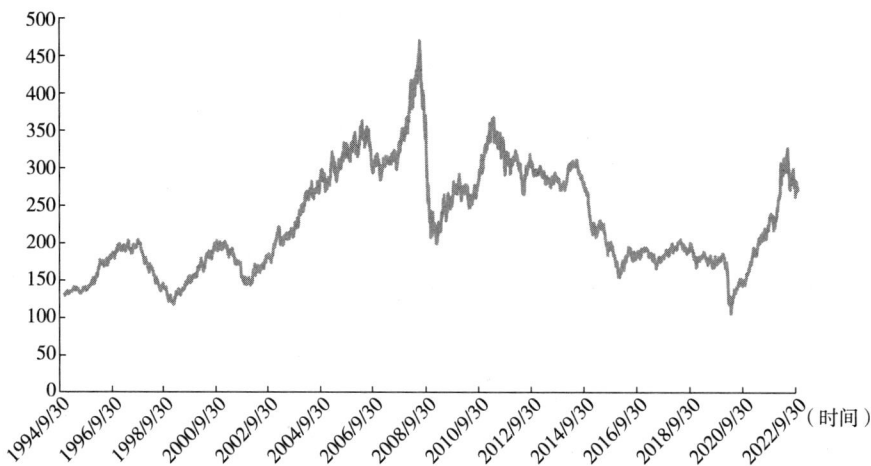

图5-4　CRB全球核心商品价格指数走势

资料来源：彭博终端。

　　从全球商品指数与美元指数的相关性分析来看，在市场不受商品供需等扰动因素影响时，商品的金融属性得到放大，美元走强会给以美元计价的大宗商品带来负面影响，两者有着典型的线性负相关性，其相关系数高达0.6（参见图5-5）。因此，我们说美元指数走势在很大程度上决定全球商品指数的走势。根据上文分析，目前来看，美元指数将从强势向弱势转化，全球经济逐步恢复，使需求逐步上升，推高了全球大宗商品价格。2022—2023年，在宽松的货币及财政政策下，全球商品指数继续逐步上升，但在地缘政治等的影响下，不排除同美元指数共同下探的可能性。

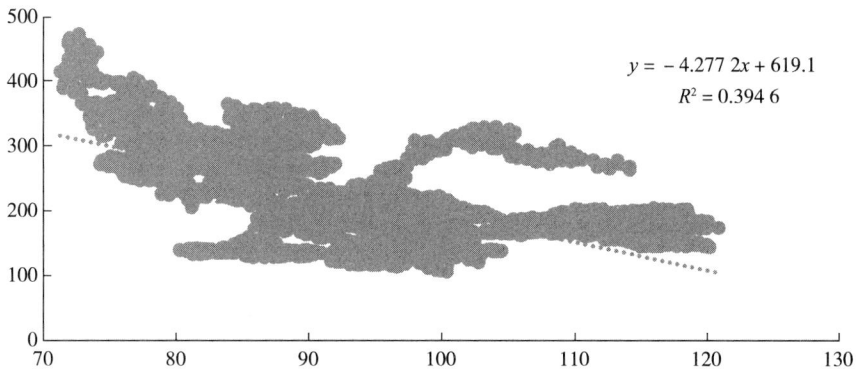

$$y = -4.277\,2x + 619.1$$
$$R^2 = 0.394\,6$$

图 5-5　全球商品指数与美元指数的相关性分析

资料来源：北京睿信科全球风险管理平台（www.sunrisk.cn）。

注：纵轴是商品指数，横轴是美元指数。

第三节　全球经济潜力风险趋势

经济潜力风险指数来源于经济潜力空间比值，就是美元兑一国或经济体的汇率与其购买力平价（Purchasing Power Parity，PPP）指数的比值，体现了汇率与物价之间的差距：经济潜力空间比值越高，表明汇率与物价之间的差距越大，发展的空间也就可能越大；反之亦然。经过对全球 186 个国家或经济体 1980 年的经济潜力数据与相关数据的统计分析，我们发现：发达国家的经济潜力空间比值通常较低，发展中国家通常较高；从经验标准来看，发展中国家高于 3 是安全的，新兴市场国家高于 2 是安全的，1.5 是临界线，发达国家在 1 左右是安全的。这也在某种程度上解释了为何发展中国家或新兴市场经济体经济增长率高，而发达国家经济增长率低。

一、全球经济潜力风险指数趋势

从 1993 年有数据以来，全球经济潜力风险指数集中在 45～55 区间波动；2002 年以后，全球经济潜力风险指数呈现波动下降的态势，从 2002 年 2 月的 57 上下下降至 35 上下，风险增大。2015 年以后，指数略有回升，维持在 40 上下波动。2021 年后，全球经济潜力风险指数持续上涨，截至 2022 年 9 月 30 日，全球经济潜力风险指数在 47.2 水平。未来，全球经济潜力风险指数可能会持续在这一水平波动（参见图 5-6）。

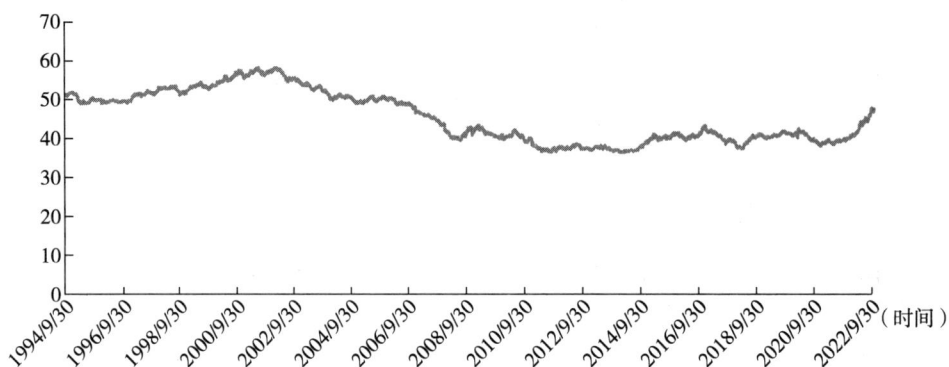

图 5-6　全球经济潜力风险指数趋势

资料来源：北京睿信科全球风险管理平台（www.sunrisk.cn）。

二、主要国家经济潜力风险指数趋势

发达国家以虚拟经济为主，其经济潜力空间比值指标偏低，相应的经济潜力风险指数也偏低，经济潜力空间比值指标基本稳定在 0.4～1.5，经济发展潜力较小。中国属于发展中国家，当人民币汇率兑美元上升至 6 左右时，实际上已经到达了 1.5 左右的临界点，遂有人民币贬值，经济潜力空间比值恢复至接近 2 左右。进入 2022 年后，由于地缘政治以及通货膨胀的影响导致各国汇率有所贬值，经济潜力空间比值都有所上升，中国的经济潜力空间比值在 1.7 上下持续波动，其经济发展空间较小。截至 2022 年 9 月 30 日，美国、日本、中国、德国、法国和英国的经济潜力空间比值分别为 1.12、1.59、1.77、1.41、1.44 和 1.33（参见图 5-7）。

全球经济潜力风险指数充分体现全球系统性风险的来源。从六国经济潜力风险指数来看，中国经济潜力风险指数最高，在 1994 年汇改后和 2005 年 7 月汇改前，基本在 100 或接近 100 左右的水平，但汇改后持续大幅下降，目前保持在 50～60 区间波动，但目前来看有突破 50 的趋势，风险出现。而发达国家经过多年的发展，经济潜力相对较低，经济潜力风险指数都比较低，大致在 28～40 区间波动，相互差别不大。2022 年由于俄乌地缘政治等的影响，发达国家经济潜力风险指数均有所上升，除美国外均突破了 40，日本更是在 6 月突破了 50。截至 2022 年 9 月 30 日，美国、日本、中国、德国、法国和英国的经济潜力风险指数分别为 37.3、53、59、47、48 和 44.3（参见图 5-8）。

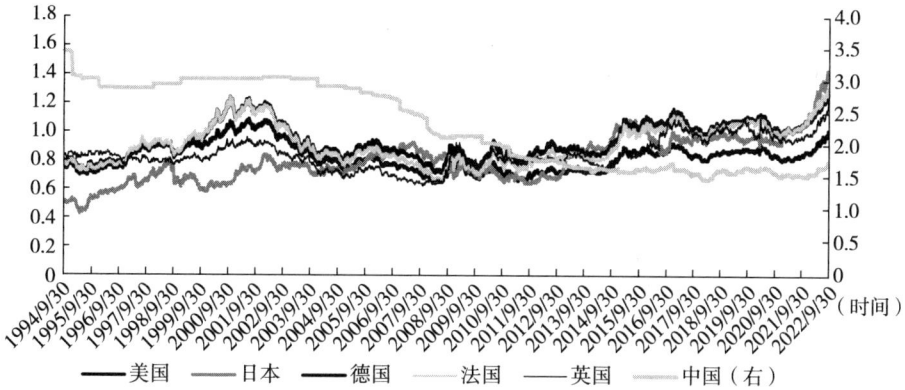

图 5-7　主要国家经济潜力空间比值走势

资料来源：北京睿信科全球风险管理平台（www.sunrisk.cn）。

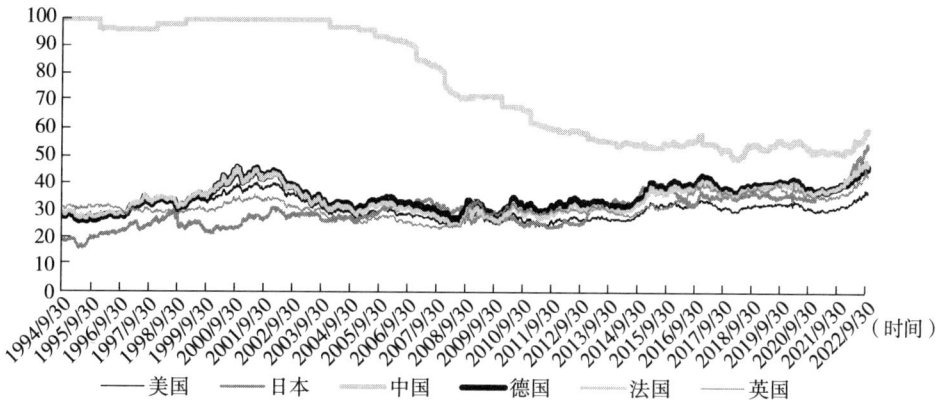

图 5-8　主要国家经济潜力空间风险指数趋势

资料来源：北京睿信科全球风险管理平台（www.sunrisk.cn）。

第六章

全球危机国家的系统性风险趋势（上）

伊朗伊斯兰共和国简称伊朗，因重要的地理位置素有"欧亚陆桥"和"东西方空中走廊"之称。伊朗盛产石油，石油产业是其经济支柱和外汇收入主要来源之一，石油收入占外汇收入一半以上。伊朗的经济状况主要受国际油价以及美、欧对其实施的制裁的影响。2018年美国恢复对伊朗全方位的制裁，2019年新冠疫情暴发，2020年疫情在全球蔓延，多方面原因使得伊朗的系统性风险指数从2018年开始下跌。但是由于2022年欧洲的能源危机，以及2021年伊朗大选后外交政策的改变，石油资源丰富的伊朗的经济情况有所好转，其系统性风险指数可能会有所上升，在40~60区间波动，其系统性风险会有所下降。

澳大利亚是全球第十二大经济体，农牧业发达，自然资源丰富，是世界重要的矿产品生产和出口国。2021年，随着疫苗接种率的增加、经济活动的逐渐恢复、政府的扶持，澳大利亚经济逐渐恢复，系统性风险指数也在逐步回升。目前来看，整体形势乐观，但是波动仍然较大。因为澳大利亚经济对国际贸易依赖较大，而目前世界各地经济都在放缓，外加多变的全球地缘政治局势、国内房价压力等，都将对澳大利亚经济发展造成影响。预计未来澳大利亚系统性风险有所减缓，但是仍处于较大波动中，波动区间在40~70区间。

作为高度发达的资本主义国家，新西兰国内政局稳定，社会治安良好；市场化程度较高，平均关税低，资金能自由流动；基础设施完善，有发达的交通和通信网络设施；劳动力平均受教育水平较高，劳动力素质有较强竞争力。但同时，该国经济严重依赖对外贸易，石油、粮食等物资需要从别国进口，汇率受美元周期影响程度较大。由于缺乏新的经济增长热点，近年来新西兰经济增长乏力，而受全球新冠疫情影响，2020年新西兰GDP下降2.9%，创下有史以来最大的年度降幅。展望未来，新西兰央行将进一步加息以对抗全球通胀，但这一举措会对内需产生更明显的负面影响；另外，俄乌冲突加剧了世界经济运行的不确定性，国外需求持续低迷，新西兰经济面临衰退风险。因此，未来新西兰系统性风险指数或将进一步下行，系统性风险水平将上升。

世界银行表示，哥伦比亚经济将在 2022 年增长约 4%，是南美洲经济表现最好的几个国家之一。2020 年，哥伦比亚经济遭受疫情冲击，疫情防控和社会补助项目致使哥伦比亚财政支出增加，税收减少，外债额增加，哥伦比亚国内生产总值降到 1 002.6 万亿比索（约合 2 714.6 亿美元），实际同比下降 6.8%，人均国内生产总值为 5 389 美元。由于糟糕的经济表现，截至 2021 年 5 月，标普对哥伦比亚主权信用的评级展望为 BB+，惠誉和穆迪分别为 Baa2 和 BBB-。此外，2022 年正值哥伦比亚大选，于 2022 年 5 月 29 日在哥伦比亚举行，选出新一任哥伦比亚总统。经过两轮选举，最终由古斯塔沃·佩特罗（Gustavo Petro）击败鲁道夫·埃尔南德斯（Rodolfo Hernández），成功当选哥伦比亚史上第一位左翼总统。新的总统上任也为这个国家带来了新的政策和发展思路。

本章使用的数据源于全球风险管理平台，由于平台数据根据经济运行中，采集的源数据在不断增加或修正，可能在数值上有微小差异。

第一节　伊朗系统性风险趋势

伊朗位于亚洲西南部，素有"欧亚陆桥"和"东西方空中走廊"之称。伊朗盛产石油、天然气和煤炭。截至 2019 年底，已探明石油储量 1 580 亿桶，居世界第四位，天然气已探明储量 33.9 万亿立方米，居世界第二位。2021 年，伊朗原油日产量约 240 万桶，日均出口量约 60 万桶。石油产业是伊朗的经济支柱和外汇收入主要来源之一，石油收入占外汇收入的一半以上。2021 年，伊朗国内生产总值估算值约 6 503 亿美元，人均国内生产总值约 7 653 美元。

伊朗的有关背景和重大历史事件可参见表 6-1 和表 6-2。

表 6-1　伊朗背景概览

类别	现状	未来的风险	未来的机遇
政治制度与政治局势	共和制	政党发展不平稳，制度化程度不高	改革派继续执政
经济制度与社会发展	石油产业为经济支柱	经济结构单一，抗风险能力弱	非石油产业发展

续表

伊朗	现状	未来的风险	未来的机遇
文化背景与宗教信仰	伊斯兰教	政教合一	文化产业、旅游产业
自然资源与地理条件	地理位置优越，资源丰富	地表土地遭受风化与流水侵蚀严重	发挥地理位置，资源禀赋优势
地缘关系与国际地位	亚非欧之间的桥梁，边境纠纷	欧美制裁	巩固、发展与东盟和其他亚洲国家的关系

资料来源：根据公开资料整理。

表6-2　伊朗重大历史事件及其影响

年份	重大事件	主要影响
1979	伊朗人质危机	美国与伊朗断交
1980	两伊战争	一场没有胜利者的战争，双方经济损失惨重，发展停滞，石油出口骤降，战争中的军费支出和战争导致的经济破坏严重
1995	推出《伊朗交易监管法》	全面禁止美国与伊朗的一切贸易和投资
1996	推出《伊朗制裁法案》	禁止任何人向伊朗的石油工业进行大规模的投资
1997	温和派哈塔米总统上台	释放出与西方和解的讯号
2018	美国全面恢复对伊朗的制裁	伊朗的石油经济受到了重创
2021	总统大选	伊朗在中东地区和国际的外交态度转变

资料来源：根据公开资料整理。

一、国家系统性风险指数趋势

伊朗系统性风险指数开始于1981年1月1日，1981—1993年伊朗政局动荡，经济压力巨大，其国家系统性风险指数始终处于低位，在个别年份甚至为0。1977年起，伊朗爆发大规模的反对国王的群众运动，由于美国在伊朗问题上的重大战略失误，1978年，亲美的伊朗巴列维政府被推翻，君主专制制度终结。1979年，新上台的伊朗政府非常反美，扣押52名美国外交官，引发两国人质危机，致使美国与伊朗断交。1980年，伊拉克和伊朗由于宗教派别矛盾，两国军事摩擦日趋频繁，伊拉克总统萨达姆在美国与苏联支援大量武器下主动向伊朗发起进攻，长达8年的两伊战争爆发，除了大量的人员伤亡，伊朗的油田、海上钻井平台、运油船等设施都遭到严重破坏，对于严重依赖石油的伊朗经济打击很大。由于战争，伊朗对外债台高筑，内部政局不稳，内忧外患，经济遭受严重破坏，系统性风险高居不下。

1988年，两伊战争结束，伊朗满目疮痍，开始投入经济建设中去。20世纪90年代初期，伊朗还在经历战后的阵痛，然后是国际油价下跌对经济的继续重创。但是在1993年以后，随着油价的上升和国际经济的发展，伊朗的战后重振工作在各领域取得了显著的成果，不仅搭建了完整的石油工业体系，还建立了比较全面的电力、汽车制造、机械制造、化工、冶金等体系，伊朗的经济也探底回升，此后伊朗系统性风险指数不断上升，由1993年的最低点0附近上升至高点40附近。1998年下半年至1999年3月，国际原油价格下跌，伊朗经济再次受挫，系统性风险指数从40附近跌至15附近。1999—2007年，随着国际油价重新上涨并持续处于高位，伊朗经济进入新的增长期，在此期间绝大多数年份经济增长保持在中高速增长水平，系统性风险指数也一路攀升，从低点16附近升至53左右。

伊朗具有大量的能源资源禀赋，石油经济是伊朗经济的主体，国际油价波动对伊朗经济的影响显著，国际油价上涨，伊朗国内经济随之发展；国际油价下跌，伊朗国内经济也发展降缓。2008年，美国房地产泡沫破裂与次贷危机的爆发，引发了全球性的金融危机，全球经济受到重创，导致伊朗的系统性风险上升。2010—2014年，伊朗的系统性风险指数一路下跌，始终低于50。2013年6月，伊朗国内总统大选，"鹰派"和"羽鸽派"竞争，国内政治形势不稳定，再加上多年来，旨在遏制伊朗核计划的国际制裁令该国经济受到严重影响。

2015年，伊朗与六个大国达成了一项协议，这让伊朗经济获得了一定程度的缓解。2016年9月，由于投资者不理会原油输出国组织可能冻产的磋商，焦点放在不断上升的美国原油库存，同时由于美国制造业数据低于预期，市场对于能源的需求下降，导致国际原油价格不断下跌，伊朗外汇收入下降，造成伊朗系统性风险不断上升。2017年初，伊朗系统性风险指数呈上升趋势，这表明伊朗的系统性风险有所降低，一方面，哈桑·鲁哈尼（Hassan Rouhani）总统连任当选，此前一直推行的经济政策得以继续实行，国内经济质量上升；另一方面，伊朗不断巩固伊核协议达成的成果，积极与俄罗斯以及欧洲国家签订合作协议，改善国内融资环境，得以更大规模地吸引外资，经济形势好转。美国在2018年单方面宣布退出伊核协议，重新恢复了对伊朗的制裁，高通胀率与高失业率并存，该国经济再次陷入困境。

2019年，新冠疫情暴发，由于遭受多年的石油封锁，经济限制以及地区安全局势混乱等，伊朗经济已然摇摇欲坠，险些崩溃。随着汹涌而来的病毒，伊朗国内的疫情形势也日趋严重。伊朗在疫情下面临的主要风险包括地区贸易和石油收入的负面影响，航空、商业的经济停滞，政府的种种财务危机以及疫情蔓延下的政治动荡。除此之外，与新冠疫情相关的限制政策还将大幅削减宗教旅游收入。疫情全球化的背景下，伊朗的系统性风险指数从 2018 年 4 月高点 53 左右一路下跌至 2021 年 6 月的 10 左右。2021 年至 2022 年 9 月，全球疫情逐渐得到控制，各国交通运输逐渐恢复，对石油的需求不断上升，伊朗与各国贸易不断恢复，经济情况逐渐好转，系统性风险指数一路上升（参见图 6-1）。

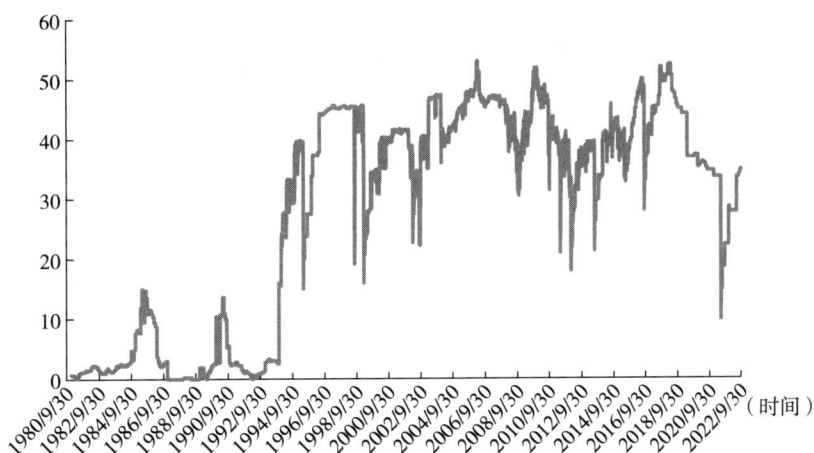

图 6-1 伊朗系统性风险指数趋势

资料来源：北京睿信科全球风险管理平台（www.sunrisk.cn）。

　　未来两年，各国面对新冠疫情都积累了很多的经验，形成了稳定的防疫体系，国际贸易逐渐恢复。虽然世界仍在经历百年未有之大变局，但从能源角度来看，全球对石油、天然气等能源需求上升，伊朗作为石油资源禀赋的国家，其经济会向好发展，伊朗的系统性风险指数可能主要在 40～50 的区间波动，其系统性风险可能会下降。

二、股指风险指数趋势

　　伊朗股票市场不发达，缺乏相应的实时数据，故股指风险指数缺失。

三、汇率风险指数趋势

2020 年，伊朗官方货币由里亚尔改为土曼，新的货币换算将变成 1 万里亚尔兑换 1 土曼。《伊朗货币和银行法》修正案要求伊朗中央银行在考虑货币储备和对国际货币基金组织承诺的情况下，以土曼重新计算汇率。法律还明确规定，土曼将与里亚尔一起保持两年的信誉，在此期间，将逐步收集旧硬币和钞票，并用新硬币和钞票代替。由于伊朗官方货币变更时间较短，该报告仍用里亚尔来作为本次研究的对象。

伊朗一共有三个汇率体系：官方汇率、NIMA 汇率和市场汇率。其中官方汇率是固定汇率，1 美元的汇率为 42 000 里亚尔。2018 年 7 月，伊朗政府设立了一个综合外汇管理系统，简称为 NIMA。NIMA 的核心机制是非石油产品的出口商，将从伊朗出口货物所赚取的外汇注入 NIMA 系统中，供其他伊朗进口商从国外进口货物时使用。有些外汇使用者无法使用官方汇率，也不能使用 NIMA 汇率，他们只能到真正的市场上去兑换外汇。对于这三种汇率体系，其中食品、药品等优先进口的产品，可以使用成本较低的官方汇率；奢侈品等非刚需产品，只能使用成本最高的市场汇率；而大多数企业和大多数产品，可以使用 NIMA 系统的汇率，其成本高于官方汇率，但是低于市场汇率。

伊朗汇率风险指数始于 1994 年 1 月，从整体来看，指数在 0～100 区间大幅波动，说明伊朗外汇市场不稳定。1994—1995 年，美联储在 1994 年 2 月 4 日将联邦基金利率提高 25 个基点，引起了全球各国的加息风潮，对于伊朗这样一个出口型国家，其金融市场受到了极大的压力，这样的国际紧张情况导致伊朗货币里亚尔贬值压力不断增大，到了 1995 年 12 月，汇率一路上涨至 1 美元兑换 3 000 里亚尔。1996—1999 年，伊朗政府采用的是 1 美元兑换 3 000 里亚尔，由于伊朗政府在利率调控和信贷分配方面取得成效，风险汇率指数也从 1995 年的低点升至高点 100，并一路保持。

1999 年 3 月，受国际油价疲软的影响，伊朗汇率风险指数暴跌，逼近 0 点。但是在 1999 年下半年，随着亚洲经济的强劲复苏，世界对原油的需求开始回升，油价开始上涨，里亚尔也随之升值，美元兑里亚尔汇率下降至 1 美元兑换 1 725 里亚尔。汇率风险指数也回升至高点 100，并保持至 2002 年。2002 年，伊朗秘密核计划曝光，随后伊朗官方对外宣布拥有铀矿及生产、提炼能力，从此伊朗核危机全面爆发。虽然在

2004 年伊朗宣布终止全面浓缩铀活动，但是美伊立场仍旧对立，难以调和，美国依旧不断加大对伊朗的管制力度。在此期间，伊朗里亚尔汇率风险指数一路下跌，处于低位，美元兑里亚尔汇率也上升至 1 美元兑 8 000 里亚尔。

2008—2017 年，伊朗里亚尔汇率风险指数处于大幅波动状态。2008 年，由于美国房地产泡沫积聚与次贷危机爆发所引起的全球性金融危机，导致里亚尔大幅贬值，汇率风险指数一路跌至 40。2010 年汇率风险指数从 9 月的 97 一路下跌，这主要是由于 7 月奥巴马总统签署制裁伊朗法案引起的，此外，随着制裁协议的执行，美元兑里亚尔的汇率出现剧烈波动，黑市与伊朗央行的官方汇率相差甚远，不断加剧了伊朗的系统性风险。2011 年，美国和欧洲宣布对伊朗进行严厉制裁，石油业与银行业成为重点制裁对象，里亚尔大幅贬值，严重依赖进口物资以及外币的伊朗商人损失惨重，伊朗里亚尔汇率风险指数下跌至 7。2012 年，汇率风险指数逼近 0 点，一方面，由于美、欧制裁，黑市与官方汇率相差甚远，货币危机的制造者聚敛了大量非法资金，并在政府的银行系统之外走私外币，从而使外币增值；另一方面，伊朗政府在金融政策发布和外汇管理方面出现了失误，2011 年 3 月至 2012 年 10 月，伊朗央行针对外汇管理问题所发布的规定、政策和建议超过了 65 个，表明政府对即将发生的紧急情况没有稳定的预案。2016 年，伊朗国内政治形势不稳，改革派和保守派都在为明年的总统大选而明争暗斗，保守派的抵制使得经济长期发展计划难以执行，外汇储备减少，短期外债有所增加，从而导致汇率风险增加。

2017 年 10 月至 2021 年 5 月，伊朗汇率风险指数一直保持在 100，表面上看风险较低，而且此期间汇率也稳定在 1 美元兑 35 000 里亚尔，同样也可看出汇率稳定。2021 年 6 月，伊朗内外部面临很多的问题，一方面是伊朗第十三届总统大选，政府内部局面尚不确定；另一方面是外部问题，虽然伊朗在伊拉克战争后积极布局，形成了一个新月区域，在伊拉克的控制力大大增强，伊核问题也成了选举期间的热点，种种原因使得伊朗里亚尔汇率风险指数在 2021 年 6 月至 2022 年 2 月发生了巨大变动，美元兑里亚尔汇率也上升至 1 美元兑 42 000 里亚尔。2022 年 8 月，伊朗里亚尔汇率风险指数回升至 100，国际油价总体上仍旧处于上涨态势，新一届伊朗总统莱希在上任时提到，目前为止，伊朗已经显示出其反抗美国施压的能力，并强调美国有义务解除对伊朗的制裁，而欧洲国家不应受到美国政策和压力的影响，应该履行相应承诺。未来伊朗的汇率风险指数预计会继续处于 80～100 高位段，伊朗的汇率风险仍旧较低（参见图 6-2 和图 6-3）。

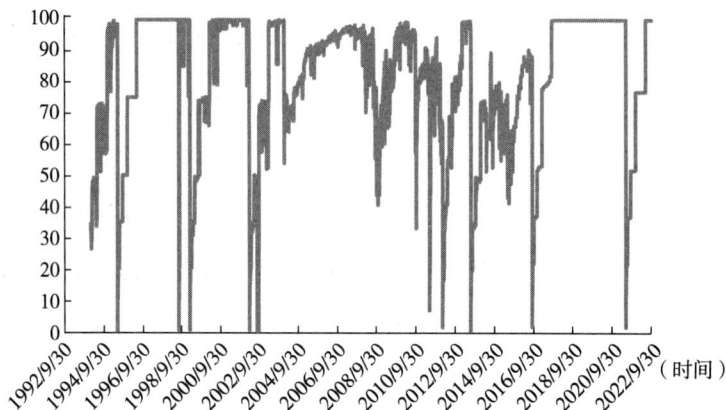

图 6-2　伊朗里亚尔汇率风险指数趋势

资料来源：北京睿信科全球风险管理平台（www.sunrisk.cn）。

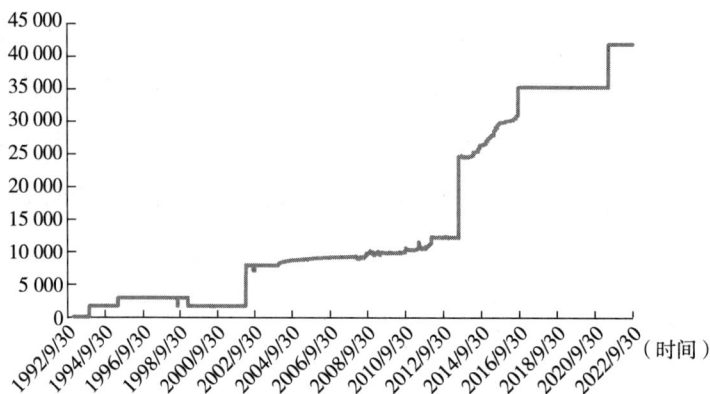

图 6-3　美元兑里亚尔汇率走势

资料来源：北京睿信科全球风险管理平台（www.sunrisk.cn）。

四、国家债务风险指数趋势

伊朗财政余额占 GDP 比重数据起始于 2001 年，最高值在 2001 年，最低值在 2006 年。国家债务占 GDP 比重数据开始于 1996 年，最高点在 2016 年（47.9%），最低点在 2013 年（11.8%），国家债务风险指数始于 1996 年，总体而言，在 20～32 的低水平区间波动，波动幅度不大。

　　1996—2012 年，伊朗的国家债务风险指数总体上处于上升趋势，这表明此期间伊朗的国家债务情况在不断向好，风险在不断降低。在此期间，伊朗财政收入也从较高的盈余逐步向较高的财政赤字过渡，国家债务风险指数上升速度也在不断放缓。从 2012 年出现财政赤字开始，2013—2020 年，伊朗的国家债务风险指数总体上处于下降趋势，这表明此期间伊朗的国家债务情况在不断恶化，风险在不断增加，2019 年疫情暴发，2020 年开始在全球蔓延，伊朗的政府支出增大，国家债务风险指数也进一步下降。

　　2021 年至 2022 年 9 月，伊朗的国家债务风险指数开始上升，国家债务风险开始下降，预计未来其债务状况仍旧保持向好态势（参见图 6-4 和图 6-5）。

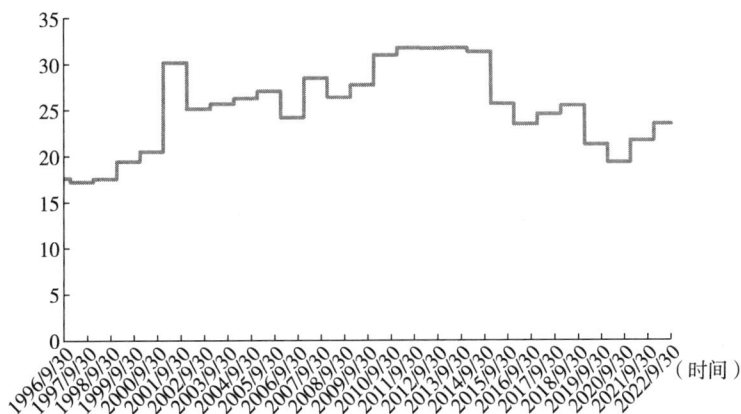

图 6-4　伊朗国家债务风险指数趋势

资料来源：北京睿信科全球风险管理平台（www.sunrisk.cn）。

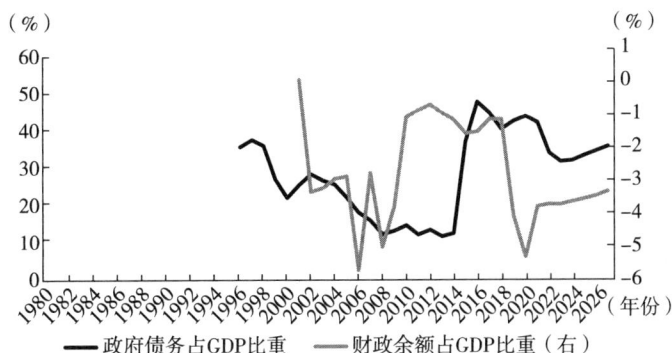

图 6-5　伊朗政府债务及财政余额占 GDP 比重

资料来源：北京睿信科全球风险管理平台（www.sunrisk.cn）。

五、经济物价风险指数趋势

1981—1999 年，先是全球石油危机和两伊战争，正好伊朗盛产石油，通胀水平较高但整体可控，CPI 大致在 5%～50% 波动，1999 年达到 49.3% 的高点。到了 2021 年，CPI 回落至 10%～40% 的区间波动，2022 年回落至 32.3%，仍然处于受美国制裁供给有限造成的通胀局面。

伊朗经济物价风险指数主要在 0～20 区间出现大幅波动，少数日期大于 20 水平，说明其物价水平不稳定，2018 年 8 月后，风险指数小于 10，面临的风险很大，始终处于高风险状态（参见图 6-6）。两伊战争后的经济恢复期间，经济物价风险指数开始上涨，这表明经济物价风险开始降低。20 世纪 90 年代，国际油价暴跌并始终处于低位，并且受到美国多方面的制裁，伊朗通货膨胀严重，经济物价风险越来越大。2008 年，全球金融危机的影响让升高的经济物价风险指数又重新下跌。2010 年，开始新一轮国际油价的下跌，对伊朗的经济又产生了一轮新的冲击。2015 年，伊朗以不发展核武器为条件换取西方国家取消对其进行制裁的措施，石油出口大幅增加，通货膨胀率也得到了有效的遏制，经济物价风险逐渐降低。

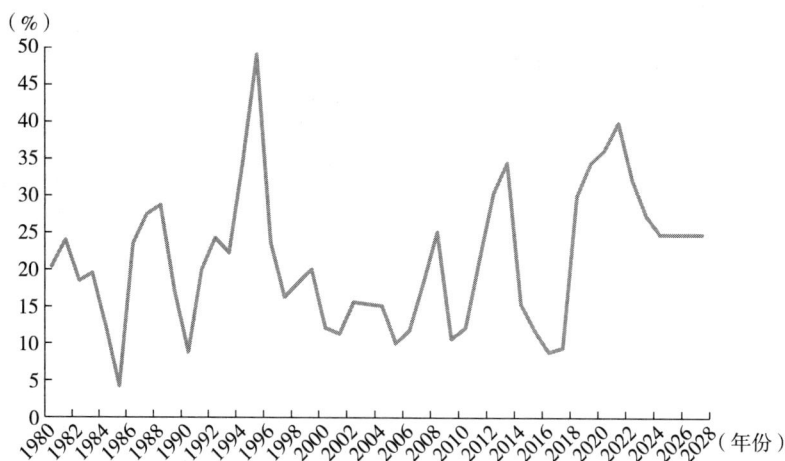

图 6-6　伊朗平均 CPI 同比走势

资料来源：北京睿信科全球风险管理平台（www.sunrisk.cn）。

2018 年，美国宣布退出伊核协议，并宣布将对伊朗实施最高级别的经济制裁；2020 年，新冠疫情在全球蔓延，对世界经济产生严重影响，伊朗出口石油受阻，该年国际油价开始下跌，受多方面因素影响，伊朗的经济物价风险指数下跌至 0，并且始终处于低位，表明其经济物价风险较高。目前，全球经济在逐步恢复，国际石油价格也在逐渐上升，未来两年伊朗的经济物价风险指数可能会小幅度上升，其经济物价风险有所降低（参见图 6-7）。

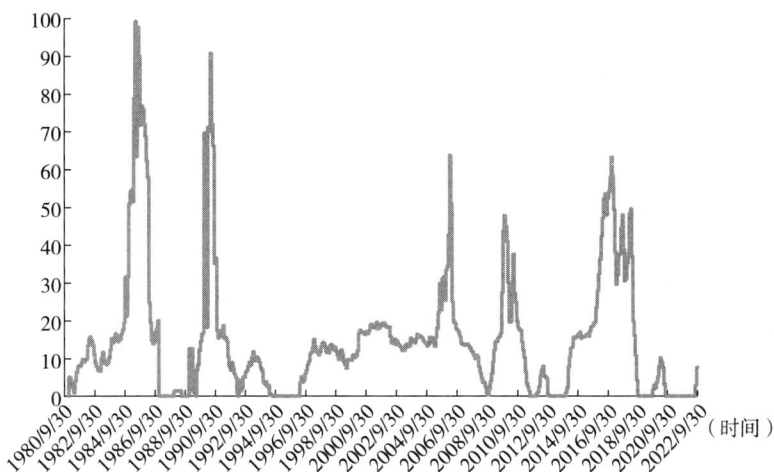

图 6-7　伊朗经济物价风险指数趋势

资料来源：北京睿信科全球风险管理平台（www.sunrisk.cn）。

六、经济潜力风险指数趋势

作为发展中国家的伊朗，具有较高的经济潜力，其经济潜力风险指数在多数情况下处于高位，部分情况下也会出现较大的波动。

伊朗经济潜力风险指数始于 1993 年 1 月，当时伊朗正处于两伊战后重建阶段，时任政府积极恢复国内经济，制订五年计划，略有成效。故而在 1993—1999 年，伊朗经济潜力风险指数始终维持在最高点 100 处，经济潜力空间比值均超过 4，表明伊朗经济发展具有较高的潜力。1999—2002 年，虽然国际油价上涨，伊朗国内收入不断增加，但同时也显示出了伊朗经济的单一性与脆弱性，过度依靠石油，当石油价格出现大幅度波动时，对伊朗的经济就会产生很大的影响，因而此期间其经济潜力风险指数从 1999 年最高点 100 下跌至 2002 年的低点 40，经济潜力空间比值一路下跌至 1.2。2002 年过后，伊朗政府意识到经济对石油的过度依赖，在第三个五年计划实施了扩大非石油产品的出口，减少对石油出口的依赖，同时鼓励私人和外商投资，统一外汇汇率这一系列措施，使得伊朗经济潜力风险指数重回高点100，并保持至2007年，同时经济潜力空间比值回升至高点5。

2008年至2013年7月，指数呈阶梯式下降，从100下降至55，而在2013年7月，又从55陡增至100，并保持至2019年。从2008年全球金融危机过后，世界经济复苏乏力，再加上美、欧一直针对伊朗进行核制裁，伊朗货币里亚尔持续贬值，进而导致经济潜力空间比值大幅下降的走势。而在2013年过后，随着伊朗新总统鲁哈尼上任，努力通过外交让国际社会对伊朗的经济制裁松绑，引入西方国家的资本与技术，扩大能源出口，刺激工业和服务业的发展，伊朗经济取得极大的进展，其经济潜力空间比值也回升至3以上并保持。

2020年至2022年9月，伊朗经济潜力风险指数呈指数型下跌，短短两年就从最高点100跌至最低点26。主要是由于2019年末新冠疫情出现，2020年新冠疫情便在全球蔓延，世界经济进入暂停状态，各国为防范新冠疫情，严格控制各种交通运输，伊朗作为出口型国家，经济受到严重影响。再加上2021年伊朗总统大选，政局不稳，以及美联储多次加息，让各国货币都承担着很大的贬值的压力。种种原因使得伊朗的经济潜力风险指数一路下跌，其经济潜力空间比值也在不断下降（参见图6-8和图6-9）。当前世界正在经历百年未有之大变局，各国经济政治都面临着很多不确定性，未来伊朗经济潜力风险指数可能会有所回升。

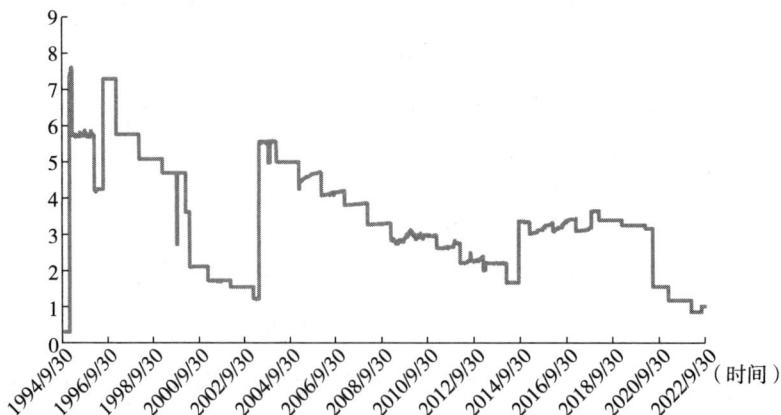

图 6-8 伊朗经济潜力空间比值走势

资料来源：北京睿信科全球风险管理平台（www.sunrisk.cn）。

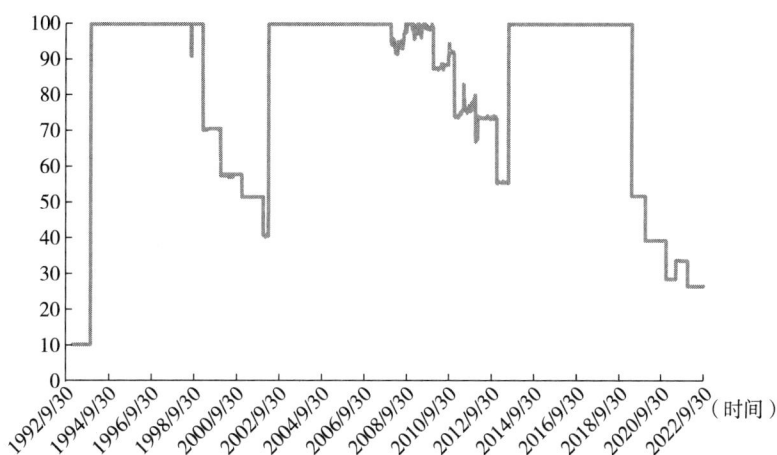

图 6-9 伊朗经济潜力风险指数趋势

资料来源：北京睿信科全球风险管理平台（www.sunrisk.cn）。

第二节 澳大利亚系统性风险趋势

澳大利亚联邦（以下简称澳大利亚）是一个位于南太平洋和印度洋之间的国家，国土包括澳大利亚大陆、塔斯马尼亚岛等岛屿和海外领土，海岸线长 36 735 公里。东濒太平洋的珊瑚海和塔斯曼海，北、西、南三面临印度洋及其边缘海。澳大利亚原为澳大利亚土著居住地。17 世纪，西班牙、葡萄牙和荷兰殖民者先后抵达这里；1788 年澳大利亚沦为英国殖民地；1901 年组成澳大利亚联邦，成为英国的自治领地；1931 年成为英联邦内的独立国家；1986 年，英国议会通过《与澳大利亚关系法》，澳大利亚获得完全立法权和司法终审权。澳大利亚划分为六个州和两个地区，首都为堪培拉，各州有州督、州议会、州政府和州长，国土面积为 769.2 万平方公里，世界排名第 6。截至 2022 年 10 月，澳大利亚人口有 2 617 万。澳大利亚 2021/2022 财年 GDP 总计 2.1 万亿澳元，人均 GDP 约为 7.8 万澳元。在宗教方面，约 63.9% 的居民信仰基督教，无宗教信仰或宗教信仰不明人口占 30.2%。澳大利亚是一个高度发达的资本主义国家，有"骑在羊背上的国家""坐在矿车上的国家"和"手持麦穗的国家"之称。在外交方面，澳大利亚外交政策宗旨是捍卫国家主权和独立，推进其经济和战略利益，重点是加强同美国的联盟关系，发展与亚洲，尤其是东亚的关系。

澳大利亚矿产资源丰富，至少有 70 余种，其中铅、镍、银、铀、锌、钽的探明经济储量居世界首位。澳大利亚是世界上最大的锂、锆生产国，黄金、铁矿石、煤、锂、锰矿石、镍、银、铀、锌的产量也居世界前列。澳大利亚还是世界最大的烟煤、铝矾土、钻石、锌精矿出口国，第二大氧化铝、铁矿石、铀矿出口国，第三大铝和黄金出口国。森林覆盖率为 21%，天然森林面积约为 1.63 亿公顷（2/3 为桉树）。渔业资源丰富，捕鱼区面积比国土面积多 16%，是世界上第三大捕鱼区，有 3 000 多种海水和淡水鱼以及 3 000 多种甲壳及软体类水产品，其中已进行商业捕捞的约 600 种。最主要的水产品有对虾、龙虾、鲍鱼、金枪鱼、扇贝、牡蛎等。

澳大利亚是联邦制君主立宪制国家，名义上的国家元首是英国国王，并任命总督为其代表，总督实际上不干预政府的运作。澳大利亚政府为联邦制，有六个州及两个领地（北领地和首都领地），各州设有州长，负责州内事务。澳大利亚政府由众议院多数党或党派联盟组成，每届政府任期三年。内阁是政府的最高决策机关，现共有 30 名部长。国家最高的行政领导人是总理。目前，澳大利亚主要政党有澳大利亚工党、自由党、国家党，其他小党有绿党、单一民族党和澳大利亚共产党等。

澳大利亚是一个工业化国家，农牧业发达，自然资源丰富，盛产羊、牛、小麦和蔗糖，同时也是世界重要的矿产品生产和出口国。农牧业、采矿业为澳大利亚传统产业，制造业和高科技产业发展迅速，服务业已成为国民经济主导产业。20 世纪 70 年代以来，澳大利亚进行了一系列经济改革，大力发展对外贸易，经济保持较快增长。1991—2019 年，澳大利亚连续 28 年经济保持正增长。受新冠疫情和山火灾害影响，2019/2020 财年经济出现负增长。2020/2021 财年澳大利亚生产总值同比增长 1.5%。澳大利亚金融业成熟完善，监管严格，拥有全球第五大金融体系和资本市场。澳大利亚对国际贸易依赖较大，其主要贸易伙伴依次为中国、美国、日本、韩国、英国、新加坡、印度、新西兰、德国、马来西亚、泰国等（参见表 6-3 和表 6-4）。

表 6-3　澳大利亚背景概览

类别	现状	未来的风险	未来的机遇
政治制度与政治局势	联邦制君主立宪制	政权舆论风险	提高政府信用

续表

类别	现状	未来的风险	未来的机遇
经济制度与社会发展	全球第 12 大经济体、从矿业转型到服务业	经贸摩擦风险	政府扶持、全球经济复苏
文化背景与宗教信仰	基督教（63.9%）	排外风险、社会治安风险	多元文化
自然资源与地理条件	矿产、森林、渔业资源丰富	自然灾害风险	发展清洁能源、碳减排
地缘关系与国际地位	独占一个大陆、四面环海、追随美国	地缘政治环境风险	中澳关系好转

资料来源：根据公开资料整理。

表 6-4 澳大利亚重大历史事件及其主要影响

年份	重大事件	主要影响
1983	澳大利亚实行浮动的汇率制度	汇率开始由市场供求决定
1986	英议会通过《与澳大利亚关系法》	澳大利亚获得完全立法权和司法终审权
1989	亚太经济合作组织成立	促进经济增长、对外贸易、投资
2008	全球次贷危机爆发	经济陷入衰退
2012	澳大利亚成为世界第 12 大经济体	体现了澳大利亚经济发展的成就
2020	新冠疫情	引发一系列经济危机
2022	莫里森政府换届	中澳关系有望重回正轨

资料来源：根据公开资料整理。

一、国家系统性风险趋势

1981 年 1 月 1 日至 2022 年 9 月 30 日，澳大利亚国家系统性风险指数基本在 20～80 的区间波动，并且随着时间的推移，在 1993 年之后开始围绕着 50 左右上下波动。总体上可以将 1981—2022 年澳大利亚国家系统性风险趋势分为三个阶段（参见图 6-10）。

第一个阶段是 1981—1993 年，这个阶段澳大利亚国家系统性风险较高，基本在 20～50 区间，并且在后期从 20 开始缓慢上升至 53，澳大利亚国家系统性风险从系统性危机高位开始逐渐降低。后澳大利亚进入了经济、政治、文化及对外关系改革和发展时期，丰富的矿产、石油、天然气资源使得澳大利亚的工业经济快速发展。同时，澳大利亚取消了贸易壁垒，使得其对外贸易出现了成倍增长。澳大利亚于 20 世纪 80 年代进入世界发达国家行列，对中国、日本等亚洲国家出现了贸易顺差，该国的财政金融状况得到改善，海外投资持续增加，国家系统性风险开始有所缓和。

第二个阶段是1994—2007年，在这个阶段澳大利亚国家系统性风险相较第一阶段有所缓解，系统性风险指数基本在40～80的区间波动，且在大多数年份里高于50。这说明此时期澳大利亚国家系统性风险基本安全，风险治理具有较好的成效。因为从20世纪90年代中期开始，澳大利亚的经济结构改革成效显著，取消了对汇率和利率的控制，服务业开始迅速发展，并逐渐开始超过农牧业和工矿业，成为澳大利亚国民经济的支柱产业。这一时期，澳大利亚的经济结构合理，经济持续繁荣，国家系统性风险处于较低状态。

第三个阶段是2008—2022年，2008年受全球金融危机的影响，澳大利亚经济陷入衰退，国家系统性风险指数一路下跌，突破了上个阶段以来的最低点，国家内部出现了一定的系统性危机。此后，澳大利亚的国际系统性风险指数开始调整上升，但是其上升幅度有限，整体还是在40～70的区间波动。受到新冠疫情和丛林大火的影响，2020年澳大利亚国家系统性风险指数大幅下降，是自1989以来首次跌下24，国家系统风险较高。

随着疫苗接种率的增加、经济活动的逐渐恢复和政府的扶持，澳大利亚的经济在逐渐恢复，系统性风险指数也在逐步回升。目前来看，整体形势乐观，但是波动仍然较大。因为澳大利亚经济对国际贸易依赖较大，而目前世界各地经济都在放缓，而多变的全球地缘政治局势、国内房价压力等，都将对澳大利亚经济发展造成影响。预计未来澳大利亚系统性风险有所减缓，但是仍处于较大波动中，波动区间大致在40～70。

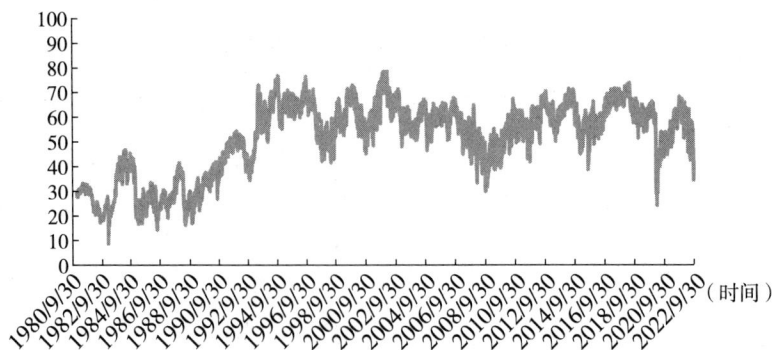

图6-10　澳大利亚系统性风险指数趋势

资料来源：北京睿信科全球风险管理平台（www.sunrisk.cn）。

二、股指风险趋势

1992—2022 年，澳大利亚的股指风险指数变化整体波动较大，其变化趋势可以分为三个阶段（参见图 6-11 和图 6-12）。

第一个阶段是 1992—2007 年，这一阶段澳大利亚股指呈现出较为稳定的增长趋势，2002 年出现了小幅下降，不过在此之后股指上升速度进一步加快，并于 2007 年末达到接近 7 000 的历史高点。与此同时，澳大利亚的股指风险指数基本在 50 以上波动，这一时期，澳大利亚股市风险较低。

第二个阶段则是 2008—2019 年，其中 2008—2009 年，因为受全球次贷危机影响，澳大利亚矿产业开始走向衰退，股市也被拖垮，澳大利亚股指开始出现断崖式暴跌，在 2008 年末其股指风险指数也直逼 0。全球金融危机之后，澳大利亚的股指开始逐步上升，整体呈现出三起三落的趋势，其中在 2011 年和 2015 年澳大利亚股市均有一定幅度的下跌，同时股指风险指数也出现了大幅下降，股市风险很高。这是因为 2011 年前后，全球大宗商品价格开始崩盘，澳大利亚股市受到大宗商品崩盘的影响，上涨进一步受阻，加上这一时期国内失业率很高，国内经济风险较高。而 2015 年，澳大利亚矿业部门进一步暴跌，投资者的广泛抛售行为导致全行业股价下挫，澳大利亚股市再次出现了下降。此阶段整体来说，澳大利亚股指呈现出上升走势，但股指风险指数波动较大，风险较高。

第三个阶段是 2020—2022 年，2020 年受新冠疫情影响，市场陷入恐慌，澳大利亚股市再次出现断崖式下跌，股指风险指数也骤跌至个位数，股市风险极高。不过澳大利亚股指从大幅下跌之后，很快便迎来了新的一波上升，并于 2021 年 8 月 13 日达到了历史最高位 7 629，高位之后 2022 年，澳大利亚股市又呈现出新的一轮下降趋势。澳大利亚作为出口导向型国家，其出口的目的地很大部分指向亚洲，因此其经济受到中国、印度和日本对其出口商品的影响，随着这些经济体的经济扩张、基建支出增加，澳大利亚股价有望上涨。随着亚洲需求萎缩，股价可能出现下跌。因此，预计短时间里，澳大利亚股市可能随着亚洲需求萎缩，股指风险会有所上升。

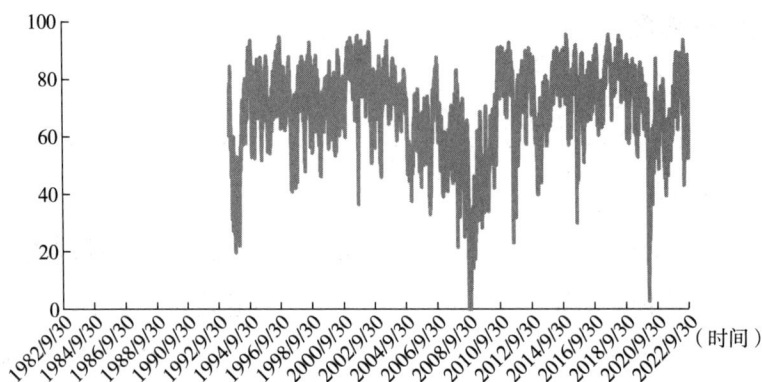

图 6-11　澳大利亚股指风险指数趋势

资料来源：北京睿信科全球风险管理平台（www.sunrisk.cn）。

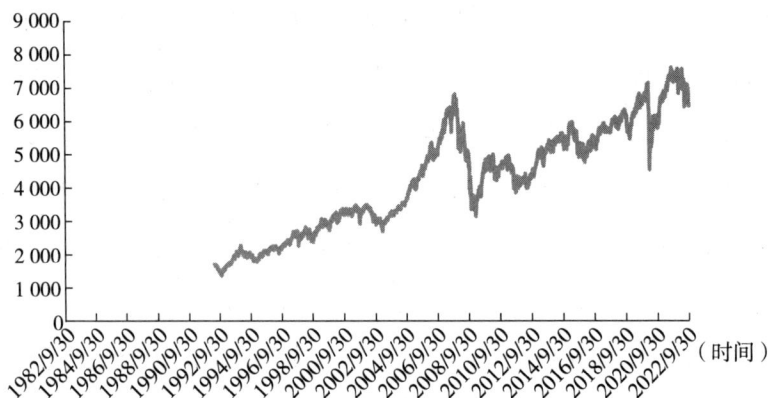

图 6-12　澳大利亚股指走势

资料来源：北京睿信科全球风险管理平台（www.sunrisk.cn）。

三、汇率风险趋势

澳大利亚在 1981 年 1 月 1 日至 2022 年 9 月 30 日的汇率风险指数和汇率走势如图 6-13 和图 6-14 所示。从澳大利亚汇率风险指数趋势来看，1981—2022 年，汇率风险指数都在 0～100 区间内呈现周期性的宽幅波动，在 1997 年之前，波动幅度有向高位收窄的趋势，但是在 1997 年之后，又重新恢复了之前的宽幅波动。当汇率持续走低时，澳大利亚汇率风险指数也会减少，甚至直逼 0，汇率风险升高。其中 1981—1986 年，澳元兑美元汇率一路下跌到 0.6 左右。1987—2001 年，澳元汇率经历了一个 M 形变化，2001 年 9 月 21 日，澳元汇率下跌到历史最低点 0.48。2001 年之后，澳元汇率迎来了一个明显的上升趋势，虽然在 2008 年金融危机时出现了一次骤降，但是很快便恢复了上升趋势，并于 2011 年达到 1982 年以来的汇率最高点。从 2013 年以来，澳元汇率持续走低，虽然 2017 年、2021 年有所爬升，但是整体来看，澳元相较于美元仍然有走弱趋势。其中，在 1983 年、1985 年、1998 年、2008 年、2020 年，澳大利亚风险指数五次接近于 0，汇率风险达到极高点。

澳大利亚经济高度依赖自然资源、能源和食物。其他大部分发达国家经济与大宗商品之间呈现反向联系，即价格上涨推高成本，但对于澳大利亚这样的资源国来说，大宗商品价格的上涨会促进经济更好地发展，并对澳元走势有着较大的影响。1983—2003 年，国际原油价格一直徘徊在 30 美元以下，1998 年底到 1999 年初，国际原油价格曾一度跌至 10 美元以下，大宗商品价格的下跌导致澳元汇率下跌。而从 1983 年开始，澳大利亚取消了澳元盯住一篮子贸易加权货币的有效管理浮动汇率，而实行自由浮动，并取消了所有外汇管制，进一步导致了澳元迅速贬值。2008 年，国际金融危机的扩散刺激了避险情绪的回收，进一步打压了全球资源品的价格，使得资源国澳大利亚汇率承压。2011 年，澳大利亚采取了税收改革，新税制下政府对矿业的超额利润进行分割，降低了澳大利亚整体经济的风险回报率，澳元资产的相对吸引力下降，风险资本流出澳大利亚。2015 年以来，受到澳大利亚储备银行对澳元汇率的打压政策以促进出口、澳大利亚货币政策宽松、贸易伙伴国经济下滑、全球大宗商品价格下跌等因素影响，澳大利亚汇率持续下跌。澳元的贬值可能会抑制投资者对澳元资产的需求，还可能会引发外部脆弱性风险。截至 2022 年 9 月 30 日，澳元兑美元汇率为 0.64，汇率风险指数也在 50 上下大幅波动。

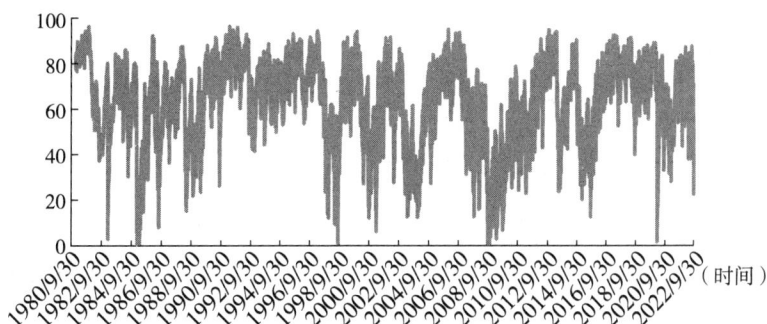

图 6-13　澳大利亚汇率风险指数趋势

资料来源：北京睿信科全球风险管理平台（www.sunrisk.cn）。

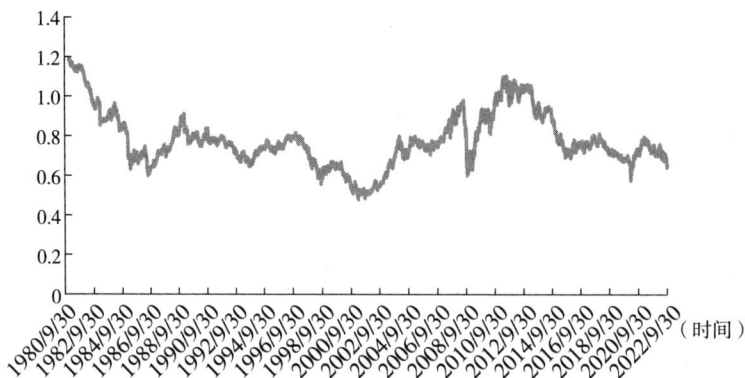

图 6-14　澳元兑美元汇率走势

资料来源：北京睿信科全球风险管理平台（www.sunrisk.cn）。

　　澳币在过去几年受疫情、大宗商品交易、地缘政治、当地就业率、贸易等因素的影响，整体比较疲软。展望澳大利亚未来汇率风险变化趋势，可以看到澳大利亚汇率短时间内仍然处于下降趋势，风险也会有所加大。因为美元的持续走强、大宗商品价格的下跌以及全球疫情的负面影响，澳大利亚汇率短时间内要呈现出非常强劲的持续反弹走势有比较大的难度。而澳大利亚经济金融系统高度依赖外部融资，澳元持续贬值可能会引发资本进一步外流，国内容易产生较高的汇率风险。不过随着大宗商品价格逐渐稳定、美元从强势向弱势转化，澳元兑美元汇率可能重回升态，汇率风险指数可能会在波动中再次回升。

四、国家债务风险指数趋势

　　国家债务风险指数，包括政府财政债务风险子指数和国债风险子指数。从国债收益率指标看，1983 年 9 月 30 日至 2022 年 9 月 30 日，澳大利亚 2 年期国债收益率和 10 年期国债收益率走势基本一致，整体呈现一路下跌的趋势，并分别于 2021 年 9 月 3 日和 2020 年 3 月 9 日，达到历史最低点 0.008% 和 0.611%。就国债收益率利差而言，除了 20 世纪八九十年代出现负值，其他时期基本为正，保持在 0.6% 左右波动。而从澳大利亚国债风险指数趋势来看，该指数在 0～1 区间呈现宽幅波动，并且波动幅度比较陡峭。其中在 1987 年、1989 年、1995 年、2000 年、2008 年等年份里，澳大利亚国债风险指数直接达到 0 值，在其他年份里，澳大利亚国债风险指数呈现出一个又一个的高位骤降趋势，可见澳大利亚国债风险极高。而澳大利亚国家债务风险指数，由于在国债风险的基础上考虑了政府财政债务风险，而呈现出较为集中的状态，除了 1990 年以前的低位波动，1990 年以后，国家债务风险指数基本在 40～80 区间波动，且随着时间的推移，更多集中在 40～60 区间，可见澳大利亚国家债务风险有所缓和，但是仍需警惕。

澳大利亚国债大部分是由非澳大利亚居民或者非居民持有。一般情况下，当全球发生金融危机时，澳大利亚国债成为海外央行或主权财富基金的避险资产之一，而如果美元走强或者澳大利亚利率和美国官方利率之间的差距缩小，澳大利亚国债对于海外投资者的吸引力将极大缩小，随之反映在澳大利亚的国债风险上。可以看到 2008 年，相比于欧洲和美国等，澳大利亚受到全球金融危机的影响较低，这使得澳大利亚国债成为全球避险债券，2009 年澳大利亚国债风险指数逼近 90，国家债务风险指数逼近 80，风险极低。而随着 2013 年美元量化宽松政策的逐渐推出，美联储加息，全球流动性缩紧，导致澳大利亚大量海外资金回流美国，也使得 2013—2019 年国家债务风险指数以及国债风险指数出现波动下降的趋势。当 2020 年全球疫情暴发后，澳大利亚国家债务风险指数和国债指数降到了一个低谷，不过作为少数在 2021 年防控效果较好的国家或地区之一，其指数在 2021 年再次迎来了一波大幅上涨。不过外国持有过多澳大利亚债务对澳大利亚来说是令人担忧的，尤其是持有一个经常账户赤字的国家债务。如果国家遭遇危机或者全球美元流动性缩紧，全球资金流出将会使一国的汇率和债务压力暴露出来。

从澳大利亚国家债务风险指数来看，截至 2022 年 9 月 30 日，澳大利亚国家债务风险指数为 35，国债风险指数为 29，澳大利亚国家债务风险较高，其中国债风险极高。而疫情之前原本在收缩的政府财政收支赤字，在疫情影响下进一步加剧，政府财政收支占 GDP 比重也降到了历史最低点。不过随着疫情好转，其财政收支赤字迎来新的一波收缩，未来可能逐步走向收支平衡。不过自 2008 年以来，澳大利亚政府债务占 GDP 的比重不断上升，并在 2019 年疫情暴发后，出现了一波快速增长，使得澳大利亚国家债务不断恶化。不过这并不完全是由疫情造成的，因为在疫情暴发前，人口老龄化和澳大利亚经济存在的结构性问题，就导致澳大利亚经济增长乏力，人均 GDP 增长率仅为经济合作与发展组织其他成员的四分之一，政府收入也因此受到了影响，而政府不顾澳大利亚债务状况恶化，大幅增加国防预算，不断扩军，使得债务不断加重。而不断上升的通胀和利率又将使债务进一步恶化。因此澳大利亚国家债务未来可能仍然面临极高的风险，短时间内国家债务风险指数以及国债风险指数可能难以有明显的回升（参见图 6-15 至图 6-18）。

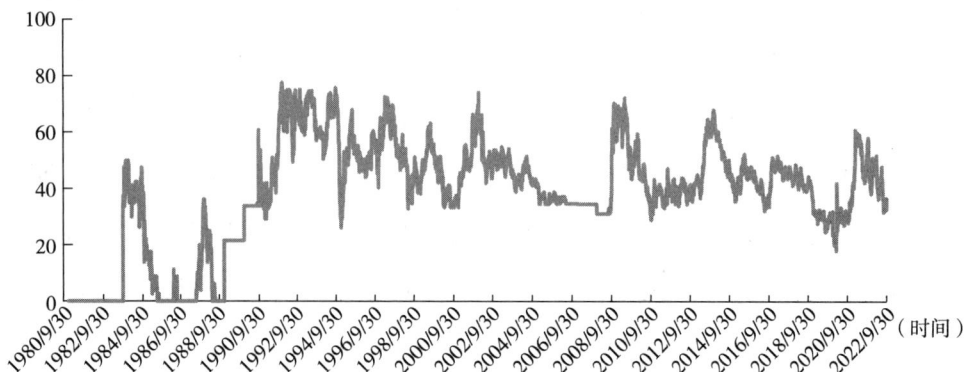

图 6-15 澳大利亚国家债务风险指数趋势

资料来源：北京睿信科全球风险管理平台（www.sunrisk.cn）。

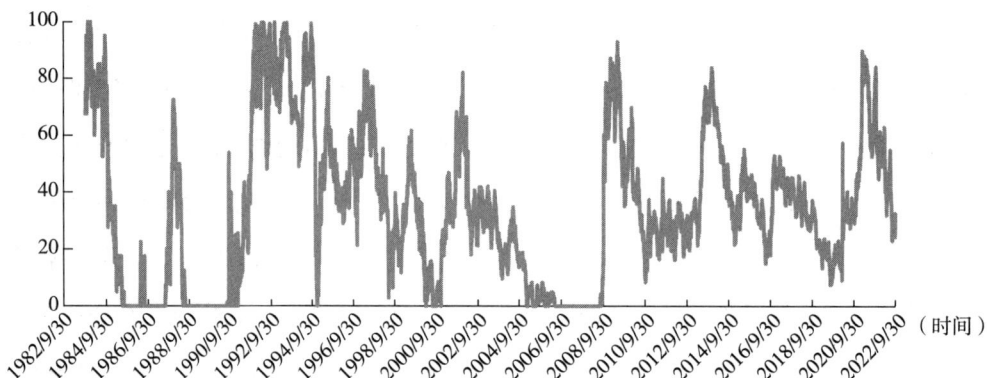

图 6-16 澳大利亚国债风险子指数趋势

资料来源：北京睿信科全球风险管理平台（www.sunrisk.cn）。

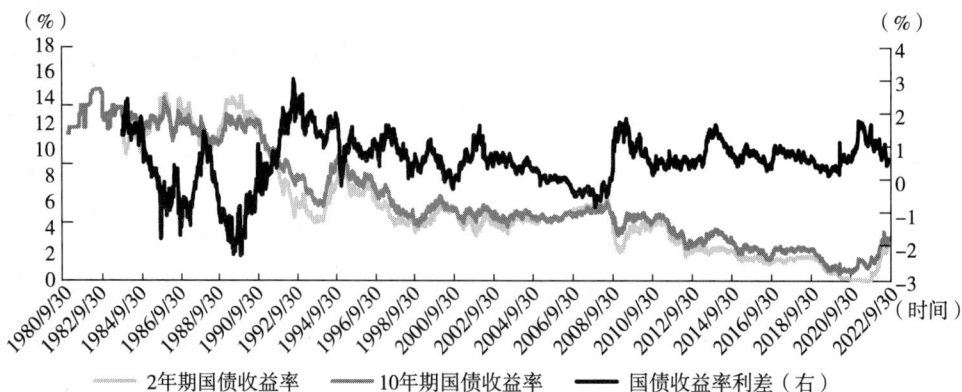

2年期国债收益率　　10年期国债收益率　　国债收益率利差（右）

图 6-17 澳大利亚国债收益率和利差走势

资料来源：北京睿信科全球风险管理平台（www.sunrisk.cn）。

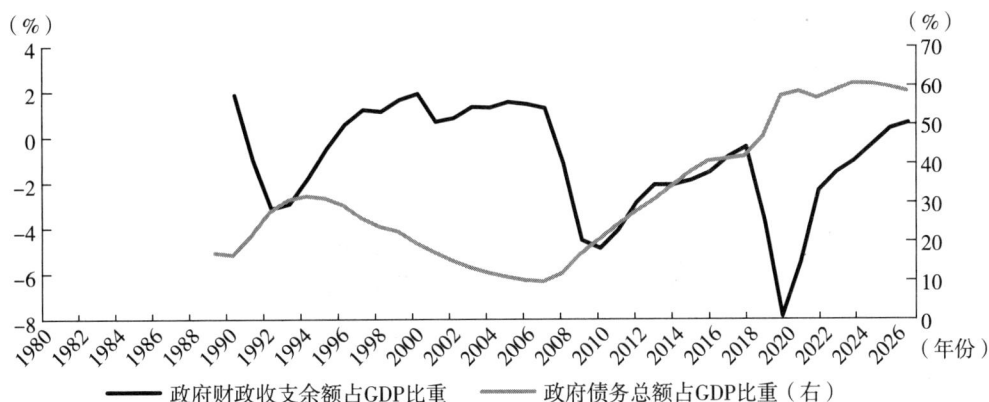

图 6-18 澳大利亚财政支出和政府债务总额占 GDP 的比重

资料来源：北京睿信科全球风险管理平台（www.sunrisk.cn）。

五、经济物价风险指数趋势

从澳大利亚经济物价风险指数趋势图（参见图 6-19）来看，澳大利亚的物价风险指数波动幅度较大，但是其大多数时间仍是在 40 以上的区间波动，在部分阶段，如1999—2009 年，其基本维持在 60 以上的高位波动，可见其整体经济物价风险较低。其中 2001—2008 年，随着澳元升值以及澳大利亚政府反通货膨胀相关政策的有效实施，澳大利亚国内物价风险指数得到了有效的改善。而在 2009 年、2012 年和 2016 年，由于澳大利亚政府宽松的货币政策推动了国内房地产市场的持续繁荣，澳大利亚国内消费品价格飙升，物价风险指数也出现了相应的低谷。除此之外，在 1981—1992 年、1997—1998 年、2020 年，澳大利亚物价风险指数多次击穿 40 线，物价风险显著增高，而这多是发生在国内利率持续下跌的情况下，利率下跌给澳大利亚通货膨胀带来了巨大压力。

澳大利亚年均 CPI 从 1980 年的 6.3% 下降至 1987 年的 1.4%，此后基本在 0.5% ~3.5% 的区间内根据经济形势周期性波动。不过 2022 年 CPI 同比突破了这一区间，并达到了一个高点。澳大利亚统计局发布的数据显示，2022 年前三季度澳大利亚 CPI 环比增长 1.8%，同比增长 7.3%，同比增幅创 1990 年以来新高。其上涨的主要原因是新建住宅、天然气以及家具价格上涨。其中，房屋建筑行业劳动力短缺导致劳动力成本上升，推高了住宅价格，而材料持续短缺进一步加大了住宅价格上涨压力（参见图 6-20）。

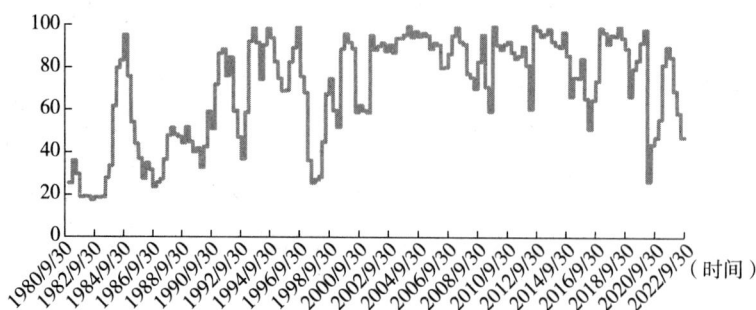

图 6-19　澳大利亚经济物价风险指数趋势

资料来源：北京睿信科全球风险管理平台（www.sunrisk.cn）。

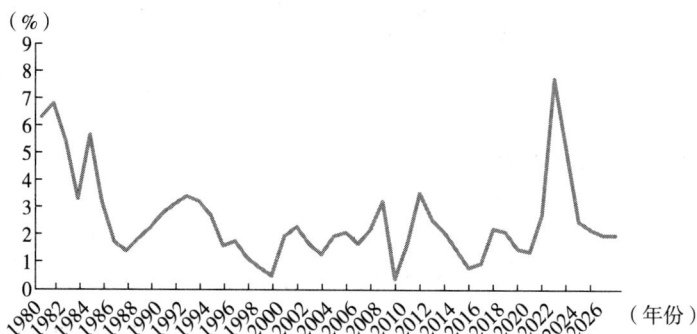

图 6-20　澳大利亚年均 CPI 同比走势

资料来源：北京睿信科全球风险管理平台（www.sunrisk.cn）。

短时间来看，在能源价格上涨、洪水灾害等因素影响下，澳大利亚通货膨胀率预计将在高位持续一段时间，物价风险指数仍有下降趋势。

六、经济潜力风险指数趋势

从澳大利亚经济潜力风险指数趋势图（参见图 6-21）来看，其整体基本在 20 ～ 60 区间波动，且在 2004 年以前，围绕着 40 上下小幅度波动。2004 年以后，澳大利亚经济潜力风险指数基本维持在 20 ～ 40 区间上下波动，即使 2008 年出现了明显的上涨趋势，澳大利亚经济潜力风险指数也没有突破 40。2001 年，澳大利亚经济潜力风险指数达到历史最高点，此时澳大利亚经济发展潜力最大，因为进入 21 世纪以来，澳大利亚的产业结构逐渐得到调整，服务业成为澳大利亚最大的产业，该产业增长空间较大，对澳大利亚经济的拉动作用较为明显。

　　从澳大利亚经济潜力空间比值趋势图（参见图6-22）来看，2004年以前，其基本在1.0～1.5区间内波动。2004年以后，澳大利亚经济潜力空间比值主要在0.5～1.0区间内波动。虽然澳大利亚在1985年、1998年、2001年以及2008年有比较明显的上升，但是整体而言澳大利亚的经济潜力空间比值仍然较低，对经济发展的潜力较大多数新兴国家而言明显偏低，尤其是在2004年以后，其经济潜力进一步缩小，并持续在低位波动。

　　在移民推动的人口高速增长和海外需求拉动的资源出口助力下，澳大利亚在过去20多年间的经济增速跑赢绝大多数OECD经济体。但是随着矿业、移民热潮褪去，澳大利亚陷入劳动生产率停止、失业率居高不下、住房泡沫导致家庭高负债水平、地缘政治动荡等一系列问题。2022年9月30日，澳大利亚经济潜力风险指数为14.38，经济增长的潜力很低。未来，如果澳大利亚主要出口国家经济持续放缓，澳大利亚可能进一步面临经济潜力下降的风险。

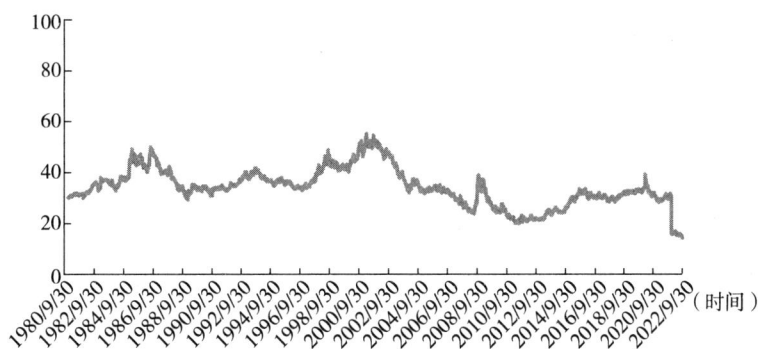

图6-21　澳大利亚经济潜力风险指数趋势

资料来源：北京睿信科全球风险管理平台（www.sunrisk.cn）。

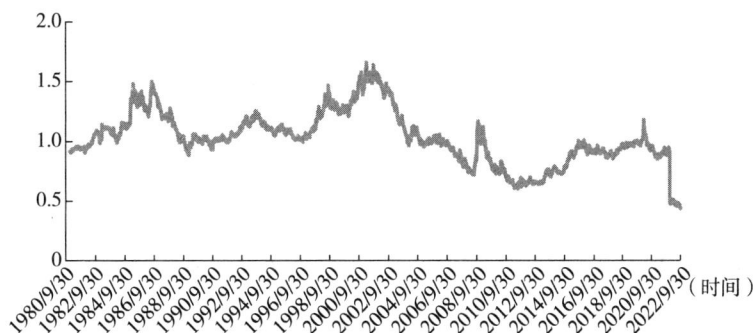

图6-22　澳大利亚经济潜力空间比值走势

资料来源：北京睿信科全球风险管理平台（www.sunrisk.cn）。

第三节　新西兰系统性风险趋势

新西兰位于太平洋西南部，首都是惠灵顿，国土面积为26.8万平方千米，全国由南、北两个大岛和斯图尔特岛组成，西邻澳大利亚，北望斐济和汤加，南邻南极洲。全境以山地和丘陵为主，平原面积小，河流短小湍急，水利资源丰富；位于南温带，属温带海洋性气候，全年雨量丰富，植物生长茂盛，森林覆盖率达38%，多天然牧场。2022年人口总数为512.4万，其中70%人口为欧洲移民后裔，人口集中在奥克兰、惠灵顿、坎特伯雷等地区。

公元14世纪，毛利人迁徙至北岛与南岛，并以部落为单位在此定居。17世纪开始，新西兰先后遭荷兰和英国殖民者入侵，并在1840年沦为英国殖民地，随后新西兰移民人口激增，同时也发展了当地交通与电信事业。新西兰于1907年独立，成为英国自治领，但政治、经济外交仍受英国控制。通过在第一次世界大战期间供应食品与毛织品等军需品，新西兰进一步发展农产品加工工业；"二战"后，新西兰成为主权国家，政府鼓励发展加工工业，维持福利国家，但经济不稳定。1974年后，受石油危机和资本主义世界经济危机的冲击，新西兰对外贸易受到很大影响，直至1977年后，对外贸易才逐渐转为顺差。

如今新西兰已经成为发达国家，2021年GDP为2 469.74亿美元，人均GDP为48 317.42美元，失业率为3.75%。新西兰经济市场化程度较高，平均关税低，资金能自由流动；基础设施完善，有发达的交通和通信网络；劳动力平均受教育水平较高，劳动力素质有较强竞争力。经济以农牧业为主，农业机械化水平高，主要农作物有小麦、大麦、燕麦、水果等，但粮食不能自给，需从澳大利亚进口。工业以农林牧产品加工为主，羊肉和奶制品出口居世界第一位，同时还出口皮革、烟草、木制品。此外，新西兰林业资源丰富、畜牧业发达；渔产丰富，拥有世界第四大专属经济区；第三产业中金融业、旅游业对经济的贡献度较高（参见表6-5和表6-6）。

新西兰经济严重依赖外贸，2021年新西兰货物贸易总额为1 294.3亿新元，其中出口额为 632.9 亿新元，进口额为 661.4 亿新元。主要进口石油、机电产品、汽车、电子设备、纺织品等，出口乳制品、肉类、林产品、原油、水果和鱼类等。新西兰对外国投资实行国民待遇，是传统资金输入国，截至 2021 年 12 月，外国对新西兰直接投资额为 5 084.3 亿新元，新西兰在海外投资存量为 3 471.7 亿新元。

表6-5　新西兰背景概览

类别	现状	未来的风险	未来的机遇
政治制度与政治局势	工党和国家党轮流执政，政局稳定	工会运动、恐怖活动以及集体性示威	加强公共安全保障
经济制度与社会发展	畜牧业发达，严重依赖对外贸易	高通胀持续，经济复苏乏力	有效的货币政策，经济结构转型升级
文化背景与宗教信仰	宗教自由，主要信奉基督教和天主教（66.7%）	宗教场所的安全风险	求同存异，促进文化繁荣
自然资源与地理条件	气候湿润，林业、牧场资源丰富	粮食及能源依赖进口	粮食与能源进口渠道多元化，减少对进口的依赖
地缘关系与国际地位	地缘位置靠边；传统发达国家	全球供应链危机	促进经济转型，减少对国际贸易的依赖

资料来源：根据公开资料整理。

表6-6　新西兰重大历史事件及其主要影响

年份	重大事件	主要影响
1984	经济自由市场改革	市场开放，经济稳步增长
1997	亚洲金融危机	日韩游客减少，冲击旅游业
2008	全球金融危机爆发	股市大跌，经济陷入停滞
2013	极端高温干旱天气	降水减少，农牧产品产量下降
2020	全球新冠疫情暴发	面临经济衰退的风险

资料来源：根据公开资料整理。

一、国家系统性风险趋势

新西兰 1981 年 1 月 1 日至 2022 年 9 月 30 日的国家系统性风险指数如图 6-23 所示，41 年间指数在 20～80 区间波动。新西兰的国家系统性风险指数整体趋势可分为两个阶段，1981—1996 年为第一阶段，该阶段指数整体呈现震荡上升的趋势，其中 1993 年之前上升速度较慢，1993—1996 年上升速度较快，指数一度达到 71.6 水平；1996—2022

年今为第二阶段，该阶段指数呈"下降－上升"周期性震荡趋势，震荡范围在30～80，26年间共7个周期，目前正处于系统性风险指数下行阶段，系统性风险上升。

第一阶段前期，1981—1993年新西兰系统性风险指数呈现温和上升态势，最低值为12.7，最高值为64.4，12年内波动率为8.58；第一阶段后期，1993—1996年新西兰系统性风险指数上升速度快，最低值为35.8，最高值为71.6，3年内波动率为8.47。表明这段时期新西兰经济发展迅猛，经济实力不断增强，发达的市场与稳定的社会秩序使新西兰系统性风险水平持续下降。

第二阶段呈周期性波动形态，共经历7个周期，波动范围在30～80。1996—2000年为第一个周期，1999年之前，系统性风险指数持续下跌至30，随后在两年内迅速提升到79。前期新西兰经济衰退导致系统性风险水平提升有诸多原因，包括受1997年亚洲金融危机影响，日韩两国赴新西兰旅游的游客减少，而这两个国家是新西兰旅游业的重要市场；1998年，新西兰还遇到严重干旱，这对新西兰畜牧业造成较大负面冲击。1999年之后，得益于新元的低价、适宜的天气、高商品价格，新西兰出口增加，经济得以复苏，新西兰系统性风险水平迅速下降。

2000—2002年与2002—2006年分别为第二、第三个周期，这两个周期系统性风险指数波动幅度较小，整体保持在40～80这个区间，两个波谷分别为2000年10月4日的43.7与2004年1月26日的44.5。进入21世纪，由于缺乏明显的增长热点，世界经济发展缓慢，全球性价格下跌、需求不足的情况日趋严重。新西兰经济进入漫长的调整期，系统性风险指数虽一度跌破50，但很快回升，整体保持在50～70这一较高区间，系统性风险整体处于可控范围内。

2006—2011年为第四个周期，2006—2009年系统性风险指数在波动中下降，并在2008年10月27日突破30这一低位警戒线，达到历史最低值的26.4，随后在两年内恢复到70以上的高位水平。受2008年全球金融危机的影响，全球经济陷入衰退，一方面，新西兰居民恐慌情绪蔓延，银行挤兑风险提升；另一方面，企业投资意愿降低，失业率迅速上升；此外，当年新西兰再次经历高温、干旱等极端天气，严重影响当地农业与畜牧业的发展。基于这些原因，新西兰系统性风险指数一度下降至历史低位，系统性风险迅速上升。随后央行采取存款担保政策稳定储户情绪，并大幅降低利率以刺激经济发展，随着世界经济逐渐走出金融危机的阴影，新西兰经济也缓慢恢复，系统性风险指数逐渐提升，系统性风险水平随之降低。

2011—2014 年与 2014—2017 年分别为第五、第六个周期，这两个周期的系统性风险指数波动幅度较大，第五周期在 50～73 这一区间波动，第六周期则在 40～75 这一区间波动，表明在第六周期新西兰整体系统性风险水平提高。进入第六周期后，世界经济依旧保持疲弱态势，全球经济增速较 2014 年有所放缓，其根源在于劳动生产率增长下降，而这又主要是由全球投资不足和全要素生产率增长缓慢所致，世界经济仍然处在深度调整期。2017 年后，全球经济增速和增长预期提升，世界经济迎来逐步向好的局面，乳制品价格也逐渐回升，新西兰出口商品竞争力增强，同时旅游业回暖，消费者与投资者信息增强，这些原因使得当年指标迅速回升到 70 这一水平，新西兰系统性风险在短时间内得到缓解。

2017—2021 年为第七个周期，前期系统性风险指数缓慢下行，但仍位于 50 这一警戒线以上；新冠疫情暴发后指数下降至 50 以下，且波动较为剧烈，表明疫情使新西兰系统性风险水平在短期内提高；2021 年后，指标曾反弹回 70，但随后又在震荡中下跌，且下跌速度较快，短时期内突破 50，这可能是由于新冠疫情的后续影响、俄乌冲突以及美联储大规模加息等多方面因素，使新西兰系统性风险水平持续提升。

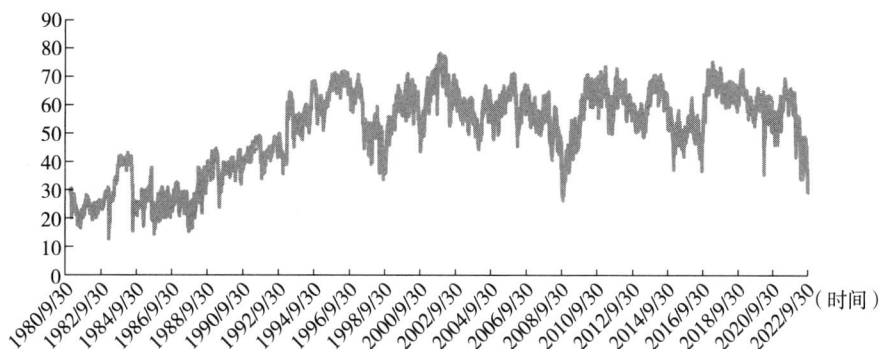

图 6-23 新西兰国家系统性风险指数趋势

资料来源：北京睿信科全球风险管理平台（www.sunrisk.cn）。

由于新西兰通胀水平持续高企，新西兰央行采取的紧缩政策使利率提升，这两方面因素提高了新西兰经济成本。展望未来，新西兰联储将进一步加息以抑制通胀，但这一举措会对需求产生更明显的负面影响；同时由于新西兰经济严重依赖对外贸易，但全球供应链紧张，国外需求持续低迷，因此新西兰经济面临衰退风险。未来，新西兰系统性风险指数将进一步下行，系统性风险水平将上升。

二、股指风险指数趋势

新西兰1981年1月1日至2022年9月30日的股指走势以及股指风险指数趋势如图6-24和图6-25所示。需要说明的是，由于缺乏1981年1月1日至1992年3月29日的数据，新西兰股指走势从1992年3月30日开始，股指风险指数趋势从1993年3月30日开始。从新西兰股指走势来看，大致可以划分为三个阶段：第一阶段为1992—2007年，这一阶段新西兰股票指数整体呈上升趋势，在2007年6月5日涨至峰值1 204.79，涨幅约为156.15%；第二阶段为2007—2009年，这一阶段新西兰股指大幅下跌，从峰值下跌至2009年3月3日的618.46，下跌幅度约为48.67%；第三阶段为2009—2021年，这一阶段新西兰股指持续上升，于2020年2月21日达到2 013.74，随后一个月内股指一度下跌至1 401.71，但很快迎来较大幅度反弹，并于2021年1月8日创下2 230.26这一历史新高。

从新西兰的股指风险指数趋势来看，指数整体保持在50～90这一较高区间内，表明新西兰股指风险水平整体较低，但在1993年、1998年和2008年三度跌至0附近，2008年后股指风险指数保持在40以上，2020年又跌至10附近，反映出这四个时期内急剧爆发的股指风险。

得益于高度发达的资本市场与良好的经济基础，新西兰能够实现股指长期增长且保持整体较低的股指风险水平。但1993年新西兰经济过热导致股指过快上涨，从而引发较大股指风险。新西兰营商环境较为宽松，资金能自由流动，因此更易受到国际整体金融震荡的影响，在1998年亚洲金融危机以及2008年国际金融危机爆发期间，新西兰股指下降迅速，股指风险水平骤然上升。新冠疫情的暴发对新西兰经济造成了较大冲击，2020年新西兰股票指数曾有较大跌幅，虽很快得以反弹，但这段时间股指风险指数下降迅速，股指风险提高。

展望未来，一方面，新西兰经济增长出现下滑迹象，经济结构转型尚未完成；另一方面，国际经济增长疲软，新西兰的经济发展受阻。因此预计未来新西兰股指或持续下降，股指风险指数或将震荡下行。

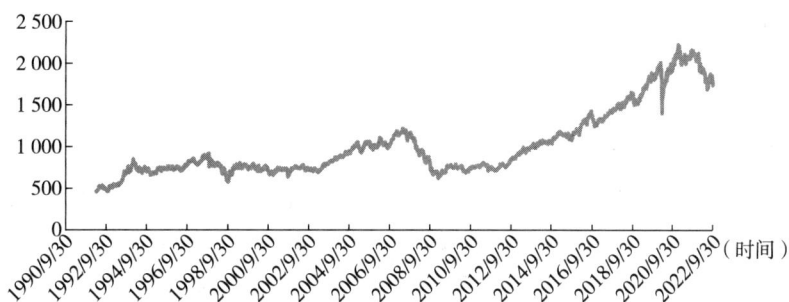

图 6-24　新西兰股指走势

资料来源：北京睿信科全球风险管理平台（www.sunrisk.cn）。

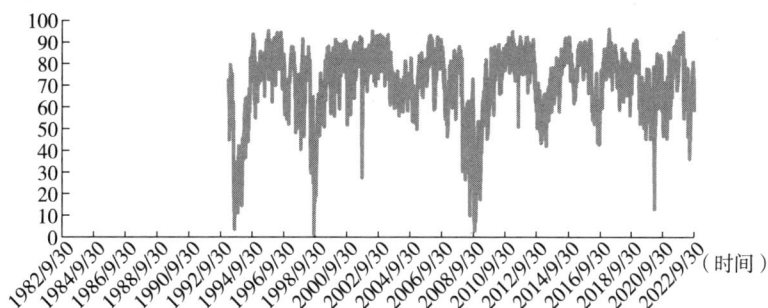

图 6-25　新西兰股指风险指数趋势

资料来源：北京睿信科全球风险管理平台（www.sunrisk.cn）。

三、汇率风险指数趋势

新西兰 1981 年 1 月 1 日至 2022 年 9 月 30 日的汇率走势以及汇率风险指数趋势如图 6-26 和图 6-27 所示。从新西兰的汇率走势来看，大致可以划分为三个阶段：第一阶段为 1981—2001 年，这一阶段新西兰汇率呈震荡下行走势，从最高 0.93 跌至最低 0.4，新西兰元贬值约 56.99%，波动幅度较大；第二阶段为 2001—2014 年，该时期内新西兰汇率震荡上行，从最低 0.4 上升至最高 0.88，新西兰元升值约 120%，波动同样较为剧烈，在 2008 年曾有较大跌幅；第三阶段为 2014—2022 年，该时期内新西兰汇率相对稳定，长期保持在 0.6～0.8 这一区间震荡。从新西兰的汇率风险指数趋势来看，指数波动剧烈且频率极高，波动区间在 0～100，无明显规律。

1981—1985 年，石油危机导致全球油价飙升，美国处于滞胀阶段，美联储持续加息以抑制通胀，美元强势导致新西兰元持续贬值；1985—1997 年，新西兰元兑美元汇率在 0.6 附近震荡；1997 年后新西兰的经济增长速度减慢，后续增长乏力，企业与居民形成悲观预期，抛售新西兰元与新西兰国内资产，供给的大量增加使新西兰元在一段时间内贬值。1994 年后，全球经济走出低谷，新西兰的经济增长也有所好转并带动新西兰元币值回升，但紧接着 1998 年亚洲金融危机的打击再度使新西兰元汇率下跌，这一下跌趋势持续到 2001 年。2001 年后，随着世界经济增长强劲和国内经济结构转型初见成效，新西兰经济增速有所提高，并带动新西兰元持续升值；受 2008 年金融危机的影响，新西兰元兑美元汇率一度跌破 0.5，但得益于良好的经济基础与稳定的社会秩序，新西兰很快从危机中恢复过来，并使新西兰元在之后较长一段时间保持升值趋势；2014 年之后，受美联储加息影响，新西兰元一度贬值，随后保持在 0.7 附近波动，最近两年在新冠疫情冲击下，新西兰元贬值压力较大。

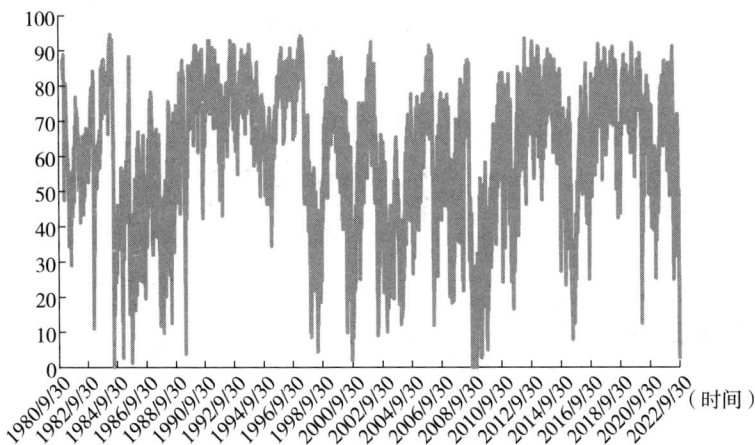

图 6-26 新西兰汇率风险指数趋势

资料来源：北京睿信科全球风险管理平台（www.sunrisk.cn）。

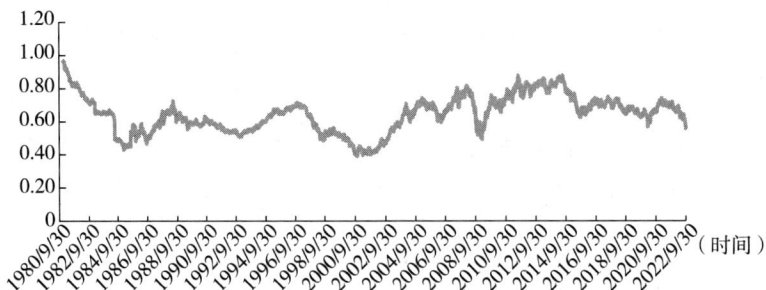

图 6-27 新西兰元兑美元汇率走势

资料来源：北京睿信科全球风险管理平台（www.sunrisk.cn）。

展望未来，一方面，由于新的经济增长点尚不明朗，新西兰经济增长面临下行风险；另一方面，为应对高通胀，美联储持续加息，给新西兰造成资本流出压力，以及世界局势动荡，给新西兰经济发展带来不确定性。因此，预计未来新西兰汇率或将震荡下行，其汇率风险指数或将在剧烈波动中跌破10。

四、国家债务风险指数趋势

新西兰债务风险由国家债务风险指数衡量，国家债务风险指数由政府财政债务风险子指数和国债风险子指数构成，其中政府财政债务风险子指数由政府财政余额指数和债务余额风险指数构成，这两个指数分别依据财政余额占 GDP 比重和政府债务余额占 GDP 比重两个指标，而国债风险子指数则依据 2 年期与 10 年期国债收益率利差指标计算而来。1981 年 1 月 1 日至 2022 年 9 月 30 日的国债收益率利差与国债风险指数如图 6-28 和图 6-29 所示，需要说明的是，国债风险指数缺乏早年数据，因此分析从 1985 年 3 月 19 日开始。

从新西兰的国债收益率和利差走势来看，新西兰 2 年期和 10 年期国债收益率呈现整体下行趋势，其中 1995 年之前下降幅度较大，1995—2009 年的国债收益率相对稳定，2009 年后缓慢下降，整体波动性较小；而利差长期在 0 左右波动，1991 年之前以及 2007—2010 年，利差一度为负，这表明新西兰国债风险溢价较小，利率倒挂则可能由于投资者担忧未来将会通货紧缩。从新西兰国债风险指数趋势来看，指数多数位于 0 ~ 50（不含）这一区间内，虽多次在 50 ~ 100 这一区间内波动，但很快又下降至 50 以下，这表明新西兰国债风险水平整体较高。此外，指数波动性极大，波动区间在 0 ~ 100，且波动频率较高，表明新西兰国债风险变化较大。

2009 年以前，新西兰的国债收益率在发达国家国债中处于较高水平，且新西兰经济市场化程度高，资金能够自由便捷地流动，社会秩序长期保持稳定，因此长期以来受世界范围内投资者的青睐。对新西兰国债的旺盛需求推高了其国债价格，从而导致国债收益率长期处于下行状态。而 2009 年以后，虽然新西兰国债收益率已经相对下降，但由于政府长期处于收支平衡状态，新西兰国债供给减少，加之基准利率不断下行，国债价格进一步上涨，从而促使新西兰国债收益率持续下降，2020 年之前达到历史低值。2020年后，为应对新冠疫情对国内经济持续负面冲击，以及国外需求的迅速减少，新西兰政府实施了一系列宽松的财政和货币措施，国债供给增加，国债价格下降，因此这一阶段新西兰国债收益率开始回弹。

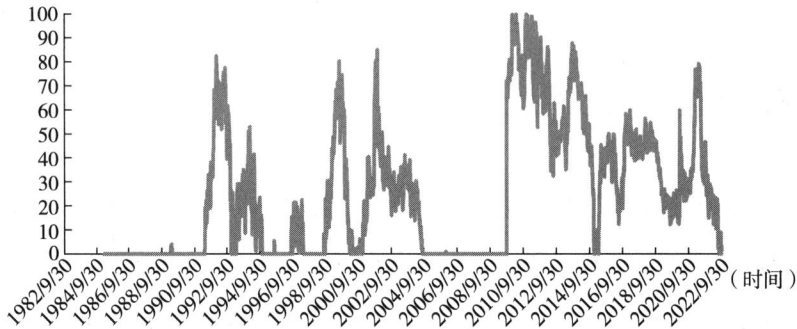

图 6-28　新西兰国债风险指数趋势

资料来源：北京睿信科全球风险管理平台（www.sunrisk.cn）。

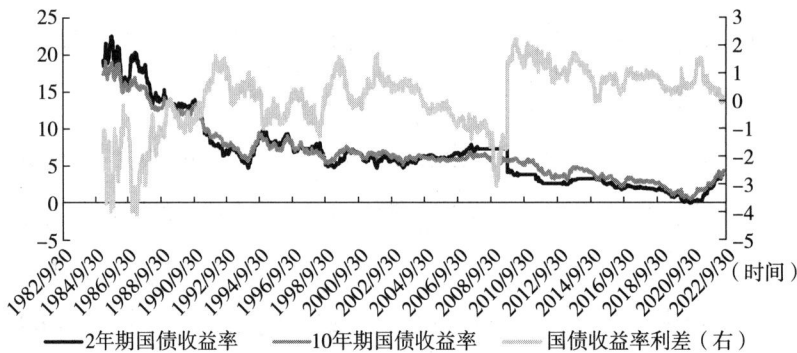

图 6-29　新西兰国债收益率与利差走势

资料来源：北京睿信科全球风险管理平台（www.sunrisk.cn）。

新西兰财政收支余额占GDP比重、政府债务余额占GDP比重，以及国家债务风险指数如图6-30和图6-31所示。2006年之前，新西兰财政收支基本保持盈余，且由于本国对外贸易竞争力较强，经济增长强劲，财政盈余占GDP比重曾一度达到10%；但2006年后，美国房地产降温，美元走强，世界经济增长速度放缓，新西兰财政盈余占GDP比重持续下跌，受2008年全球金融危机冲击，新西兰财政收支进一步下跌，到2010年达到-4.9%这一历史低位。2010—2014年，财政收支表现为赤字，这主要是为了走出金融危机阴影、刺激经济增长，新西兰政府加大了财政支出；而在2014—2019年，由于新西兰经济逐渐恢复，国内外需求与产出进一步增长，财政收支恢复盈余，但仅占 GDP 比重的 2%，远低于金融危机前的水平；2019 年后，为应对新冠疫情的负面冲击，新西兰实施扩张性政策，加大财政支出，政府收支余额大幅降低，并导致赤字。

政府债务总额走势基本与财政收支余额相反，可以看出在 2008 年之前，新西兰债务余额占 GDP 比重持续下降，但 2008 年为应对全球金融危机的影响，政府债务余额占 GDP 比重提高到 30% 左右，并长期保持这一水平，2016 年曾小幅度下降，但随着新冠疫情的暴发，这一比重持续上升至 50% 附近。国家债务风险指数大多数时期在 40 以上区间波动，国家债务风险整体可控，但 2021 年后该指标持续下降，现已跌破 30 这一警戒线，而且还有下跌趋势，国家债务风险显著上升。

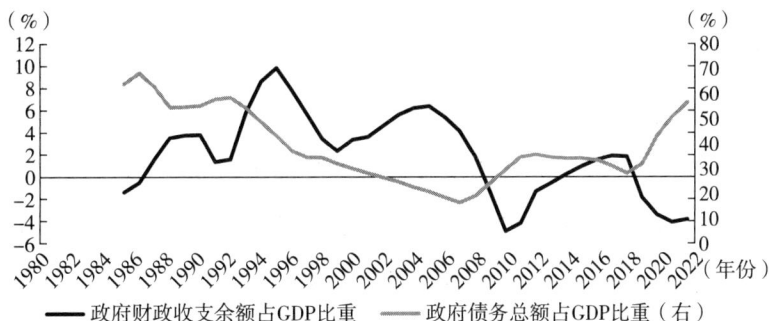

图 6-30　新西兰财政收支余额和政府债务总额占 GDP 的比重

资料来源：北京睿信科全球风险管理平台（www.sunrisk.cn）。

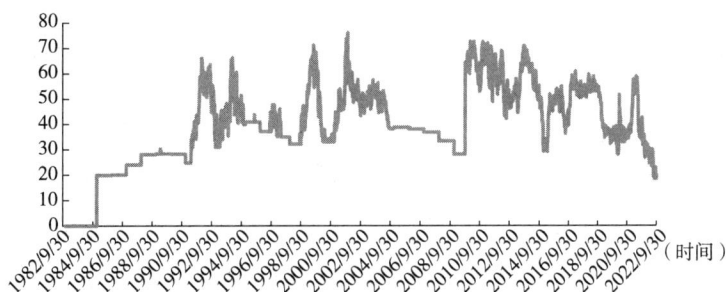

图 6-31　新西兰国家债务风险指数趋势

资料来源：北京睿信科全球风险管理平台（www.sunrisk.cn）。

展望未来，由于美联储持续加息对新西兰国债施加的抛售压力，以及新西兰央行实行的加息政策，新西兰国债价格或将进一步下降，从而提高国债收益率；而为抑制通胀而采取的紧缩性政策或将缓解财政赤字现状。因此，预计未来新西兰国家债务风险指数或将有所回升。

五、经济物价风险指数趋势

1981 年 1 月 1 日至 2022 年 9 月 30 日，新西兰的年均 CPI 走势图和经济物价风险指数趋势如图 6-32 和图 6-33 所示。经济物价风险指数以年均 CPI 为基础，分别计算日、周、月、季、半年和年风险指数，再加权求得综合经济物价风险指数。CPI 反映了一定时期内居民所购买的生活消费品和服务价格变动趋势和程度，可以用来度量通货膨胀。此处采用年均 CPI 变化辅助观察新西兰经济物价风险，可以看出 1992 年之前，新西兰 CPI 变化率在波动中下降，且下降幅度较为剧烈；1992—2020 年，CPI 变化率趋于平缓，常年保持在 2% 附近波动，物价整体水平较稳定，其间在 2000 年与 2015 年一度跌至 30 以下；2020 年后 CPI 变化率持续上升，基于 2021 年的预测，2022 年新西兰 CPI 增长率将达到 6.28%，创下 20 世纪 90 年代以来的新高。从新西兰的经济物价风险指数整体来看，指数在较长时期内维持在 50 以上，但在 1991—1995 年、1997—2000 年，以及 2012—2017 年这几个时期，指数长期在 50 这一警戒线下波动，说明这段时间新西兰国内物价风险水平较高。

1992 年之前，新西兰 CPI 增长率较高，且波动剧烈，但之后长期在稳定区间内波动，通胀率持续维持低位水平；此外，新西兰高度依赖外贸，粮食、石油、机电产品、汽车、电子设备、纺织品等均需进口。基于以上原因，新西兰物价变化受其汇率影响较大，当处于美元强周期时，新西兰元汇率贬值，新西兰的进口价格由此上涨，国内通货膨胀率上升；当全球经济发展助推新西兰元走强，从而压低新西兰进口商品的价格时，新西兰国内通胀率处于较低水平。进入 2020 年后，新西兰 CPI 增长率一改之前的长期低迷状态，实现了持续上升，这是由于全球各国为应对新冠疫情对经济的负面影响，而采取扩张性的财政及货币政策，使得全球通胀率升高。2020 年后，新西兰经济物价风险指数持续下跌，虽仍维持在较高水平，但仍表明这段时期以来新西兰经济物价风险水平上升。

展望未来，受前期扩张性政策引起的高通胀，以及石油等大宗商品价格上升，新西兰国内面临较大的通胀压力，而新西兰央行在 2022 年采取了一系列紧缩性政策以抑制高通胀，这又会导致国内经济陷入低迷。未来，新西兰年均 CPI 增长率或将下降，经济物价风险指数可能也会进一步下行。

（%）

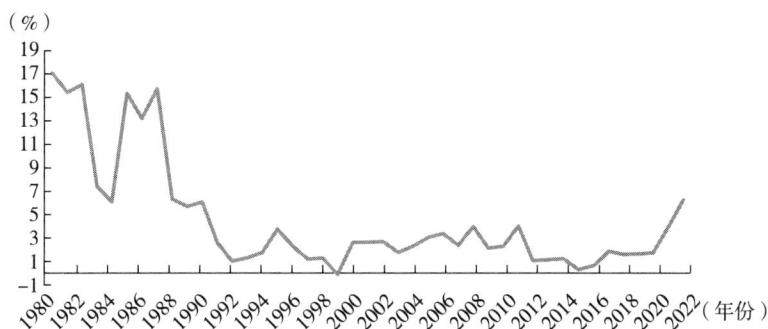

图 6-32　新西兰年均 CPI 变化趋势

资料来源：北京睿信科全球风险管理平台（www.sunrisk.cn）。

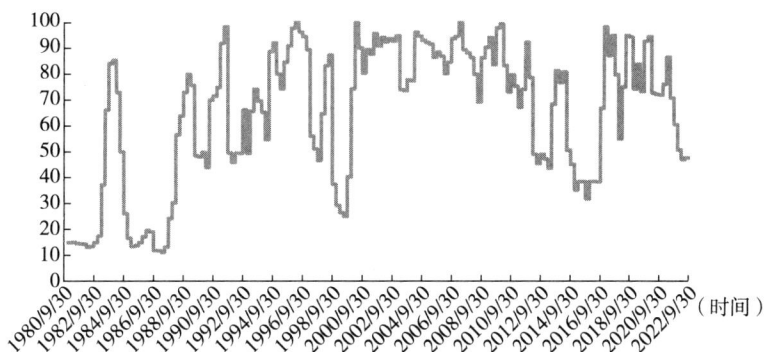

图 6-33　新西兰经济物价风险指数趋势

资料来源：北京睿信科全球风险管理平台（www.sunrisk.cn）。

六、经济潜力风险指数趋势

1981 年 1 月 1 日至 2022 年 9 月 30 日，新西兰的经济潜力空间比值走势以及经济潜力风险指数趋势如图 6-34 和图 6-35 所示。可以看出，新西兰的经济潜力空间比值走势和经济潜力风险指数趋势基本一致，这是因为经济潜力风险指数是根据经济潜力空间比值计算出来的，而经济潜力空间比值是以美元兑新西兰元的汇率比上该国购买力平价，它的变化趋势与市场汇率变化趋势密切相关。新西兰作为发达国家，其经济潜力空间比值保持在 1 以上相对安全。

1981—1985 年，经济潜力空间比值和经济潜力风险指数持续上升，并在 1985 年 3 月 4 日达到历史最高点；1985—1997 年，经济潜力空间比值和经济潜力风险指数震荡下行，经济潜力空间比值曾突破 1 这一临界值，经济潜力风险指数两度探底；1997—

2001 年，经济潜力空间比值和经济潜力风险指数再度上升，但均未超过 1985 年的最高值；2001—2022 年，二者震荡下行，并在 2022 年开年时直线下降，创下历史最低纪录，经济潜力空间比值跌破 0.5，经济潜力风险指数逼近 10。

1981—1985 年以及 1997—2000 年，伴随美联储加息以及新西兰企业和居民对未来经济的悲观预期，美元相对新西兰元升值，新西兰经济潜力空间比值和经济潜力风险指数曾一度上扬，但随后均长期震荡下行，并在下行过程中达到历史低点。2022 年初，在国内经济疲软的大背景下，新西兰央行连续加息以抑制通胀，新西兰经济潜力空间比值和经济潜力风险指数大幅下降；进入 2022 年后又受俄乌冲突以及新冠疫情的持续影响，两指标持续下降，但缓于年初下降幅度。

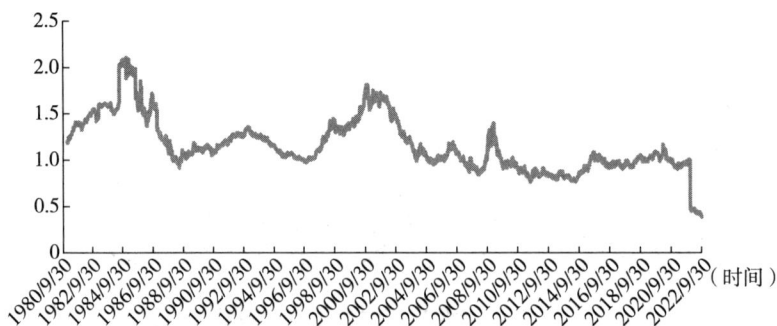

图 6-34　新西兰经济潜力空间比值趋势

资料来源：北京睿信科全球风险管理平台（www.sunrisk.cn）。

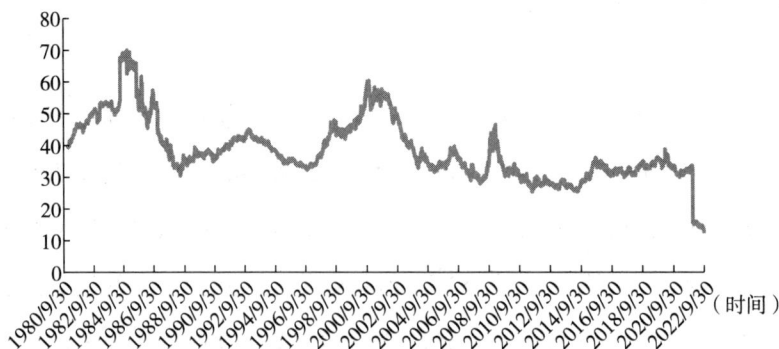

图 6-35　新西兰经济潜力风险指数趋势

资料来源：北京睿信科全球风险管理平台（www.sunrisk.cn）。

展望未来，一方面，新西兰经济高度依赖对外贸易，经济结构转型升级中存在的诸多问题日益彰显，且新西兰央行持续加息以应对高通胀，经济后续增长乏力；另一方面，新西兰外需持续低迷，同时世界供应链紧张，新西兰面临较大通胀压力。因此，若新西兰央行能遏制国内通胀，预计未来新西兰经济潜力空间比值和经济潜力风险指数将有所回升。

第四节　哥伦比亚系统性风险趋势

哥伦比亚共和国，通称哥伦比亚，位于南美洲的西北端，邻近国际海运大动脉巴拿马运河，是拉丁美洲第四大国，同时是南美洲唯一的两洋国家和南美陆路交通的必经门户，地理位置十分重要，为南美洲国家联盟的前成员（2018 年 8 月退出）。它的北部是加勒比海，东部与委内瑞拉接壤，东南方是巴西，南方是秘鲁和厄瓜多尔，西部是巴拿马和太平洋。哥伦比亚为总统制国家，共由 32 个省及波哥大首都特区组成。它以其文化而闻名，也是南美最大的制造中心。由于 19 世纪和 20 世纪欧洲、中东和亚洲的迁徙浪潮，哥伦比亚是一个非常多元化的国家。在 20 世纪 80 年代和 20 世纪 90 年代，该国的谋杀率与犯罪率较高，21 世纪初以来该国虽稍微改善了生活品质与安全，但至今仍为毒品、毒贩、毒品种植的核心所在地，为世界上危险的国家之一。哥伦比亚是北约唯一的拉丁美洲伙伴，也是 38 个经合组织成员之一 。哥伦比亚具有较为广阔的市场，经济发展潜力巨大。近 10 年来，哥伦比亚经济始终保持平稳增长态势，目前是拉美地区第五大经济体。哥伦比亚的纺织、化工、皮革加工、食品、造纸、冶金和机械制造等行业均有一定规模，是安第斯地区工业基础最好的国家；农业生产则以咖啡、鲜花和香蕉产业最具特色。此外，哥伦比亚拥有支持经济长期发展的丰富矿产、农业和生物资源，其油气、煤炭、镍、铝矾土和铀储量均位居拉美前列。哥伦比亚还是世界上最大的绿宝石生产国和全球生物多样性排名第二的国家。哥伦比亚在拉美地区以法律制度和经济政策稳定性强而著称，经济市场化程度高，汇率制度灵活，政府对经济的干预较少。哥伦比亚历届政府在财政纪律和举债行为方面都非常审慎，使其成为拉美唯一在历史上从未有外债违约的国家。自 20 世纪 90 年代以来，哥伦比亚一直稳步推进市场开放政策，积极融入全球经济一体化进程，先后与美国、欧盟、加拿大、韩国和拉美等主要经济体签署自由贸易协定，市场辐射能力不断增强（参见表6-7和表6-8）。

表6-7　哥伦比亚背景概览

类别	现状	未来的风险	未来的机遇
政治制度与政治局势	民主共和制	政权动荡、治安差	稳定的政策环境
经济制度与社会发展	南美最大的制造中心	高贫困率、高失业率、基尼系数高	制定长期经济政策，扩大内需，减少外债
文化背景与宗教信仰	天主教	教育率低	旅游业
自然资源与地理条件	能源矿石资源丰富	自然灾害	提高应对自然灾害的能力
地缘关系与国际地位	和平理念，奉行独立自主和多元外交政策	美国的干涉	扩大与中国和欧盟的贸易

资料来源：根据公开资料整理。

表6-8　哥伦比亚重大历史事件及其主要影响

年份	重大事件	主要影响
1819	独立运动	成功脱离西班牙独立
1830	国家分裂	委内瑞拉和厄瓜多尔脱离哥伦比亚独立
1980	中哥建交	中国成为哥伦比亚第二大贸易伙伴
2016	内战停火	终结了52年的武装冲突
2018	加入OECD	对外出口增加
2020	新冠疫情暴发	对外贸易遭到严重打击
2021	全国大罢工	失业率、贫困率增加

资料来源：根据公开资料整理。

一、国家系统性风险趋势

从图6-36中可以看到，前期因缺乏加权数据，指数偏低，总体上，哥伦比亚系统性风险指数处于20~80水平区间，呈现出先上升后下降的趋势，其系统性风险在1989—2017年一直整体保持上升趋势，从1989年的3左右上升到2017年的最高点84左右，说明哥伦比亚的系统性风险趋势是先下降后上升，但是个别年份波动比较剧烈，1991—1993年迅速上升，从16上升到了40左右。哥伦比亚系统性风险指数水平大致分为三个阶段。

第一个阶段是 1981—1991 年，这十年间哥伦比亚的系统性风险指数处在 1～4 区间缓慢波动。1974—1982 年，各任总统不约而同将重点放在终结国内长年战乱问题上，为此，不惜破坏哥伦比亚的传统政治制度，轮流执政两个大党宣称代表穷人和弱者对抗国内外大财团，并着手推动土地政治改革。这些措施为哥伦比亚后来的发展奠定了一个较好的基础环境，哥伦比亚因此也迎来了黄金发展的十年。

第二个阶段是 1991—2017 年，整体呈现出上升的趋势，尤其是这个阶段的前几年，急剧上升，随后波动上升，自 20 世纪 90 年代以来，哥伦比亚一直稳步推进市场开放政策，积极融入全球经济一体化进程，先后与美国、欧盟、加拿大、韩国和拉美主要经济体签署自由贸易协定，市场辐射能力不断增强。这个阶段是哥伦比亚国内局势较为稳定的阶段，系统性风险有所降低。

第三个阶段是 2017—2022 年，系统性风险指数从 82 下降到 30 以下，新冠疫情严重打击了哥伦比亚的出口贸易，造成系统性风险趋势进一步上升。未来，哥伦比亚系统性风险指数可能上升。

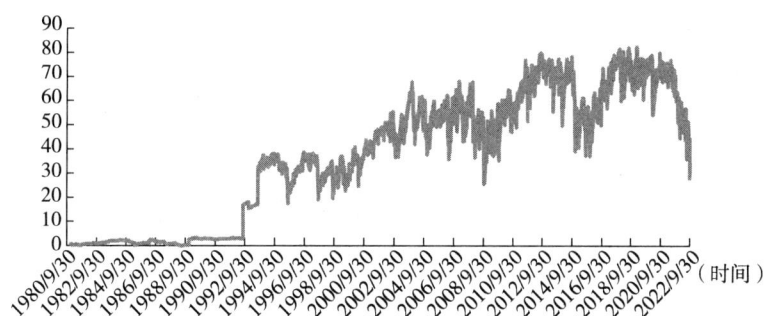

图 6-36　哥伦比亚系统性风险指数趋势

资料来源：北京睿信科全球风险管理平台（www.sunrisk.cn）。

二、股指风险指数趋势

哥伦比亚股指风险指数呈现出剧烈波动的趋势。从哥伦比亚股指风险指数历史走势图（参见图 6-37）看，2002—2022 年，股指风险指数在 0～100 水平区间内剧烈波动，最高点在 2020 年，为 100 水平。从频率区间分布看，指数整体分为三个阶段：第一个阶段是 2002—2006 年，处于 0～70 区间波动下降，在多个年份中处于 0 的水平；第二个阶段是 2006—2019 年，整体上在 60 上下剧烈波动，个别年份急剧下降后又急剧上升；第三个阶段是 2021 年至 2022 年 9 月，哥伦比亚股指风险呈现出下降的趋势，整体在 50 水平强烈震荡。2022 年 9 月 30 日，哥伦比亚股指水平在 20 以下，如果哥伦比亚对外贸易水平上升的话，那么预计哥伦比亚股指有反弹上升的趋势。指数近期受税改、能源转型、国际情势变动及高通胀等冲击，2022 年 9 月 8 日收盘指数 1 202.96 点，较本年 1 月初开盘 1 410.97 点跌幅达 14.74%，创 2022 年新低。2022 年 9 月 8 日，在哥伦比亚 MSCI COLCAP 指数挂牌 29 个大型公司中，仅 Nutresa（食品加工）、Grupo Sura（金融投资）、Cemex Latam Holding 及 BBVA Colombia 这 4 家公司股价较 2022 年 4 月 20 日 MSCI COLCAP 指数高点时表现更佳。

在哥伦比亚股市美国与欧元区近期决定升息、俄乌冲突、对股利所得拟增加税率、石化能源开采政策变革及央行将基本利率调高至 9% 等负面因素影响下，股市短期内恐难有亮丽表现。哥伦比亚 Arena Alfa 投资公司负责人塞巴斯蒂安·托罗（Sebastian Toro）表示，股市表现不佳并与其他新兴市场脱钩主要归因于政治及税改的不明确性。

此外，短期定存利率大幅上升，使市场上已轻松拥有年利率 12%～13% 的优惠，使短期资金不再以股市投资作为较佳选择。哥伦比亚证券市场投资经理奥马尔·苏亚雷斯（Omar Suarez）表示，国内外政府同步升息，政策不确定性增加投资潜在风险，美元升息抑制通胀，市场担心全球经济衰退，导致资金回流美国及利率上涨会影响股价未来预估价值下跌。

在图 6-38 中，哥伦比亚股指指数包含 IGBC 综合指数和加权指数 COLCAP 两段展示说明。2001—2019 年，哥伦比亚股指指数历史走势呈现出震荡波动趋势，从频率区间分布看，哥伦比亚股指指数整体处于 1 000～16 000 区间波动，前期的 IGBC 综合指数波动范围较大。2021 年 9 月，采集使用的加权指数 COLCAP 波幅相对较小。

需要说明的是，2019 年 5 月 12 日，哥伦比亚 IGBC 综合指数停止发布数据，因此我们从 2021 年 9 月开始使用流通股加权指数 COLCAP。

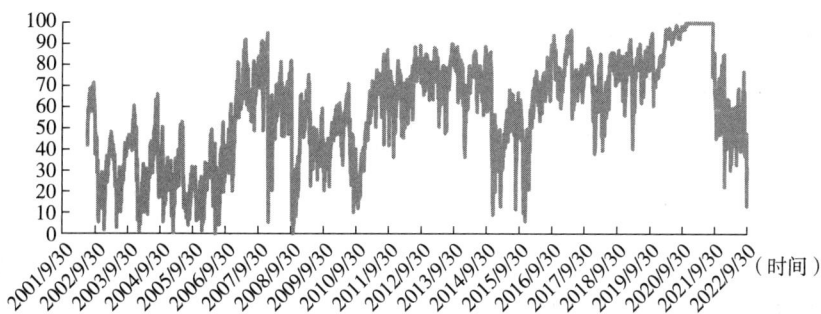

图 6-37　哥伦比亚股指风险指数趋势

资料来源：北京睿信科全球风险管理平台（www.sunrisk.cn）。

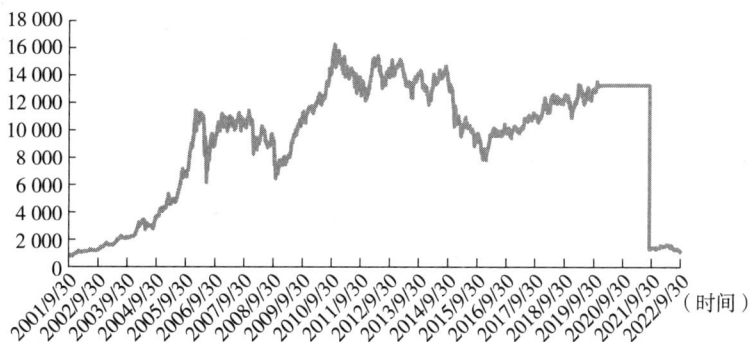

图 6-38　哥伦比亚股指走势

资料来源：北京睿信科全球风险管理平台（www.sunrisk.cn）。

三、汇率风险指数趋势

哥伦比亚比索是哥伦比亚的法定货币。1946 年 12 月 28 日初次规定含金量为 0.507 816 克，官方汇率为 1 美元兑 1.749 99 比索。1965 年 9 月 2 日，哥伦比亚政府将官方外汇市场分为优惠市场和自由波动的官方外汇市场，前者汇率为 1 美元兑 9 比索，用于石油进口；后者汇率为 1 美元兑 13.5 比索，用于绝大部分商业及金融往来。1971 年 12 月 18 日，美元贬值，外汇市场比索对美元汇率维持不变。年底两个市场汇率均为 1 美元兑 21 比索，实际上已形成了一个统一的市场。此后，比索对美元汇率不断下跌。20 世纪 80 年代以来，比索汇价仍继续下跌，特别是 80 年代中期以后其下跌幅度更大，每年都以超过 20% 的速度下跌，到 1990 年底比索对美元平均汇价为 1 美元兑 508.75 比索。

哥伦比亚经济在拉美属于中等发展水平，经济市场化程度高，汇率制度灵活，政府对经济的干预较少。整体来看，哥伦比亚汇率风险指数呈现出剧烈波动的趋势，没有周期和规律，在 0～100 水平之间起伏波动。从哥伦比亚汇率风险指数历史走势图（参见图 6-39）看，在 1997 年 9 月至 1999 年 7 月、2007 年 5 月至 2009 年 10 月、2014 年 12 月至 2016 年 2 月、2020 年 3 月和 2022 年 7 月，指数均出现大幅波动，甚至到达或接近 0，说明此时段内，汇率风险较大。在其他多数时间段，哥伦比亚人力资本投入指数在 40 以上呈波动趋势，风险与机遇并存。总结 2021 年全球货币兑美元贬值较严重的 10 种货币，在兑美元跌幅最大的 10 种货币中，哥伦比亚比索排名第四，贬值幅度高达 15.90%。由于美国持续的强势美元政策和 2022 年哥伦比亚举行新一轮总统大选的双重因素，从中长期来看，比索仍将持续贬值。由于哥伦比亚局势动荡，权力更迭频繁，各种犯罪暴力活动不断，哥伦比亚汇率指数处于 0～100 区间大幅波动。从历史走势看，预计未来，由于美联储激进加息政策的强预期，哥伦比亚货币将持续贬值，指数仍将大幅波动，并呈现下降趋势。

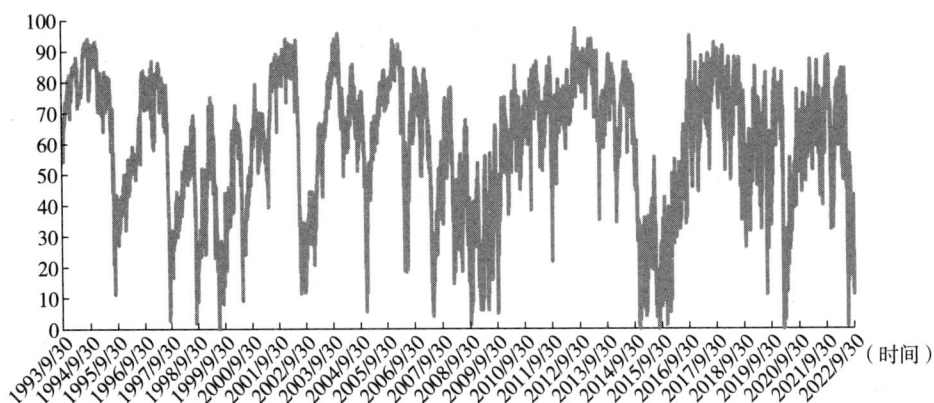

图 6-39　哥伦比亚汇率风险指数趋势

资料来源：北京睿信科全球风险管理平台（www.sunrisk.cn）。

哥伦比亚汇率走势呈现出波动上升运行趋势。从哥伦比亚汇率走势图（参见图 6-40）看，1992—2022 年，哥伦比亚汇率走势呈现出小幅度波动趋势；从频率区间分布看，哥伦比亚汇率走势整体处于 600～4 500 区间波动，波动范围较大。最低点在 1992 年，为 600，最高点在 2022 年，为 4 500。从历史走势看，预计未来几年指数有回落的趋势，将维持在 4 000 附近。自 2022 年 5 月底以来，哥伦比亚比索已连续 6 周大幅贬值。不到两个月的时间里，其对美元汇率已经跌超 22%，从 5 月中旬的 1 美元兑换 3 760 比索，跌至 7 月 18 日的 1 美元兑换 4 660 比索的历史最低水平。市场分析人士认为，哥伦比亚货币持续贬值与美联储激进加息政策有关，本币贬值加剧哥伦比亚政府偿还美元债务压力。

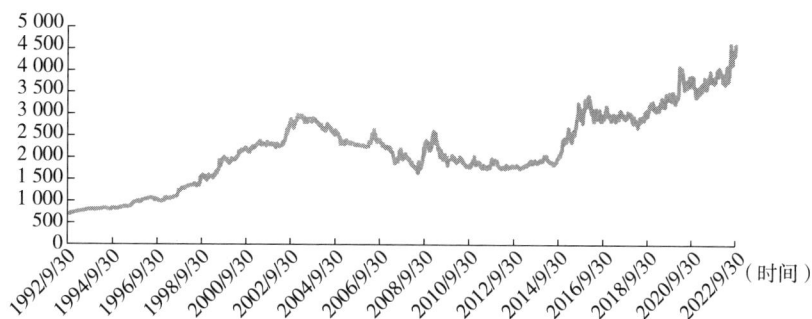

图 6-40　哥伦比亚汇率走势

资料来源：北京睿信科全球风险管理平台（www.sunrisk.cn）。

四、国家债务风险指数趋势

国家债务风险指数，包括政府财政债务风险子指数和国债风险子指数。哥伦比亚国家债务风险指数呈现出上升的运行趋势，从哥伦比亚国家债务风险指数历史走势图（参见图 6-41）看，大概可以分为三个阶段：1989—1996 年处于平稳状态，1996—2010 年基本上保持平稳，2009—2021 年处于剧烈波动阶段，受到金融危机的影响，此次波动幅度较大，哥伦比亚国家债务风险指数在 1995 年前达到最低水平，2019 年又急剧下降，部分原因是新冠疫情沉重打击哥伦比亚的进出口贸易。哥伦比亚国家债务风险指数历史走势呈现剧烈起伏形状。从频率区间分布看，哥伦比亚国家债务风险指数整体处于 10～80 区间波动，最低点在 1995 年，为 11 左右，最高点在 2012 年，为 80。从历史走势看，预计未来几年，哥伦比亚国家债务风险指数将或许有上升的趋势。2019 年 3 月 20 日，哥伦比亚财政部成功发行 4.2 万亿比索国内债券（约合 13.54 亿美元），这批新发行的债券主要用于置换哥伦比亚政府即将到期的短期债，包括将一批 2019 年到期的债券置换为 2025 年、2028 年、2034 年到期的政府债券；将一批 2020 年到期的债券置换为 2022 年到期的债券。此次债券发行收到有效竞标总额为 5.3 万亿比索，超额认购率为126%，显示了国债投资者对哥伦比亚政府债券的信心。此外，哥伦比亚财政部官员表示，此次政府债券发行有助于哥伦比亚优化2018—2022年中期政府债务结构，确保政府赤字水平达到财政纪律的要求。2022年10月18日，哥伦比亚财长宣布2022年不会再发行哥伦比亚比索债券，10月18日宣布哥伦比亚加息100个基点，将借贷利率从10%提高至11%。

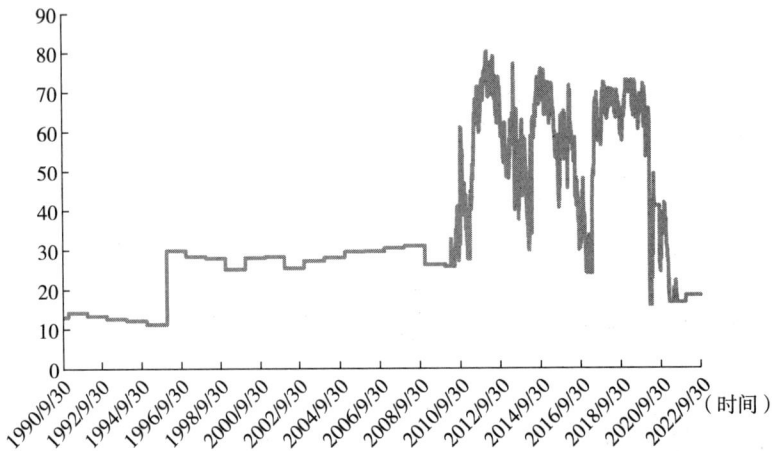

图6-41　哥伦比亚图国家债务风险指数趋势

资料来源：北京睿信科全球风险管理平台（www.sunrisk.cn）。

哥伦比亚国债风险走势呈现出多个倒U形剧烈波动运行趋势并呈现出一定的规律，基本三年一次平移，存在多个波峰和波谷，经历了三次先下降再上升，再下降再上升的过程。从哥伦比亚国债风险走势图（参见图6-42）看，大概可以分为三个阶段：2011—2013年经历了从最低水平到最高水平100又下降到几乎0的水平，呈现出明显的倒U形；2013—2016年处于下降状态，形状几乎和2011—2013年一样；2016—2021年哥伦比亚国债风险走势仍然呈现倒U形，不过这次持续的时间很长，2021年7月至2022年9月，仍然处于0水平。哥伦比亚国债风险走势呈现出周期性规律，从频率区间分布看，哥伦比亚国债风险走势整体处于0~100区间波动，最低点在2016年，为0；最高点在2018年，为100。从历史走势看，预计未来，哥伦比亚国债风险指数走势将呈现出上升趋势。

哥伦比亚财政余额占GDP比重指标呈现出剧烈波动运行趋势。从哥伦比亚财政余额指数历史走势图（参见图6-43）看，1989—2022年，哥伦比亚财政余额占GDP

比重历史走势呈现不规律的波动趋势，从频率区间分布看，哥伦比亚财政余额整体处于 –4 ～ 3.5 区间波动，波动范围较大。最低点在 2019 年，为 –4.2；最高点在 1991 年，为 3.5。从历史走势看，预计未来指数有回落的趋势，将维持在 1 附近。

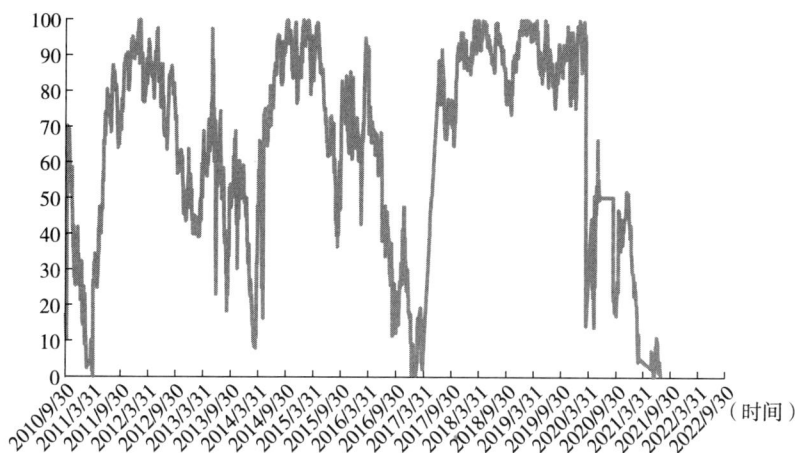

图 6-42　哥伦比亚国债风险走势

资料来源：北京睿信科全球风险管理平台（www.sunrisk.cn）。

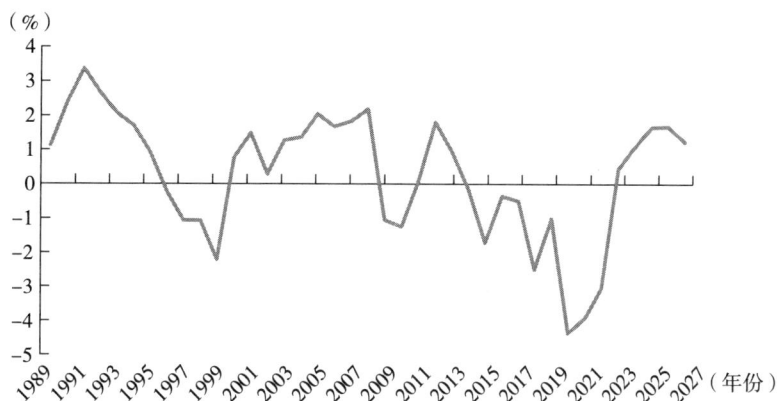

图 6-43　哥伦比亚财政余额占 GDP 比重

资料来源：北京睿信科全球风险管理平台（www.sunrisk.cn）。

哥伦比亚政府债务占 GDP 比重呈现出波动运行趋势。从历史走势图（参见图 6-44）看，1996—2022 年，哥伦比亚政府债务占 GDP 比重历史走势呈现出波动趋势，从频率区间分布看，哥伦比亚政府债务占 GDP 比重整体处于 20% ～ 37% 区间波动，波动范围较大。最低点在 1996 年，为 24%；最高点在 2020 年，为 65%。从历史走势看，预计未来有回落的趋势，将维持在 50% ～ 60% 区间。

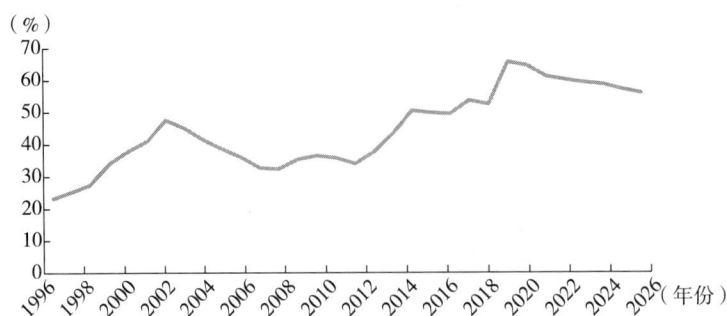

图6-44 哥伦比亚政府债务占GDP比重

资料来源：北京睿信科全球风险管理平台（www.sunrisk.cn）。

哥伦比亚2年期国债收益率呈现出波动下降运行趋势。从哥伦比亚国债收益率历史走势图（参见图6-45）看，2002—2020年，哥伦比亚2年期国债收益率和10年期国债收益率历史走势呈现出在波动中下降趋势；2020—2022年，2年期国债收益率部分时段数据缺失，模型默认前期数据，10年期国债整体向上波动运行。从频率区间分布看，哥伦比亚2年期国债收益率整体处于2%~7%区间波动，10年期国债收益率处于4%~14%区间波动，波动范围较大。

从哥伦比亚10年期国债收益率和2年期国债收益率利差历史走势看，2009—2020年，哥伦比亚国债收益率利差指数历史走势呈现出小幅度波动，整体向上趋势。

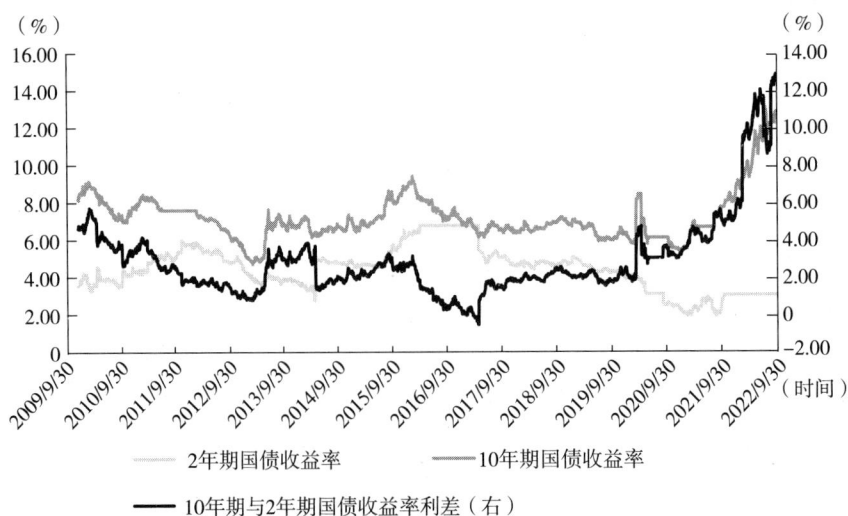

图6-45 哥伦比亚国债收益率走势

资料来源：北京睿信科全球风险管理平台（www.sunrisk.cn）。

五、经济物价风险指数趋势

从哥伦比亚经济物价风险指数历史走势图（参见图6-46）看，哥伦比亚经济物价风险指数历史走势整体呈现上升趋势，从频率区间分布看，指数整体处于 0 ~ 99 区间波动，最低点在 1990 年，为 0 ；最高点在 2010 年、2013 年和 2020 年，为 99。从历史走势看，预计未来指数将或许存在继续下行的趋势。

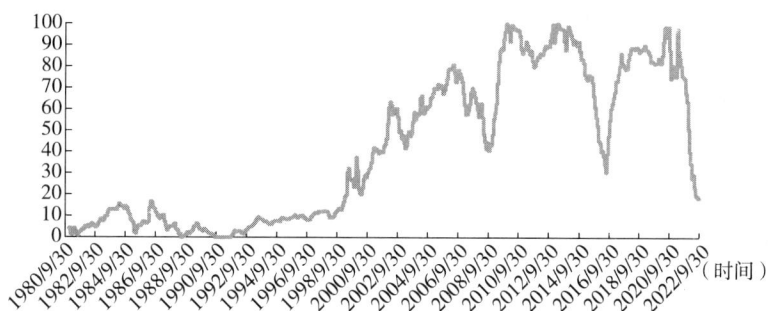

图 6-46　哥伦比亚经济物价风险指数趋势

资料来源：北京睿信科全球风险管理平台（www.sunrisk.cn）。

1980—1999 年，哥伦比亚 CPI 在 15% ~ 30% 区间波动，并在 2005 年降至 5%，之后在 5% 上下波动。2022 年 4 月，哥伦比亚公布的 3 月份年化通货膨胀率上升至 8.5%，大大高于去年同期的 1.5%，也远高于 3% 的中期财政目标（参见图 6-47）。哥伦比亚通货膨胀率的大幅上升主要是由于食品和非酒精饮料的价格上涨造成的。尽管哥伦比亚中央银行在 3 月 31 日将基准利率提高 100 个基点至 5%，但并不能完全缓解哥伦比亚面临的通货膨胀压力。

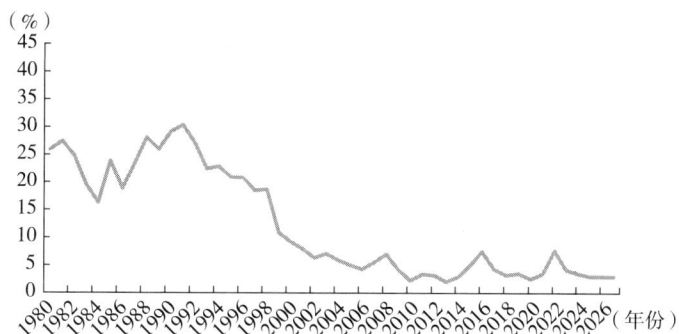

图 6-47　哥伦比亚平均 CPI 同比走势

资料来源：北京睿信科全球风险管理平台（www.sunrisk.cn）。

哥伦比亚中央银行强调，俄乌冲突会进一步加剧某些农产品、原料和石油价格上涨压力。作为石油生产国，哥伦比亚比大多数国家更能承受全球能源价格上涨的影响，但仍然无法避免其他大宗商品和原材料价格上涨的影响，尤其是谷物和化肥价格，这将有可能推高国内粮食成本，造成未来哥伦比亚食品价格的加速上涨，使得整体物价仍有继续上涨的可能。

六、经济潜力风险指数趋势

哥伦比亚经济潜力风险走势呈现出 W 形运行趋势，经历了先下降再上升，再下降再上升的过程。从哥伦比亚经济潜力风险走势图（参见图 6-48）看，大概可以分为四个阶段：1992—1996 年处于下降状态；1996 年开始上升，达到最高水平 100，停留了大概一年的时间后开始下降；2002—2012 年处于下降阶段，受到金融危机的影响，此次下降经历了更长的时间，哥伦比亚经济潜力风险走势位置达到最低水平；2014 年开始快速上升，2016 年后，在 80 水平剧烈波动，整体来看风险可控。哥伦比亚 2010 年以前历届政府在财政纪律和举债行为方面都非常审慎，使其成为拉美唯一在历史上从未有外债违约的国家。哥伦比亚经济潜力风险历史走势呈现波动趋势，但大致平稳，从频率区间分布看，哥伦比亚经济潜力风险走势整体处于 50～100 区间波动，最低点在 2012 年，为 45，最高点在 2002 年，为 100。从历史走势看，预计未来几年，哥伦比亚经济潜力风险走势将仍然维持在 80 水平附近。

哥伦比亚政府欢迎创新、政策制约少、运作空间大，对外来投资的保护也比较强，从世界银行的实际数据来看，近年来哥伦比亚的外国直接投资净流入占 GDP 比重稳定在 3% 左右，在拉美地区仅次于智利和墨西哥，位居第三。除了政策方面的因素，由于较长时间的动乱史，哥伦比亚在国际社会留下了刻板印象，众多与贩毒、黑帮相关的影视作品也纷纷将背景设置在哥伦比亚。而在哥伦比亚国情稳定后，整个哥伦比亚都具有积极向上、改变国家固有印象的团结心气，工作中勤奋努力、责任心强、效率高，与南美地区懒散自由的固有印象相去甚远。但哥伦比亚也并不完全没有不良因素，在哥伦比亚，许多的经济一体化协定（EIA）造成了关税申请的重叠。一个商品有可能会被征收十多种关税，主要取决于其是否来自安第斯共同体、拉丁美洲一体化协会或加勒比共同体。虽然哥伦比亚统一关税表（CHTS）内有近97%的商品无须进口许可证就能进口到哥伦比亚，但还是需要缴纳增值税和进口关税，对于跨境电商可能造成一定困扰。

从哥伦比亚经济潜力空间比值走势图（参见图6-49）看，1992—2022年，哥伦比亚经济潜力空间比值历史走势呈现出在波动中保持平稳趋势，从频率区间分布看，哥伦比亚经济潜力空间比值走势整体处于1.5～3.5区间波动，波动范围较小。最低点在2012年，为1.5，最高点在2002年，为3.5。从历史走势看，预计未来指数将仍然维持在3附近。

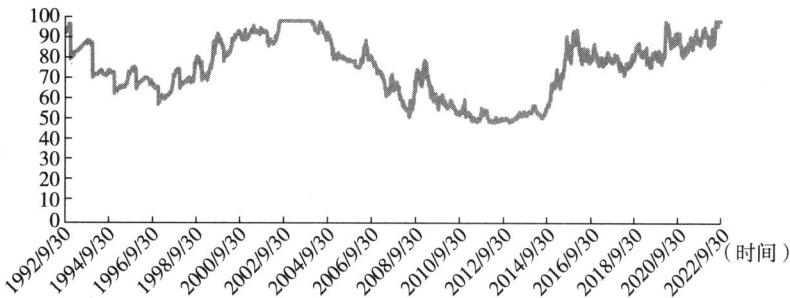

图6-48　哥伦比亚经济潜力风险指数趋势

资料来源：北京睿信科全球风险管理平台（www.sunrisk.cn）。

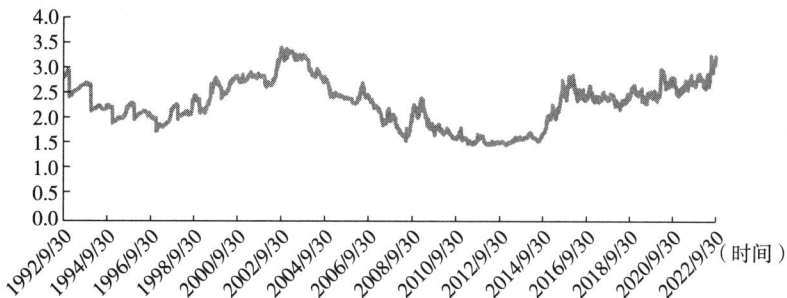

图6-49　哥伦比亚经济潜力空间比值走势

资料来源：北京睿信科全球风险管理平台（www.sunrisk.cn）。

第七章

全球危机国家的系统性风险趋势（下）

凭借发达的制造业、金融业以及人均 GDP，瑞士跻身欧洲乃至全球最发达国家行列，被誉为全球最大的离岸金融中心。近几年受新冠疫情反复、能源局势紧张等因素影响，瑞士的经济发展前景不明朗。目前对于瑞士来说，最大的风险来源于全球经济衰退、欧洲天然气短缺、瑞士电力短缺。2022 年 9 月中旬，瑞士联邦经济总局下调经济预期，将 2023 年增速由此前的 1.9% 下调至 1.1%。考虑到瑞士拥有强大的经济活力与国际资本实力，预计其系统性风险短期内有上升的可能，系统性风险指数在 45～60 区间波动，长期来看指数将维持在 50 以上。

　　挪威全称为挪威王国，意为"通往北方的路"，是北欧五国之一，人均 GDP 水平位列北欧五国之首，位居全球第四，其经济是市场自由化和政府宏观调控成功结合的范例。挪威的经济发展得益于 1969 年发现石油，20 世纪 70 年代与 80 年代凭借石油出口积累了大量财富。政府很快意识到石油开发是不可持续的，开始为国家养老计划未雨绸缪，于 1990 年成立石油基金。截至 2021 年底，挪威主权财富基金市值约 1.2 万亿美元，是世界规模最大的主权财富基金。2022 年以来，挪威成为欧洲的能源供应主要来源，凭借油气实现收入大增，同时也与欧盟其他国家产生了利益冲突。近年来，挪威系统性风险指数主要在 40～70 的区间波动，整体而言系统性风险较低，预计未来两年仍在此区间波动。

　　瑞典位于斯堪的纳维亚半岛东部，为北欧五国之一，是高度发达的工业化强国，也是经济高度外向型的国家，对外贸易依存度达到 80% 左右。2020 年，由于新冠疫情影响，瑞典系统性风险出现明显上升，后续稍有下降。2022 年，由于新冠疫情在世界范围内仍未得到长期有效控制，且瑞典消费增长疲软和建筑业增长大幅放缓，瑞典出口增长和商业投资减弱，叠加大选后不确定的政治局势或许将阻碍瑞典重要的经济改革，瑞典经济增长面临较大挑战。通货膨胀高企也将阻碍瑞典经济扩张。从目前情况来看，瑞典短期内很难走出现有困境，故预计未来瑞典系统性风险指数值仍然以 30～70 的区间上下波动为主。

　　埃及作为非洲第三大经济体，实行开放型市场经济，拥有相对完整的工业、农业和服务业体系，在阿拉伯国家和国际上具有重要地位。埃及地处中东，地区冲突频繁，国家政局动荡不断，具有较高的政治风险；同时埃及的失业和通胀问题严重，经济上较为脆弱，导致埃及系统性风险较高。2019年底，受新冠疫情影响，埃及旅游业发展不振，经济增长遭受重创，系统性风险承压。2022年3月，作为埃及主要进口小麦来源国的俄罗斯和乌克兰爆发冲突，国际粮价上涨，导致粮食进口大国埃及面临粮食供应危机和巨大的财政压力，埃及系统性风险上升。受地区冲突和美联储加息影响，埃及外资流出、通胀上升等问题亟待解决，未来埃及系统性风险指数在40~60区间波动的可能性较大。

安哥拉是最不发达国家之一，20世纪70年代摆脱葡萄牙殖民统治成为独立的安哥拉共和国，随后又经历了长达27年的国内内战，长期的战争使得安哥拉的工农业、交通运输业等严重萎缩，经济发展受限。2002年，内战结束实现国家统一后，安哥拉政府集中精力发展经济，在不到10年时间里，GDP经济年均增长率以11.1%位居全球第一，呈现出百业兴旺的重建势头，但经济结构的单一性使得安哥拉经济受国际市场大宗商品价格波动较大，稳定性较差。2017年，安哥拉执政权力交接，洛伦索上台后大力推动经济改革，但收效甚微，国内通胀与失业并存，经常爆发大规模示威活动，经济形势低迷。2021年，起得益于国际大宗商品价格回升与IMF的援助，安哥拉通胀增速减缓，整体经济环境改善，经济基本面向好，投资前景乐观，系统性风险指数有望上升突破50预警线，但安哥拉政府为实现经济稳定性而进行的多元化改革仍有很长的路要走，债务违约风险仍不容忽视。

本章使用的数据源于全球风险管理平台，由于平台数据根据经济运行中，采集的源数据在不断增加或修正，可能在数值上有微小差异。

第一节　瑞士系统性风险趋势

瑞士联邦，简称瑞士，首都是伯尔尼，位于欧洲中部，北与德国接壤，东邻奥地利和列支敦士登，南邻意大利，西邻法国，拥有"欧洲屋脊"之称，总面积约为4.13万平方千米。全国由26个州组成（其中6个州为半州），截至2021年，总人口为873.8万人，德语、法语、意大利语及拉丁罗曼语4种语言均为官方语言，居民主要信奉天主教和新教。2021 年其 GDP 总量为 8 128.67 亿美元，全球排名第 20 位，人均 GDP 为 9.35 万美元，全球排名第 3 位。

自然资源方面，瑞士地处北温带，四季分明，全国地势高峻，矿产资源匮乏，森林及水力资源丰富。生产生活所需能源、工业原料主要依赖进口。森林面积为 127.1 万公顷，森林覆盖率为 32.12%（2020 年）。水力资源丰富，利用率达 95%。瑞士的淡水资源占欧洲总量的 6%。欧洲三大河流——莱茵河、罗纳河和因河均发源于瑞士。

政治制度方面，瑞士以委员会制为政权组织形式，以联邦制为国家结构形式，实行多党制。联邦宪法规定，联邦议会、联邦委员会和联邦法院分别行使联邦的立法权、行政权和司法权。瑞士的最高元首为联邦主席，但只为形式上的领导人，真正的权力源自七席联邦委员会，由国家七个机关的部长组织构成。联邦主席由联邦委员会七名委员轮任，对外代表瑞士，任期 1 年，伊尼亚齐奥·卡西斯（Ignazio Cassis）自 2022 年 1 月起轮任联邦主席。此外，瑞士为永久中立国，自 1815 年以来一直奉行中立政策。近年来，瑞士逐步调整外交政策，由传统保守的中立向"积极的中立"过渡。

瑞士是高度发达的工业国，工业、金融业、旅游业为经济的三大支柱。得益于健全的银行体系和先进的资产管理水平，瑞士被誉为全球最大的离岸金融中心和国际资产管理业务领导者。进出口方面来看，2019 年瑞士前五大出口市场依次为德国、美国、法国、意大利和中国，在 2021 年美国超越德国成为瑞士最重要的出口市场。虽然从经济总量、国土面积和人口等方面看，瑞士只是一个欧洲小国，但凭借发达的制造业、金融业以及人均 GDP，瑞士跻身欧洲乃至全球最发达国家行列。近几年受新冠疫情反复、能源局势紧张、宏观经济环境困难等因素影响，瑞士的经济发展前景不明朗。2022 年 9 月中旬，瑞士联邦经济总局下调经济预期，将 2022 年经济增速预期由 2.6% 下调至 2%，2023 年增速由此前的 1.9% 下调至 1.1%（参见表 7-1 和表 7-2）。

表 7-1　瑞士背景概览

类别	现状	未来的风险	未来的机遇
政治制度与政治局势	传统"中立国"不再中立	地缘政治局势紧张	国内政局长期稳定
经济制度与社会发展	工业、金融业、旅游业为经济三大支柱，低通胀、低税负，是全球最具竞争力的经济体之一	宏观经济环境困难	科研投入高，知识密集型服务业增长潜力大
文化背景与宗教信仰	天主教（37.2%），新教（25%）	—	—

续表

瑞士	现状	未来的风险	未来的机遇
自然资源与地理条件	欧洲腹地、资源匮乏	能源局势紧张、高度依赖国际贸易	海外贸易改善
地缘关系与国际地位	多家国际组织总部所在地	关于俄乌问题、中国内政问题未能保持中立	严守永久中立

资料来源：根据公开资料整理。

表 7-2 瑞士重大历史事件及其主要影响

时间	重大事件	主要影响
1815 年	宣布成为永久中立国	成为最安全的资本存放地
20 世纪 90 年代末	金融机构监管改革	金融监管能力提高
2003 年	引入"债务刹车"机制	国家债务风险降低
2008 年	全球金融危机	金融体系、实体经济受到冲突
2011 年	欧债危机	瑞郎作为主要避险资产一路升值
2014 年	公投限制欧盟移民	与欧盟关系趋紧
2015 年	瑞郎"黑天鹅"事件	瑞士股市两天暴跌 15%
2020—2022 年	新冠疫情反复	政府财政出现赤字

资料来源：公开资料整理。

一、国家系统性风险趋势

瑞士系统性风险指数从 1981 年开始有数据，整体来看，瑞士的系统性风险呈现持续改善的趋势。从频率分布的区间来看，指数主要集中在 20 ~ 70 区间，其中 2012 年以来基本稳定在 50 以上，系统性风险处于较低水平。从 1981—2022 年瑞士系统性风险指数趋势图（参见图 7-1）来看，可分为以下三个阶段。

第一阶段（1981 年 1 月至 1989 年 12 月）：指数在 10 ~ 45 的区间波动，系统性风险较大。由于 1989 年以前缺乏股指风险指数，其系统性风险指数早期较低。在这一阶段，美欧市场受到发展中国家和新兴经济体的冲击，市场疲软，经济下滑，失业率上升，政府压力增大。加之 20 世纪 70 年代的美国由于供给不足、需求刺激以及石油危机出现的滞胀局面，导致全球经济在 80 年代陷入滞胀。根据世界银行数据，20 世纪 70 年代中期至 80 年代前期，全球进入"低增长、高通胀"的滞胀时期，全球通胀水平平均接近 11% 的高位，全球经济增速仅为 3%，并且经历过两轮明显的衰退。1986 年 7 月，瑞士系统性风险指数降至历史最低点 15，之后缓慢回弹。

第二阶段（1990 年 1 月至 2011 年 12 月）：指数基本处于 30 ~ 60 区间，系统性风险总体较上一阶段有所缓解。20 世纪 90 年代末，瑞士对其金融机构进行全面改革，这次改革提高了金融监管权力，指数在这一期间多数时段高于 50。自 2001 年美国遭受恐怖袭击，瑞士经济增长受到明显的抑制，形势不容乐观，其中受影响较大的主要是工业、旅店餐饮业以及建筑业。2002 年 7 月 19 日，其系统性风险指数跌破 30。2002 年 6 月，瑞士与原欧盟 15 国签订的第一份双边自由往来协定开始生效，三年来，瑞士劳动力市场对外开放取得了良好成果，对瑞士经济发展起到了积极的作用，这一期间指数持续上升，2004 年全年多数时段指数高于 55。2005 年 11 月，瑞士系统性风险指数接近 40，之后缓慢企稳。

2007 年夏季，美国爆发次贷危机。2008 年 9 月，雷曼兄弟公司破产预示着危机进一步升级，次贷危机演变为一场全球性的金融风暴，不仅全球金融体系受到重大影响，实体经济也受到严重冲击。瑞士的系统性风险指数在 2008 年 11 月接近 32 低点，随后迅速恢复，2010 年 7 月指数已经上行至 60 以上，得益于稳定的国内经济环境与有效的救市措施，瑞士是受 2008 年金融危机影响较小且恢复较快的国家之一。2011 年，全球经济尚未从金融危机中走出，而欧债危机与美债危机又日益升温，市场避险情绪大幅上升，瑞士系统性风险指数在 2011 年 8 月骤降至 21，随后恢复并保持在高位。

第三阶段（2012 年 1 月至 2022 年 9 月）：指数相比上一阶段又有所提升，基本处于 50 临界线以上的高位，系统性风险较小。2015 年以来，瑞士的系统性风险指数有明显的上涨，在 50 ~ 70 区间波动，这与这段时间内瑞士采取量化宽松政策、瑞士央行在 2015 年 1 月宣布取消瑞郎对欧元汇率的上限有关，这表明瑞士经济已具备应对新形势的能力，执行和维护欧元对瑞郎的最低汇率已经没有必要，瑞士的经济环境有所好转，系统性风险下降。2020 年，受全球新冠疫情影响，瑞士对外贸易出现了历史性的滑坡，同比下降 9%，降至 3 年前的水平。然而面对新冠疫情，瑞士经济拥有适度的公共债务、对短时间工作进行补偿、独立自主的中央银行等独特优势，因此其系统性风险指数在疫情防控期间仍然大部分时间保持在 50 以上。

进入 2022 年，全球需求反弹、供应瓶颈持续存在以及食品和能源价格飙升导致全球通胀飙升，瑞士当前通胀率为 3%，尽管远低于周边欧元区 8.9% 的水平，但仍处于 30 年来最高位。目前对于瑞士，最大的风险来源于全球经济衰退、欧洲天然气短缺的恶化、瑞士的电力短缺，此外，也不能排除新冠疫情的重新出现。2022 年 9 月中旬，瑞士联邦经济总局下调经济预期，将 2022 年经济增速预期由 2.6% 下调至 2%，2023 年增速由此前的 1.9% 下调至 1.1%。考虑到瑞士拥有强大的经济活力与国际资本实力，预计未来瑞士系统性风险指数可能会有小幅的下跌，在 45～60 区间波动，但大多时候维持在 50 以上。

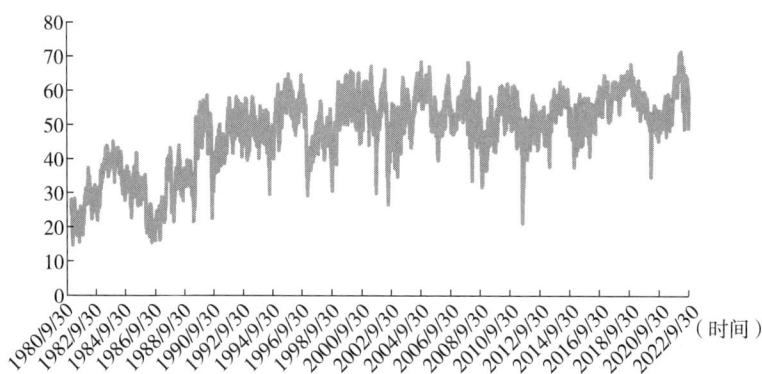

图 7-1　瑞士系统性风险指数趋势

资料来源：北京睿信科全球风险管理平台（www.sunrisk.cn）。

二、股指风险指数趋势

瑞士股指风险指数从 1989 年 7 月开始有数据。根据趋势图（参见图 7-2）来看，瑞士的股指风险指数在 0～100 区间呈现剧烈波动的态势，股指风险较大。股指代表瑞士市场指数（Swiss Market Index，SMI），于 1988 年推出，基准报价为 1 500 点。从股指走势图（参见图 7-3）来看，近 30 年瑞士的股指主要呈现出波动中上行的走势，从 1988 年 7 月 1 日的 1 507 点上涨至 2022 年 9 月 30 日的 10 267 点。

长期以来，瑞士的股市波动性较大。从 1989—2022 年瑞士股指风险指数的走势来看，可分为以下三个阶段。

第一阶段（1989 年 7 月至 1998 年 7 月）：股指风险指数在 10～90 的区间震荡，

风险相对较低，股指 SMI 呈稳步上升态势，从 1 507 点涨至 8 412 点，这与瑞士发达的实体经济与完善的金融制度有关。自 1980 年以来，随着全球新兴市场经济体的快速发展，瑞士 GDP 全球占比比例和排位有明显下降，但经济却出现了持续的增长，股指走势逐步上扬，在 1998 年突破 8 000 点。1998 年以来，瑞士股指风险指数逐步上升，达到较高的水平，此时瑞士的股指风险逐步降低，这与 20 世纪 90 年代末瑞士对其金融机构进行全面改革有很大关系，此次改革提高了金融监管能力，完善了现有金融体制，改善了瑞士的金融环境。

第二阶段（1998 年 8 月至 2011 年 8 月）：股指风险指数在 0～100 的区间宽幅震荡，股指 SMI 呈 W 形趋势，波动较大，两次触底。2005 年，伦敦市中心发生恐吓爆炸事件，欧洲三大股市遭到重创，航空股、保险股首当其冲，遭遇暴跌，因为市场担心伦敦旅游业将受到打击，瑞士股指盘中跌幅曾接近 4%，此时瑞士股指风险指数触底，风险较大。2008 年，美国次贷危机引发的全球金融危机波及全球，瑞士虽然是世界上最稳定的经济体之一，但不可避免也受到了全球金融风暴的冲击，出口形势严峻、金融部门受挫，瑞士系统性风险指数在这段时间内呈下降趋势，并于 2008 年 10 月 10 日降到 0，股指风险极大。瑞士当局采取连续降息、提高储蓄保证金、取消信贷限制等一系列措施，股指 SMI 在未来三年呈 M 形上升趋势，股指风险也进一步降低。

第三阶段（2011 年 9 月至 2022 年 9 月）：股指风险指数在 20～100 的区间震荡，大部分时间在 50 以上，相比前一阶段股指风险有较大缓解，股指 SMI 总体上呈增长趋势。在这一期间，瑞士股市也经历了一些外部事件而出现较大波动：2015 年，瑞士央行意外宣布降息，并放弃自 2011 年 9 月以来一直维持着的欧元兑瑞郎 1.20 汇率下限，使瑞郎和欧元脱钩，这一意外政策震惊市场，导致瑞郎对欧元几分钟内升值近 30%，瑞士股市暴跌超过 10%，市值瞬间蒸发约 1 000 亿美元；2020 年，新冠疫情暴发，股市在全球范围都受到影响，瑞士股票市场也遭遇了一股"抛售风"，3 月 SMI 跌至 8 160 点，风险指数跌破 20 点，并在其后随着疫情的多次暴发而波动。

2022 年，新冠疫情反复、乌克兰问题导致能源局势紧张、美联储大幅加息给全球股市带来压力，全球经济存在衰退风险。瑞士经济缺乏庞大国内市场，高度依赖出口，故瑞士股指 SMI 受外部经济变化影响较大。从 2022 年瑞士股指风险指数走势来看，预计未来，瑞士股指风险指数将在 20～80 区间大幅震动，股指可能会在波动中下行。

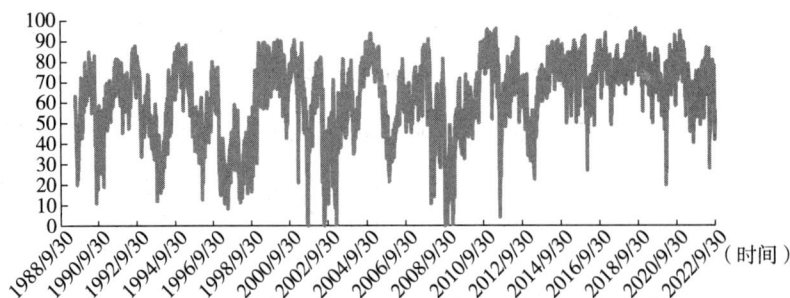

图 7-2　瑞士股指风险指数趋势

资料来源：北京睿信科全球风险管理平台（www.sunrisk.cn）。

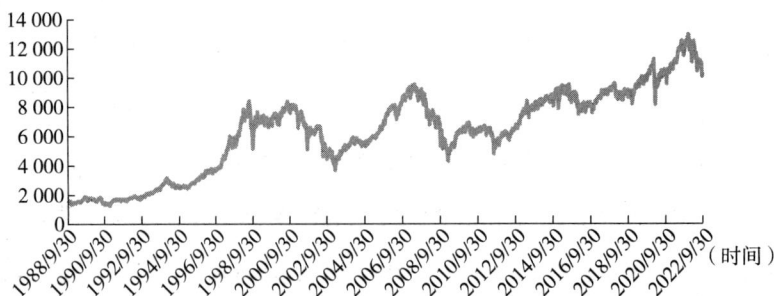

图 7-3　瑞士股指走势

资料来源：北京睿信科全球风险管理平台（www.sunrisk.cn）。

三、汇率风险指数趋势

　　瑞士法郎是瑞士和列支敦士登的法定货币，货币代码为 CHF，瑞士的大部分邻国使用欧元。瑞郎由瑞士国家银行发行管理，又被称为传统避险货币，主要流通于瑞士、列支敦士登、意大利坎波内，在国际外汇市场中占有非常重要的地位，2015 年 1 月 15 日起瑞士法郎与欧元脱钩。从美元兑瑞郎汇率走势图来看（参见图 7-4），1981—2022 年，美元兑瑞郎从 1.79 降至 0.99，瑞郎处于持续的升值状态。

　　瑞士汇率风险指数从 1981 年 1 月 1 日开始有数据。从瑞士汇率风险指数趋势图（参见图 7-5）来看，可将其大体上分为三个阶段。

　　第一阶段（1981 年 1 月至 1989 年 1 月）：汇率波动极大，风险指数在 0~90 区间震荡，汇率风险较大。20 世纪 80 年代，瑞士汇率风险指数大多数时间处于 50 以下，风险较大，从 1981 年起，瑞士法郎汇率在 1985 年 2 月 25 日达到最大值 2.92，其后汇率大幅下跌，瑞郎对美元升值，至 1989 年维持在 1.5 左右。

第二阶段（1989 年 2 月至 2008 年 3 月）：汇率在 1.5 左右浮动，汇率风险相比上一阶段有所降低。进入 20 世纪 90 年代后，世界金融业的发展出现了许多新特点和新倾向，瑞士汇率风险指数也有所上升，随着 90 年代末瑞士对其金融机构进行全面改革，瑞士汇率风险指数逐渐稳定在 50 线以上。从 2001 年中期到 2003 年中期，瑞士法郎亦对美元升值。这次升值是 2001 年"9·11"事件后地缘政治风险急剧上升造成的，导致对被认为是"安乐天堂"的瑞士法郎的需求上升。这种对瑞士法郎的相对强劲的需求一直延续到 2003 年 5 月伊拉克战争结束。

第三阶段（2008 年 4 月至 2022 年 9 月）：汇率在 1.0 左右小幅波动，汇率风险指数经历了急速下跌后又逐步恢复的过程。受到 2008 年国际金融危机的影响，瑞士汇率风险指数在 2008 年再次出现明显的下降。2011 年，随着欧债危机的爆发，欧元不断贬值，瑞郎作为全球主要避险资产，吸引了大量资本流入并一路升值，瑞士的金融市场再次受到冲击，汇率风险指数同样出现明显的下降，瑞士汇率风险指数在 2011 年 8 月两次跌至 0，风险极大。

美国主权信用评级被下调和欧元区主权债务危机恶化使得瑞郎成为备受投资者青睐的"避险天堂"，瑞郎对欧元和美元汇率节节攀高，却会给依赖出口和旅游业的瑞士经济带来负面影响。基于以上情况，瑞士央行在 2015 年突然宣布降息，并放弃自 2011 年 9 月以来一直维持着的欧元兑瑞郎 1.20 汇率下限，使瑞郎和欧元脱钩，这一意外政策引发了外汇市场巨震，瑞士的汇率风险指数也出现了一个短暂的大幅下跌过程。在这之后，瑞士的汇率与风险指数均比较稳定，美元兑瑞郎汇率基本稳定在 1.0 左右，风险指数主要在 60~100 区间波动，汇率风险较低。

2022 年 10 月瑞士的通货膨胀率为 3%，在全球范围内来看，瑞士的通货膨胀率是较低的，但瑞士央行行长乔丹仍表示，收紧货币政策是有必要的。不过几十年来，瑞郎强势一直是瑞士经济稳定的象征，帮助瑞士吸引企业投资并对银行注入资本。因此，即使面临着一系列不利外部因素，在瑞士强健的基本经济面下，预计未来瑞士汇率风险保持稳定，汇率风险指数将继续在 60~100 区间内波动，美元兑瑞郎汇率维持在 1.0 左右。

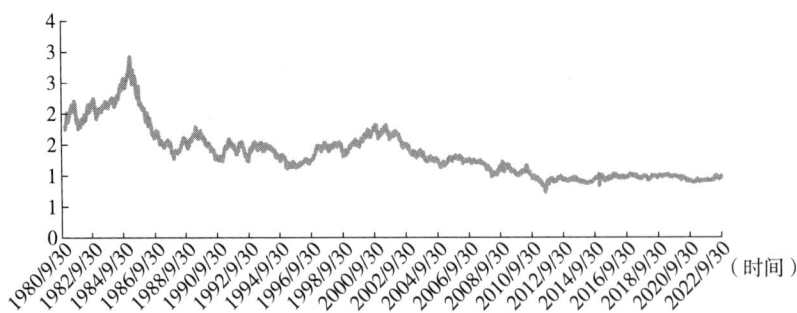

图 7-4　美元兑瑞郎走势

资料来源：北京睿信科全球风险管理平台（www.sunrisk.cn）。

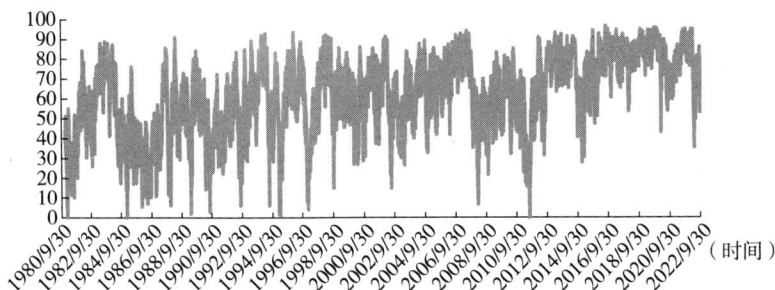

图 7-5　瑞士汇率风险指数趋势

资料来源：北京睿信科全球风险管理平台（www.sunrisk.cn）。

四、国家债务风险指数趋势

瑞士国债由瑞士联邦财政部的国库部门负责发行，该部门根据经济发展、旧债还本付息等情况提出发债计划，经财政部长及议会讨论通过，然后交瑞士央行具体实施国债的发行。在层层监管下，瑞士联邦政府的负债率一直维持在合理水平，大大低于大部分发达经济体的水平。国家债务风险指数包括政府财政债务风险子指数和国债风险子指数，政府财政债务风险子指数由政府财政余额指数和债务余额风险指数构成。

大体来看，自 1994 年以来，瑞士的国债收益率从较高水平开始逐步收缩。1994 年 11 月，2 年期国债收益率和 10 年期国债收益率分别为 4.83% 和 5.40%。2022 年 9 月，2 年期国债收益率和 10 年期国债收益率分别为 0.75% 和 1.23%，还出现过负利率的情况，但 30 年来未曾出现利差倒挂的情形。从总指数趋势图（参见图 7-6 至图 7-9）来看，可将其大体分为三个阶段。

第一阶段（1981 年 1 月至 1996 年 5 月）：国家债务风险指数呈阶梯式上升，从 0 上涨至 70，国家债务风险有极大的改善。进入浮动汇率体系时代，瑞士财政赤字大幅扩张，1991 年政府财政余额开始为赤字，并且维持了近十年，但瑞士财政整体尚属健康，其财政赤字占 GDP 的比重最高不足 3%。1996 年 5 月，总指数上涨至 70 以上，此时国债风险子指数已经接近 100，整体国家债务风险有了极大的改善。

第二阶段（1996 年 6 月至 2009 年 5 月）：指数呈 W 形趋势，在 35～70 区间震荡，国家债务风险经历了上升－下降－上升－下降的过程。对应在此阶段，国债风险子指数也呈 W 形趋势，2 年期国债收益率和 10 年期国债收益率呈现波动中下行的走势，国债收益率利差呈现显著下降至 −6% 后回升并在 0～1% 区间波动的走势，财政余额由赤字转为盈余，政府债务逐渐降低。瑞士联邦政府在 2003 年引入"债务刹车外部联系"机制，目的是防止结构性金融失衡，在该机制下，自 2006 年以来，联邦政府将大量财政盈余用来减轻债务，也使得国家债务风险总指数维持在 40 线以上。在 2008 年金融危机期间，瑞士由于其金融业的发达稳定被视为资本避险地，因此不同于其他国家国债收益率出现利差倒挂的情形，瑞士的国债收益率利差反而从 2007 年 9 月的 0.23% 上涨至 2009 年 5 月的 2.0%。

第三阶段（2009 年 6 月至 2022 年 9 月）：指数在波动中下行，国家债务风险呈加大趋势。2010 年，瑞士联邦主席表示，各国准备好从危机当中退出的做法，最重要的是解决赤字和政府债务，只有处理好这个问题，世界增长才能回到健康可持续的水平上。2014 年，瑞士财政出现了 1.24 亿瑞士法郎的赤字，这是瑞士自 2005 年以来时隔 9 年再次出现财政赤字，原因主要是降低了企业所得税和个人所得税。由于瑞郎升值短期内可能继续影响瑞士经济增长，瑞士提高财政收入的难度有所加大，瑞士央行于 2015 年 1 月取消了对欧元汇率的上限，受此影响，资金更容易从全球流向瑞士，政府借贷成本将下降，但瑞士法郎升值和削减支出有可能导致经济恶化，这一期间，总指数呈缓慢下跌态势，国家债务风险持续扩大。

2015 年初，瑞士政府成为有史以来首个以负利率发行基准十年期国债的国家政府。物价下滑和全球各大央行的空前举措正让全球市场进一步踏入未知领域。由于投资者预期欧元会迅速贬值，市场避险资金流入瑞郎，瑞士央行采取负利率使得瑞郎的吸引力降低，从而为央行执行汇率下限提供支撑，以稳定汇率、维护就业市场。2020年，新冠疫情导致瑞士联邦财政收入减少、额外支出大幅增加，出现创纪录的 158 亿瑞郎财政赤字，占 GDP 比重为 2.96%，受此影响，2020 年总指数曾跌至 30。但是瑞士的公共债务相比于其他国家仍处于较低的比例，这与"债务刹车"机制密切相关，得益于此，瑞士拥有良好的财政回旋余地，可用来减轻不可避免的经济衰退影响，因此疫情防控期间国家债务风险虽有上涨，但仍可控。

2022 年 10 月，瑞士联邦委员会表示，2022 年瑞士联邦政府赤字预计为 41 亿瑞郎，赤字的主要原因来自防疫措施的特殊支出。根据 IMF 的预测，未来五年瑞士财政余额将保持在 0～1% 的水平，政府债务预计从 40% 下降至 33%，整体情况较好。从国内情况来看，瑞士拥有稳定的政府债务管理机制、强大的金融实力，已成为全球资本的避险地；从国际情况来看，地缘政治局势、能源危机使得全球经济形势不明朗。综合来看，预计未来瑞士的国家债务风险不会太高，总指数呈波动中上行的趋势。

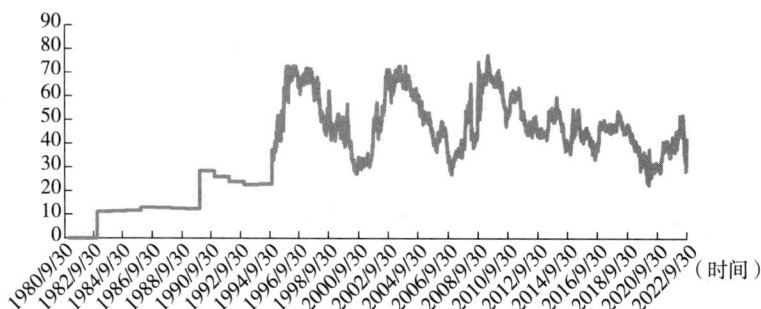

图 7-6　瑞士国家债务风险指数趋势

资料来源：北京睿信科全球风险管理平台（www.sunrisk.cn）。

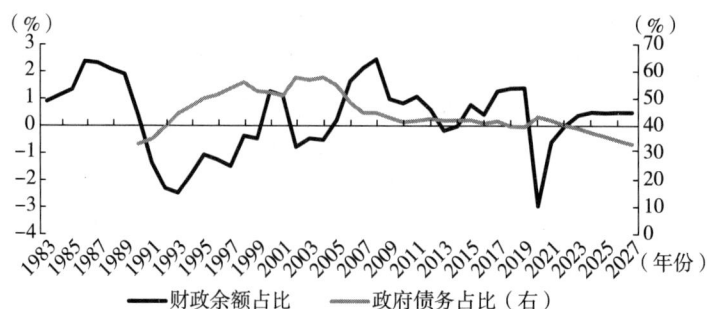

图 7-7　瑞士财政收支余额与政府债务总额占 GDP 比重走势

资料来源：国际货币基金组织。

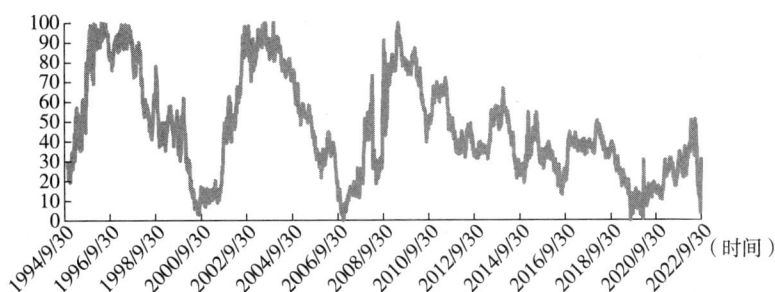

图 7-8　瑞士国债风险子指数趋势

资料来源：北京睿信科全球风险管理平台（www.sunrisk.cn）。

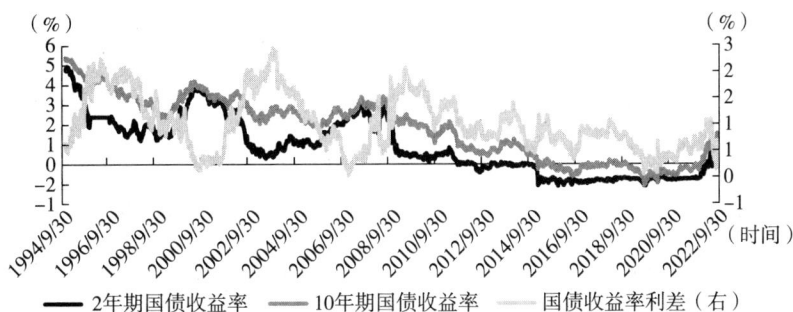

2年期国债收益率　　10年期国债收益率　　国债收益率利差（右）

图 7-9　瑞士国债收益率与利差走势

资料来源：北京睿信科全球风险管理平台（www.sunrisk.cn）。

五、经济物价风险指数趋势

消费物价指数（CPI）是根据与居民生活有关的产品及劳务价格统计出来的物价变动指标，通常作为观察通货膨胀水平的重要指标。CPI 同比反映了与去年同期相比，为保持相同消费水平，消费者需要增加或减少消费支出的数额。瑞士 CPI 同比变化数据始于 1981 年，从整体来看，瑞士 CPI 变动较小，尤其进入 21 世纪后，CPI 同比均低于 4%，瑞士经济物价风险较低。

瑞士经济物价风险指数从 1981 年 1 月开始有数据。从瑞士经济物价风险指数趋势图和 CPI 走势图（参见图 7-10 和图 7-11）来看，可将其大体上分为三个阶段。

第一阶段（1981 年 1 月至 1989 年 12 月）：CPI 大跌大涨，经济物价风险指数呈 W 形走势，波动大。由于供给不足、需求刺激以及石油危机，美国在 20 世纪 70 年代出现滞胀，这也不可避免地造成了全球的滞胀局面，瑞士也受到了影响，其 CPI 同比在20世纪80年代出现大起大落的局面，1981年9月达到最高点7.47%，随后开始下滑。在这段时期，瑞士的经济物价风险指数也出现了较大的震荡，物价风险较大。

第二阶段（1990年1月至1999年12月）：CPI逐步降低并趋于稳定，经济物价风险指数大部分时间处于高位，风险较上一阶段有所缓解。这主要得益于瑞士自1990年以来执行的中期道路计划（按季调整基础货币的中期成长道路）为保持物价稳定做出了贡献，其CPI同比从1991年6月的6.57%回落到0～2%的水平，物价风险降低。

第三阶段（2000年1月至2022年9月）：CPI同比大部分时间处于−1%～3%的区间，经济物价风险指数波动较大，但大部分时间风险较低。进入21世纪后，由于瑞士法郎对主要货币大幅升值、IT泡沫破灭以后全球经济增长放缓，瑞士经济在2001—2003年经历了一个经济增速放慢和通货紧缩的过程，CPI同比在2000年11月达到峰值（+1.9%）后持续下降，并且在2002年和2004年两度跌到0点以下。为应对经济增速放慢和通货紧缩，瑞士国民银行大胆地把三个月伦敦银行同业拆放利率目标范围下限降为0，加之全球经济的好转，瑞士经济在2003年中期显示出了复苏的迹象。CPI在2004年3月达到低点（−0.09%），央行从2004年中期开始放松其扩展性货币政策。

2008年全球金融危机、2010年欧债危机不可避免地对瑞士经济产生了影响，这一期间瑞士经济物价风险指数呈震荡趋势，风险较大。经历了金融危机、债务危机的接连打击，欧洲经济自2012年起开始出现衰退迹象，面临低增长、低通胀、本币升值等问题，瑞士开始推行负利率政策。2014年12月，瑞士央行将超额活期存款利率设为−0.25%，以维持欧元兑瑞郎1∶1.2的下限，但仍无力抵抗瑞郎的升值压力，2015年1月，瑞士央行宣布放弃其汇率限制，这一期间CPI基本处于负增长状态。

从内生性通胀来看，瑞士是发达国家中综合税收较低的国家，低税收的另一面就是低福利，在2020年新冠疫情期间瑞士没有进行货币大放水，因此面临的通胀压力较低。从输入性通胀来看，瑞士央行积累了庞大的外汇储备，当外国避险投资者涌入瑞郎，造成的本币升值正好可以抵消输入性通胀压力。

世界银行的数据显示，2022年4月，全球通胀率达到7.8%，其中新兴市场和发展中经济体的通胀率处于2008年以来的最高水平，发达经济体的通胀率处于1982年以来的最高水平。瑞士 CPI 于 2022 年 6 月同比升至 3.4%，为 2008 年来首次升破 3%，远低于周边欧元区 8.9% 的水平，是全球通胀率最低的国家之一，但仍处于瑞士本国 30 年来最高位。导致物价上涨的原因不只有俄乌冲突和新冠疫情，还有电价上涨等。考虑到瑞士基本经济面稳定，预计未来，瑞士的经济物价指数大部分时间将保持在 60 以上的高位，风险较低。根据瑞士央行，瑞士物价有下降趋势，2023 年 CPI 增速为 2.4%，2024 年 CPI 增速为 1.7%。

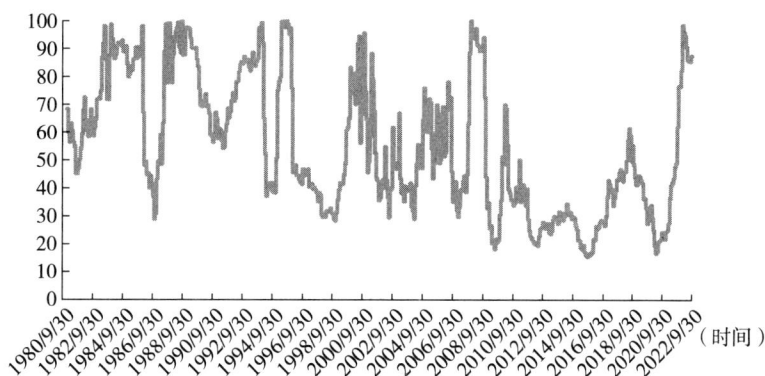

图 7-10　瑞士经济物价风险指数趋势

资料来源：北京睿信科全球风险管理平台（www.sunrisk.cn）。

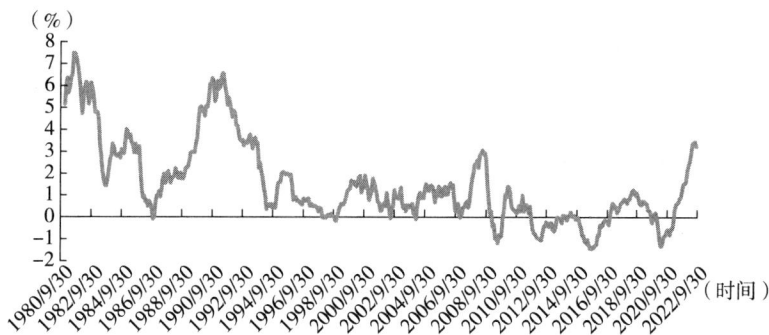

图 7-11　瑞士 CPI 年均同比走势

资料来源：北京睿信科全球风险管理平台（www.sunrisk.cn）。

六、经济潜力风险指数趋势

经济潜力风险指数根据经济潜力空间比值计算而来，总体来看，瑞士经济潜力风险指数趋势与经济潜力空间比值走势基本保持一致。瑞士的经济潜力风险指数变动幅度不大，进入21世纪后基本在30左右小幅波动，经济潜力空间比值在0.5～1.7区间小幅波动。从经济潜力空间比值的经验标准来看，发展中国家高于3.0是安全的，新兴市场国家高于2.0是安全的，1.5是临界线，发达国家在1.0左右是安全的。瑞士是发达国家，近十年经济潜力空间比值从0.6升至0.9，经济潜力中等。

瑞士经济潜力风险数据始于1981年1月1日，从瑞士经济物价风险指数趋势图（参见图7-12和图7-13）来看，可将其大体上分为三个阶段。

第一阶段（1981年1月至1999年12月）：20世纪之前，经济潜力风险指数呈先上涨后下跌的趋势。1985年以前，瑞士在教育、科研上投入较多，拥有丰富的高端人力资源，保证了瑞士制造的品质和瑞士金融的稳定，合理的移民政策则保证了高端人才的持续输入，形成"高薪资－高人才吸引力"的良性循环。此外，瑞士产业结构良好，1980年，第一产业、第二产业和第三产业分别占比4.24%、50%和45.76%。得益于这些优势，1981—1985年瑞士的经济潜力空间比值持续提升，最高达到了1985年3月的1.65，远超发达国家的临界线1.0，经济潜力较大。但1985年以后，瑞士经济也受到了西方经济衰退的影响，还出现过连续两年的GDP负增长，在此期间，经济潜力风险指数持续下跌，经济增长潜力降低。

第二阶段（2000年1月至2011年8月）：进入21世纪后，瑞士经济潜力风险指数持续下降、经济增长潜力持续下降。瑞士在2000—2002年经济潜力出现短期的高位维持，这段时间的空间比值超过1.0，主要是因为这一时期内外需旺盛、投资增长、出口活跃等，2000年第一季度，瑞士国内生产总值实际增长4%，创下10年来的最高纪录。2002年之后，经济潜力风险指数开始持续下跌。2008年全球金融危机，瑞士主要出口国经济受到冲击，2009年美国逼迫瑞士废除了沿用300年的银行保密法使得瑞士私人银行业的优势只剩下经验与声誉，这些因素使得瑞士的经济潜力风险指数持续走低，在2011年多次跌破20。

第三阶段（2011年9月至2022年9月）：经济潜力风险指数缓慢爬升、经济逐渐复苏。瑞士境内税率较低、经济环境稳定，此外，瑞士还具有政局稳定、国内科研投入大、生活条件较好、劳动力教育良好等一系列优势。因此，在2011年后，瑞士的经济潜力风险指数持续走高，经济潜力空间比值从2011年的0.5提升至2022年的0.9。受疫情影响，2020年瑞士经济陷入衰退，不过由于瑞士实施了"软封锁"和经济支持计划，瑞士经济在前三季度的最终表现好于预期。瑞士经济迅速重启的重要原因之一就是政府为应对疫情冲击出台了一系列经济支持措施，包括向中小企业发放总额约 600 亿瑞郎过渡纾困贷款、扩大"部分失业"保障金发放范围并简化审批流程等。

瑞士的经济高度依赖出口，因此其经济增长潜力也与国际局势有关。由于目前国际局势的不确定性较高，苏黎世联邦理工学院经济景气研究所（KOF）2022 年发布的数据显示瑞士经济前景黯淡，瑞士国家经济事务局（SECO）下调 2023 年经济增长预期，预计瑞士 2023 年 GDP 增长 1.1%，低于 6 月预测的 1.9%。随着新冠疫情的反复，瑞士经济未来的复苏之路仍将面临高度不确定性。预测未来两年，瑞士经济潜力风险可能会有小幅的增大，指数将在 20～35 区间波动，经济潜力空间比值将会在 0.8～1.1 区间波动。

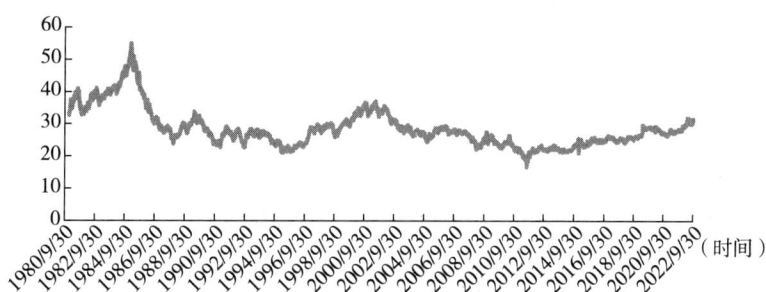

图 7-12 瑞士经济潜力风险指数趋势

资料来源：北京睿信科全球风险管理平台（www.sunrisk.cn）。

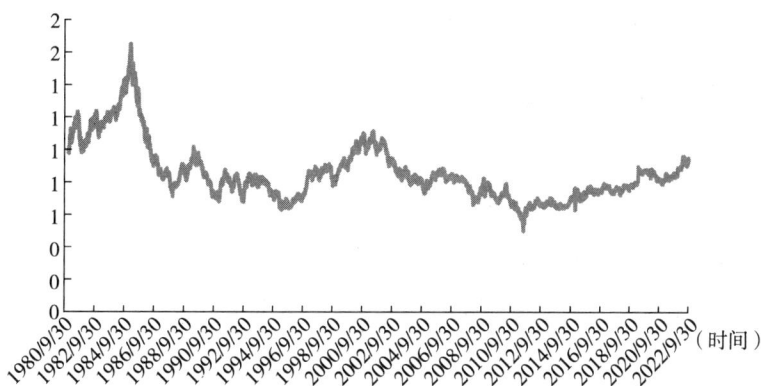

图 7-13 瑞士经济潜力空间比值走势

资料来源：北京睿信科全球风险管理平台（www.sunrisk.cn）。

第二节　挪威系统性风险趋势

挪威，全称为挪威王国，意为"通往北方的路"，与丹麦、瑞典、芬兰、冰岛合称为北欧五国，位于北欧斯堪的纳维亚半岛西部，东邻瑞典，东北与芬兰和俄罗斯接壤，南同丹麦隔海相望，西濒挪威海。其海岸线长 21 192 公里（包括峡湾），沿海岛屿多达 15 万个，享有"万岛之国"之称。挪威首都为奥斯陆，官方货币为挪威克朗，官方语言为挪威语和萨米语，多数人信奉基督教路德宗。2021 年，挪威人口总数为 542.5 万，GDP 约为 4 819 亿美元，人均 GDP 约为 8.8 万美元，人均 GDP 水平位列北欧五国之首，位居全球第四，其经济是市场自由化和政府宏观调控成功结合的范例。挪威拥有世界规模最大的主权财富基金，2021 年底市值约为 1.2 万亿美元。在全球人类发展指数（HDI）排名中，挪威常年位居第一，是当今全球最富裕、经济最发达且生活水平最高的国家之一。

挪威于 9 世纪形成统一王国，9—11 世纪进入全盛期，14 世纪中叶开始衰落，1397 年与丹麦和瑞典组成卡尔马联盟，受丹麦女王玛格丽特一世统治，1814 年被丹麦割让给瑞典。在丹麦、瑞典的长期压迫和统治下，直至 1905 年 6 月 7 日，挪威才脱离瑞挪联盟独立。在第二次世界大战中，挪威被德国占领。1945 年 5 月，德国占领军宣布投降，挪威光复。1947 年，挪威接受了马歇尔计划，随后经济逐步恢复。挪威分别于 1949 年、1959 年加入北约、欧洲自由贸易联盟。但挪威于 1972 年和 1994 年，两次公民投票分别反对加入欧共体和欧盟。1999 年，挪威加入《申根协定》。

挪威是典型北欧模式的"三高"（高收入、高福利、高税收）国家，同时也是世界上物价最高的国家。挪威的海上石油、天然气资源丰富，本土拥有大量森林、水力和矿产资源。挪威的三文鱼养殖始于 20 世纪 70 年代，经过 50 多年的持续发展，挪威已成为全球第一大三文鱼养殖生产国。此外，挪威是一个高度工业化国家，其海洋石油、天然气化工、航运、水电、冶金等尤为发达，其中油气工业在挪威经济中占据主导地位，产值约占 GDP 的四分之一，这使得挪威的经济得以持续地繁荣发展。截至 2021 年底，挪威已探明和未探明油气储量为 159 亿立方米石油当量，其中已开采 80.16 亿立方米，约占总储量的 50%。挪威石油产量可满足全球约 2% 的需求，天然气满足全球约 3% 的需求，虽然总量不大，但其生产的石油和天然气几乎全部用于出口，使得挪威成为国际石油和天然气市场的重要供应国。自 2022 年俄乌冲突爆发以来，国际油气价格大幅上涨，挪威逐渐取代俄罗斯，成了欧洲获取天然气最大的希望；10 月，挪威还开通了向波兰输气的新管道。挪威依靠油气收入大增，欧盟对此产生了意见，同时认为挪威继续开发石油的策略不符合欧盟的环保理念（参见表 7-3 和表 7-4）。

表 7-3　挪威背景概览

类别	现状	未来的风险	未来的机遇
政治制度与政治局势	君主立宪制政体，政党数量较多，但政局稳定	在推进绿色发展背景下，各党关于油气产业前景产生分歧	平衡油气产业与气候政策推进
经济制度与社会发展	主张自由贸易，外贸在经济中占据重要地位，宏观经济环境长期稳定良好，高度工业化国家，世界第三大天然气出口国，第八大石油出口国；渔业是重要的传统经济部门，全球最大的捕鱼国之一、第二大水产出口国；海运业发达，全球第四大航运国	劳动力缺口扩大，高度依赖国际贸易	引进国外劳动力，发展旅游产业
文化背景与宗教信仰	多数人信奉基督教路德宗，教会成员占人口总数的 65%，但日趋多元化，信奉伊斯兰教的人数在快速上升	宗教冲突	完善宗教相关立法
自然资源与地理条件	油气、水力、森林、渔业资源丰富，东邻瑞典，东北与芬兰和俄罗斯接壤，南同丹麦隔海相望，西濒挪威海，自然灾害较少	过度开采，与绿色发展理念相悖	成为欧洲天然气的主要来源
地缘关系与国际地位	高度发达的福利国家、欧洲自由贸易联盟和申根成员，与 140 多个国家建有外交关系，同美国与北约保持密切合作	俄乌冲突背景下，作为天然气出口大国在欧洲能源危机中获得巨额利润，与欧盟产生利益冲突	与更多国家建立交流合作

资料来源：根据公开资料整理。

表 7-4　挪威重大历史事件及其主要影响

时间	重大事件	主要影响
1905 年	挪威独立，建立君主立宪国	摆脱丹麦、瑞典长达 500 年的压迫和统治，建立独立国家
1947 年	接受马歇尔计划	"二战"后经济逐步恢复，1949 年加入北大西洋公约组织
20 世纪 50 年代至 60 年代	依靠丰富的海洋和森林资源	呈现半工业化国家特征
1969 年	发现石油	促进工业发展，推动经济迅速增长
20 世纪 80 年代	全球原油需求量急剧增大	积累大量财富，出现短暂恶性通货膨胀，但政府迅速调整政策，保证了经济"三低"
1990 年	成立石油基金	限制财政支出，实现代际平衡，积累大量财富
20 世纪 90 年代	取消石油生产限额	收入增加，外贸顺差大幅增加
2000—2007 年	发展数字经济	全球发展数字化社会最完善的国家之一，已成为名副其实的全球信息化领跑者
2006 年	石油基金改为挪威政府养老基金	作为主权财富基金在境外投资，获得巨额回报，已成为世界规模最大的主权财富基金
2015 年	制订温室气体减排计划	推动绿色经济发展，2019 年已经在 1990 年的基础上减排近 20%，2023 年计划提高至 45%
2022 年	欧洲能源危机	俄乌冲突背景下，油气收入大幅增长

资料来源：根据公开资料整理。

一、国家系统性风险指数趋势

系统性风险指数由股指、汇率、国家债务、经济物价和经济潜力五个子风险指数构成，其权重分别为 25%、25%、20%、15% 和 15%。挪威系统性风险指数始于 1981 年 1 月 1 日，整体而言，挪威系统性风险指数分布在 20～70 区间。

1988 年以前，挪威缺少股指风险指数数据，因此系统性风险指数相对较低。1988 年以后，挪威系统性风险指数大多在 50 以上，整体而言挪威系统性风险较为可控，但也有部分年份迎来短暂的系统性危机。具体来看，挪威主要受到三次系统性风险冲击：一是 2002 年，受美元指数进入熊市、股市低迷等影响，系统性风险指数跌至 28 左右；二是 2008 年，全球爆发金融危机，挪威系统性风险指数再次跌破 30，为低点 22 水平左右；三是 2020 年，在全球遭受新冠疫情冲击的背景下，挪威在 3 月的系统性风险指数首次跌破 20（参见图 7-14）。未来，随着欧盟对挪威石油供应的依赖、国际贸易摩擦上升，挪威系统性风险指数可能主要在 30～70 的区间波动。

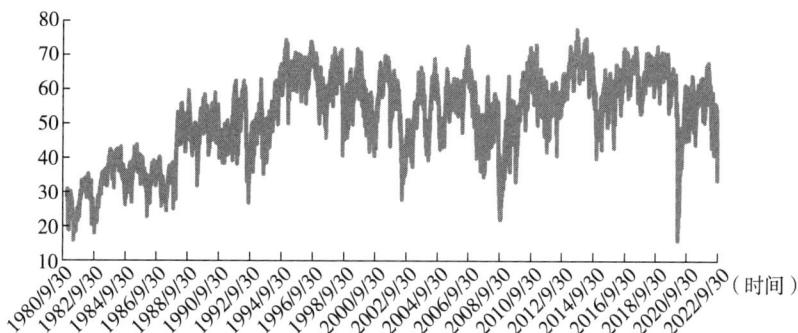

图 7-14　挪威系统性风险指数趋势

资料来源：北京睿信科全球风险管理平台（www.sunrisk.cn）。

二、股指风险指数趋势

OBXP 指数是一个市值加权价格指数，由在奥斯陆证交所挂牌的、最大的公司股票组成。指数设立于 2006 年 4 月 21 日，计算采用自由流通股，历史数据来自 OBX 指数。OBX 指数是奥斯陆证券交易所的主要指数，包括 25 个最具代表性的公司企业。

挪威股指风险指数始于 1988 年 1 月 4 日，振动幅度与频率都较大，大多在 20～90 的区间波动，说明挪威股市较为敏感。2000—2003 年，受美股纳斯达克泡沫影响，挪威股指持续下跌，下降幅度超过 100%，从 220 点附近跌破 100 点。2008—2009 年，主要受美国次贷危机引发的全球金融危机影响，挪威股指风险指数跌至 50 以下，股指也出现了历史上幅度最大、速度最快的下跌，半年内从 400 多点降至 150 点左右。短暂冲击后，挪威在较短时间内恢复稳定，2009 年起股指开始稳步回升，至 2010 年股指风险指数大多处于 50 以上。2020 年 3 月，新冠疫情在全球蔓延，市场避险情绪迅速升温，受此影响，挪威股指半个月下跌约 20%，股指风险指数出现跌至 0 的现象。但金融危机后，挪威政府多次出台经济救援方案应对石油收入放缓、失业率上升、克朗贬值等问题，在政府的积极应对下，挪威股指风险指数有所回升（参见图 7-15 和图 7-16）。当前挪威股指是 2008 年金融危机时的 4 倍，存在一定的股市泡沫。未来，股指风险指数可能宽幅波动，存在跌破 30 的可能性。

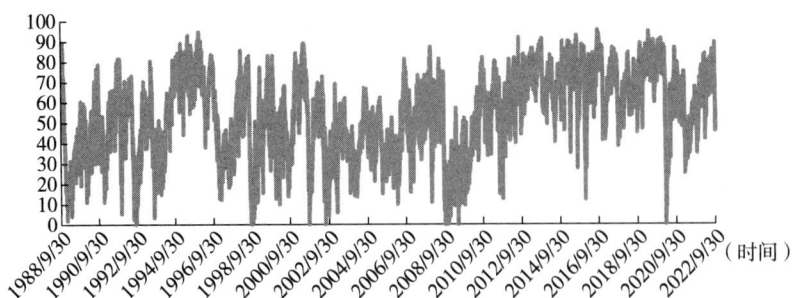

图 7-15 挪威股指风险指数趋势

资料来源：北京睿信科全球风险管理平台（www.sunrisk.cn）。

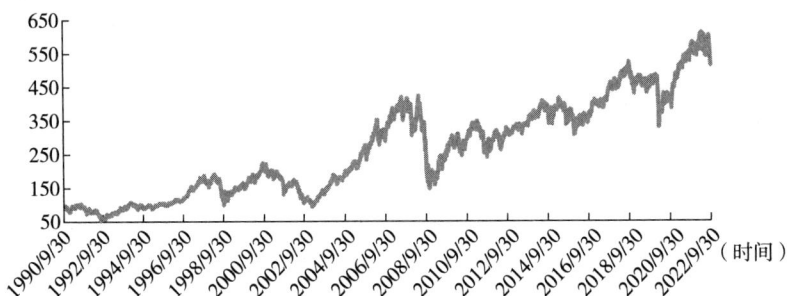

图 7-16 挪威股指走势

资料来源：北京睿信科全球风险管理平台（www.sunrisk.cn）。

三、汇率风险指数趋势

挪威官方货币为克朗，代码为 NOK。从 1981 年开始，挪威克朗汇率在 2008 年 4 月 16 日与 22 日达到最低值 4.96，于 2020 年 3 月 20 日达到最大值 11.71，2015 年之前在 6~8 区间波动，2015 年后，大多在 8~10 区间波动。

挪威汇率风险指数始于 1981 年 1 月 1 日，主要在 10~90 的区间波动。挪威汇率风险指数波动较大，加之其对国际贸易的高度依赖，挪威应加强对汇率风险的防范。

1984—1985 年，美元兑克朗汇率突破 8，在 8~10 的区间上涨接近 10 后回落，该时间段内汇率风险指数也处于 50 以下。受西方经济衰退影响和欧洲货币危机冲击，挪威克朗于 1992 年实行自由浮动。2000 年起，美元兑克朗汇率呈现下降趋势，但多位于 6~8 的区间，直至 2008 年金融危机出现跳跃式上涨，相应的汇率风险指数跌至 0 附近，汇率风险急剧增加。2014—2015 年，又出现一段跳跃式汇率上涨，此时对应的汇率风险指数也跌至 50 以下。2020 年，同为石油大国的伊朗的高级将领卡西姗·苏莱曼尼（Qassem Soleimani）遇袭身亡，引发了整个金融市场的避险情绪，对风险情绪敏感的克朗遭到打压，汇率风险指数发生波动，3 月 20 日，汇率达到历史最高值 11.71，相应的汇率风险急剧增加。2022 年以来，美联储持续加息，美元持续走强，挪威汇率风险指数出现较大波动跌至 0 附近（参见图 7-17 和图 7-18）。未来，在美元持续走强的背景下，挪威汇率风险可能仍然较大，预测其汇率风险指数有再次跌至 0 的可能性。

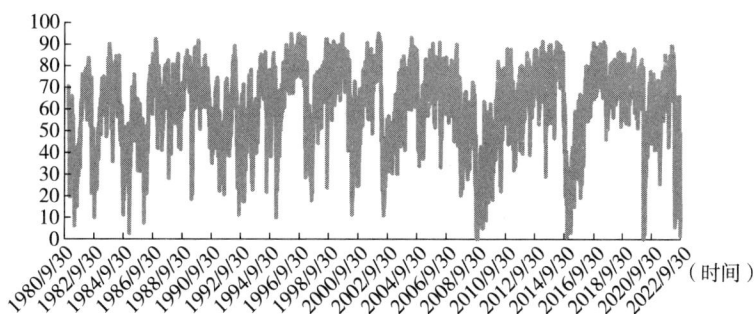

图 7-17　挪威汇率风险指数趋势

资料来源：北京睿信科全球风险管理平台（www.sunrisk.cn）。

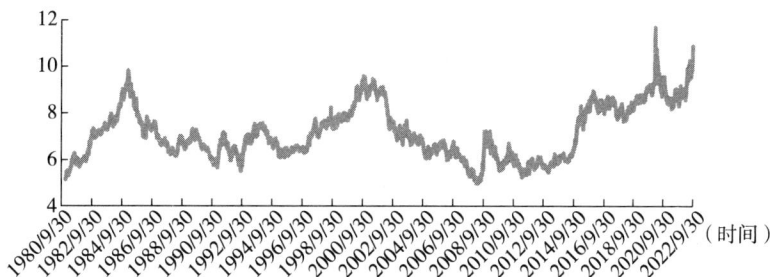

图 7-18　美元兑克朗汇率走势

资料来源：北京睿信科全球风险管理平台（www.sunrisk.cn）。

四、国家债务风险指数趋势

国家债务风险指数，包括政府财政债务风险子指数和国债风险子指数，其中政府财政债务风险子指数由政府财政余额风险指数和债务余额风险指数构成，分别依据财政余额占 GDP 比重和政府债务余额占 GDP 比重两个指标计算。挪威国家债务风险指数始于 1981 年 1 月 1 日，在 20～90 区间波动。

1994 年之前，挪威国家债务风险指数低于 50，主要由于 1994 年起挪威国债风险子指数才有相关数据。1994 年起，挪威国家债务风险指数大多位于 50 以上，整体而言国家债务风险较低。

挪威国家债务风险指数低于 50 主要有三个阶段：一是 1998—2003 年利差倒挂，政府债务增加，国债风险增大，主要是受到亚洲金融危机的影响；二是 2007—2009 年，国债风险指数位于 0～20 区间，利差再次出现倒挂，主要受美国次贷危机引发的全球金融危机影响；三是 2019—2020 年，出现财政赤字，利差倒挂，国债风险指数再次在 0～20 区间波动，主要受疫情冲击以及美国量化宽松政策影响（参见图 7-19 至图 7-22）。未来，在俄乌冲突的背景下，挪威成为欧盟主要能源供应来源，外债压力较小，预计挪威国家债务风险指数将在 40 以上波动。

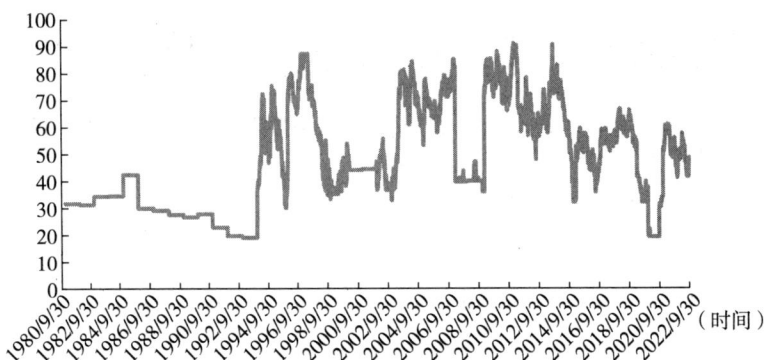

图 7-19　挪威国家债务风险指数趋势

资料来源：北京睿信科全球风险管理平台（www.sunrisk.cn）。

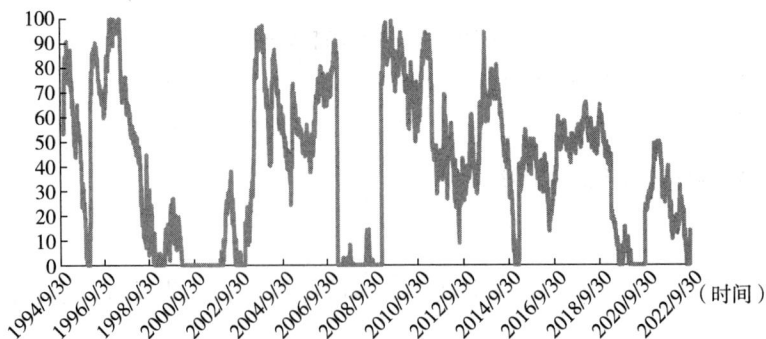

图 7-20　挪威国债风险指数趋势

资料来源：北京睿信科全球风险管理平台（www.sunrisk.cn）。

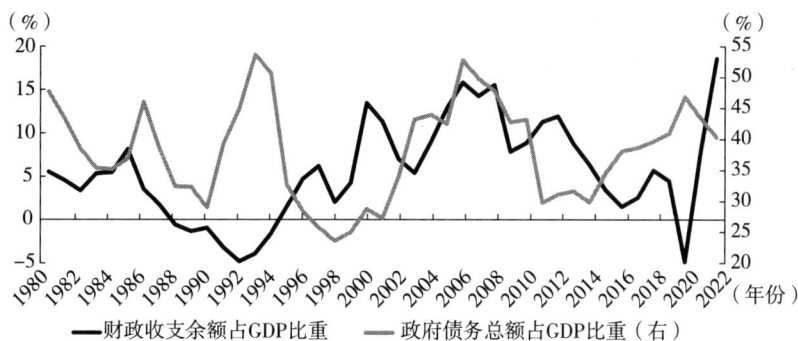

图 7-21　挪威财政收支余额、政府债务总额占 GDP 比重

资料来源：北京睿信科全球风险管理平台（www.sunrisk.cn）。

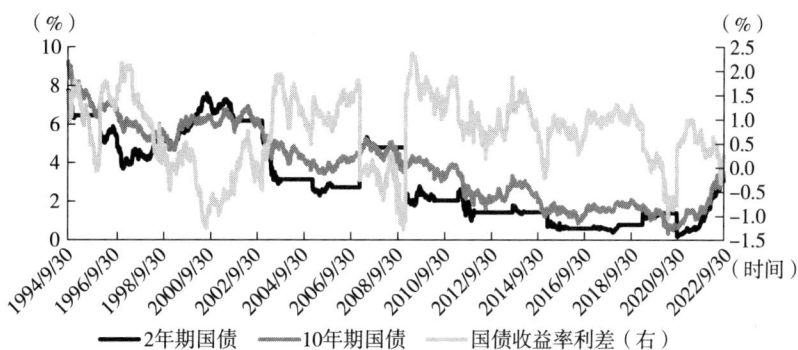

图 7-22　挪威 2 年期国债和 10 年期国债收益率及利差

资料来源：北京睿信科全球风险管理平台（www.sunrisk.cn）。

五、经济物价风险指数趋势

经济物价风险指数依据月度物价进行计算，挪威经济物价风险指数始于 1981 年 1 月 1 日，多在 20 ~ 100 区间波动。

20 世纪 70 年代，石油工业兴起，并成为挪威的国民经济支柱，经济发展迅速。20 世纪 80 年代，挪威因石油暴富，在一段时间内发生恶性通胀，造成社会危机，年均 CPI 值处于高位，在 4% ~ 14% 的区间波动。20 世纪 90 年代被誉为"发达国家失去的 10 年"。1990 年，挪威意识到未来油价波动对经济造成冲击的严重性，利用上一个十年靠石油积累的大量财富成立了石油基金，因此，这期间挪威经济物价风险指数虽出现波动，但基本保持在 50 以上，年均 CPI 值相较于 80 年代有所下降，在 1% ~ 3%

的区间波动，物价相对稳定。2002年以后，挪威经济物价风险指数处于波动状态，但整体而言年均CPI值较低。近年来，挪威住宅房屋价格一路飙升，食品价格高昂，年均CPI值有突破5%的趋势（参见图7-23和图7-24）。未来，预计挪威经济物价风险指数波动仍然较大，存在再次跌破50的可能性。

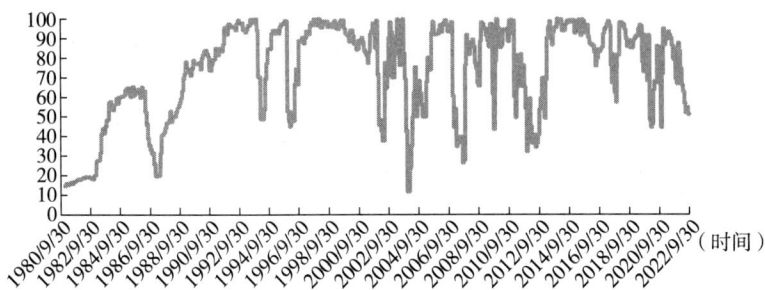

图7-23　挪威经济物价风险指数趋势

资料来源：北京睿信科全球风险管理平台（www.sunrisk.cn）。

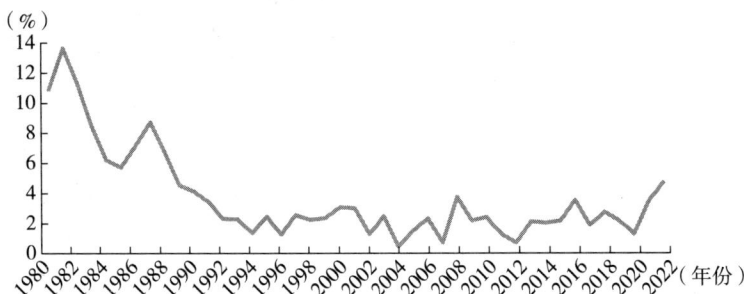

图7-24　挪威CPI年均同比走势

资料来源：北京睿信科全球风险管理平台（www.sunrisk.cn）。

六、经济潜力风险指数趋势

和其他高度工业化国家一样，挪威经济潜力空间比值偏低，多位于0.6～1.4区间，相应的经济潜力风险指数也常年低于50。

挪威经济潜力空间比值为美元兑克朗汇率与挪威购买力平价的比值。从经济潜力空间比值的经验标准来看，发展中国家高于3是安全的，新兴市场国家高于2是安全的，1.5是临界线，发达国家在1左右是安全的。自2004年起，挪威经济潜力空间比值基本低于1，相应的经济潜力风险指数也多低于40，经济潜力风险较大。

整体而言，挪威经济潜力走势与美元指数相似。19世纪80年代，全球石油需求增加，挪威经济潜力空间比值大多位于1以上，1985年2月25日达到历史最高值1.64，其经济潜力风险比值指数也达到历史最高54.6，美元指数此时也达到其历史最高点164.72。随后，美元指数开始了漫长的熊市，直至1996年稍有反弹，这段时间内，挪威经济潜力风险指数跌破50，位于40左右。2002年以后，美元指数开启了第二轮漫长熊市，挪威经济潜力空间比值也一路下跌，在2008年4月16日跌至历史最低点0.57，经济潜力风险不断增加。2015年12月起，美国进入加息通道，本轮加息持续到2018年12月，在此期间美元指数持续上涨，挪威经济潜力空间比值也从0.6左右上升到0.9左右。2018年以后，美元指数较为平稳，挪威经济潜力空间比值也在0.8～1.0的范围波动（参见图7-25和图7-26）。未来，预计挪威经济潜力仍存在风险，经济潜力风险指数在30～40的范围内波动。

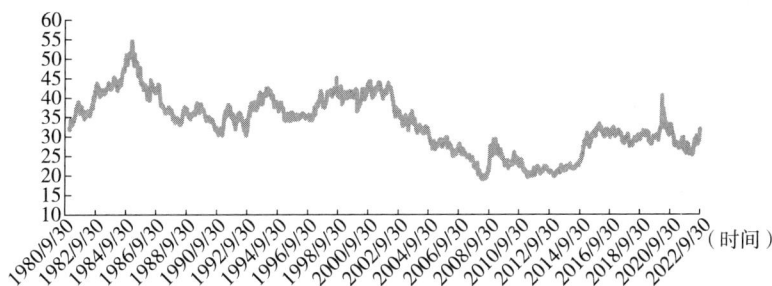

图7-25 挪威经济潜力风险指数趋势

资料来源：北京睿信科全球风险管理平台（www.sunrisk.cn）。

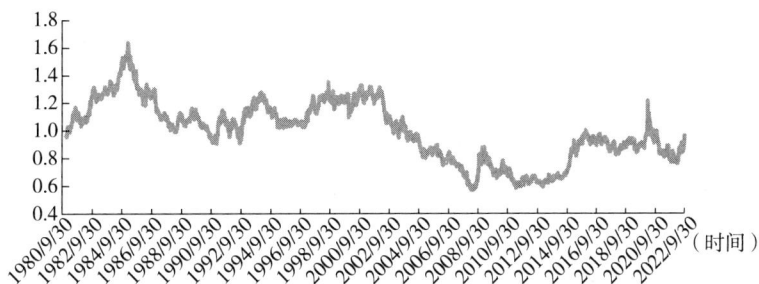

图7-26 挪威经济潜力空间比值走势

资料来源：北京睿信科全球风险管理平台（www.sunrisk.cn）。

第三节　瑞典系统性风险趋势

瑞典是一个位于斯堪的纳维亚半岛东部的国家，为北欧五国之一，首都是斯德哥尔摩。瑞典西邻挪威，东北则与芬兰接壤，西南濒临斯卡格拉克海峡与卡特加特海峡，东边为波罗的海与波的尼亚湾，并与丹麦、德国、波兰、俄罗斯、立陶宛、拉脱维亚和爱沙尼亚隔海相望。瑞典国土面积约为 45 万平方公里，据中经数据显示，截至 2021 年，瑞典总人口达到 1 041.6 万人。

瑞典自然资源丰富，有铁矿、森林和水力三大资源，占有量均居世界前列，但是石油和煤矿十分匮乏。瑞典是欧洲最大的铁矿砂出口国，已探明铁矿储量 36.5 亿吨，铀矿储量 25 万至 30 万吨，北、中部地区也有硫、铜、铅、锌、砷等矿，储量不大。瑞典为世界著名的"森林之国"，其森林覆盖率达到 54% 左右，蓄材达 26.4 亿立方米。瑞典水力资源丰富，湖泊多与河流相通，平年可利用的水力资源有 2 014 万千瓦（1 760 亿千瓦时），已开发 81%。

瑞典的政体为议会制君主立宪制。瑞典的议会实行一院制，议员经普选产生，任期四年。瑞典于 2022 年 9 月 11 日举行议会选举，由温和联合党、瑞典民主党、自由党和基督教民主党组成右翼反对党阵营，共赢得 176 个议席，以微弱优势赢得此次大选。中左翼的社会民主党、瑞典民主党和温和联合党分别以 107 席、73 席和 68 席成为议会的前三大政党。当地时间 2022 年 10 月 17 日，瑞典议会以 176 票赞成、173 票反对的结果，决定由温和党主席乌尔夫·克里斯特松（Ulf Kristersson）担任新一任瑞典首相。新一届政府内阁由 24 名部长组成，其中男性 13 名，女性 11 名。从党派来看，13 名来自温和联合党，6 名来自基督教民主党，剩余 5 名来自自由党。新首相克里斯特松于施政报告中提到，面对枪击致死人数创新高、经济陷入低迷、能源危机显现和地区安全局势堪忧等问题，新政府必须在打击犯罪、促进经济增长、保障能源供应安全和加入北约等方面做出快速反应。

瑞典的经济高度发达，重视工业及高科技发展，持续吸引境外投资，由于国内市场狭小，故对外贸易依存度较高。其工业基础雄厚，具备齐全的产业结构，尤其是第三产业非常发达。其拥有自己发达的航天工业、核能工业、汽车制造业、军事工业，在通信、生物、环保等高新技术领域方面，瑞典也有领先优势。同时，瑞典高收入、高税收、高福利的经济模式也在保障瑞典经济发展、抵御危机影响上发挥了积极效应（参见表7-5和表7-6）。

表7-5　瑞典背景概览

类别	现状	未来的风险	未来的机遇
政治制度与政治局势	中右翼的温和党主席乌尔夫·克里斯特松当选瑞典首相	政局动荡	政治逐渐稳定
经济制度与社会发展	采矿冶金、机械制造、林业造纸、制药、电力和通信为六大支柱产业	出口受阻	政府有效政策
文化背景与宗教信仰	基督教路德宗	宗教问题	文化产业、旅游产业
自然资源与地理条件	自然资源丰富，地理位置优越	能源危机	自给率提高
地缘关系与国际地位	中立国	俄乌冲突的影响	建立更深入的伙伴关系

资料来源：根据公开资料整理。

表7-6　瑞典重大历史事件及其主要影响

年份	重大事件	主要影响
2008	金融危机	经济增长下降，实体经济遭受冲击，市场信心持续疲弱，企业倒闭增多，失业率上升
2010	欧债危机	投资吸纳及货品需求大幅减少，经济受到严重波及
2020	新冠疫情暴发	对瑞典财政造成冲击，经济低迷
2021	瑞典首位女首相当选数小时后辞职	政局动荡
2022	向北约提出加入申请	影响国际局势

资料来源：根据公开资料整理。

一、国家系统性风险趋势

国家系统性风险指数由股指、汇率、债务、经济潜力空间比值和经济物价五个子风险指数构成，分别占25%、25%、20%、15%、15%的权重。从瑞典系统性风险指数趋势图（参见图7-27）来看，早期由于缺乏股指风险指数数据，其系统性风险指数偏低。

瑞典系统性风险指数的数据区间为1981年1月1日至2022年9月30日，从频率区间的分布来看，瑞典系统性风险指数主要集中在 20～70 区间。从瑞典系统性风险指数小于 50 的时间分布来看，主要在两个区域比较显著，其余年份区间虽也有分布，但频率更低。其中比较明显的年份区间，一是 2008—2011 年，作为欧盟成员中重要经济体之一的瑞典，受全球金融风暴影响，主要出口市场需求萎缩，出口下降，大量投资从瑞典房地产业撤走，加剧资金短缺问题，同时叠加国际银行信贷紧缩，瑞典国内资金短缺进一步加重，其最低的系统性风险指数水平为 25 左右，出现在 2008 年 12 月 5 日，体现了全球金融风暴及后续欧债危机对瑞典经济产生的消极影响。二是 2012—2015 年，瑞典经济低迷导致政治局势紧张，房地产泡沫与失业率亦居高不下，叠加欧元区债务危机后期影响，最低系统性风险指数水平达到 30 左右，出现在 2015 年 2 月 12 日。2020 年受新冠疫情的冲击，叠加瑞典政府不愿因严格管控对经济造成过多负面影响导致的疫情高发态势，系统性风险指数于 3 月 18 日抵达 30.3 低点，此后才缓慢出现回升。2022 年以来，瑞典受能源危机冲击、电价飞涨、瑞典通胀率不断攀升等因素影响，系统性风险指数多次探底，在 7 月 5 日达到 26.3 低点。

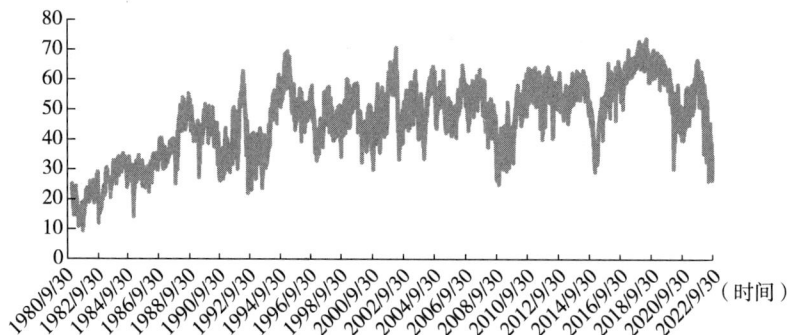

图 7-27　瑞典系统性风险指数趋势

资料来源：北京睿信科全球风险管理平台（www.sunrisk.cn）。

展望未来，瑞典消费增长疲软和建筑业增长大幅放缓，瑞典出口增长和商业投资减弱，叠加大选后不确定的政治局势或许将阻碍瑞典重要的经济改革，瑞典经济增长面临较大挑战。瑞典银行在其经济展望报告中也表明，三十年来最快的物价上涨步伐使得瑞典经济蒙上一层阴影，生活成本上升和通货膨胀几乎阻碍了瑞典经济扩张。截至 2022 年 9 月 30 日，瑞典系统性风险指数为 34.5 水平，预计未来仍然以 30～70 的区间上下波动为主。

二、股指风险指数趋势

瑞典股指风险指数的数据区间为 1987 年 12 月 18 日至 2022 年 9 月 30 日，瑞典股指的数据区间为 1986 年 12 月 18 日至 2022 年 9 月 30 日。瑞典股指选取的是 OMX 斯德哥尔摩 30 指数（OMXS30），该指数是斯德哥尔摩证券交易所的股票市场指数，是一个资本加权指数，由 30 个交易量最大的股票类别组成，其中包括阿斯利康、爱立信、山特维克、海恩斯莫里斯等上市公司。瑞典的人口较少，一直支持世界贸易自由化，是一个经济高度外向型的国家，对外贸易依存度为 80% 左右，同时实体经济与虚拟经济并重，使得瑞典股指及风险情况充分反映系统性风险变化。

从瑞典股指走势图（参见图 7-28）来看，大致可将其划分为三个阶段：第一个阶段是 1986 年 12 月至 2000 年 3 月，该时期内瑞典股指总体呈稳步上行趋势；第二个阶段是 2000 年 4 月至 2003 年 3 月；第三个阶段是 2003 年至 2022 年，该时期内瑞典股指虽有较大波动，例如在 2008 年前后的时间区间内受全球金融风暴影响股指有所回落，在 2020 年前后的时间区间内受新冠疫情影响股指有所下降，但整体上还是呈现出在波动中上行的态势，截至 2022 年 9 月 30 日，瑞典 OMX 股指为 1 828.98。

从瑞典股指风险指数趋势图（参见图 7-29）可以看出，瑞典股指风险指数有着较大的波动性，频次和幅度皆较大，大多数时间股指风险指数在 10～80 的水平区间大幅震荡，由此可见瑞典经济受世界局势影响较大，对其变化较为敏感，股指风险波动性大。瑞典股指风险指数分别在 1992 年、1999—2002 年、2008 年多次跌至 0 附近，由此可见这三个时期内瑞典爆发了较大的股指风险。1992 年前后，受 20 世纪 80 年代国际金融市场混乱的影响，叠加国内大量企业加大对外投资力度，瑞典国内经济衰退，而福利支出却依然保持增长，导致瑞典政府面临严重的财政危机，在 1993 年底瑞典预算赤字为世界最高。同时，严重的经济危机也引发了政党执政危机，政府面临着 1992 年货币危机后诸多棘手问题，例如 1992 年 9 月，瑞典政府决定改变以往的福利政策，改革措施以削减福利支出为核心，却导致失业人数剧增，公众对执政党政策表示怀疑，种种原因导致瑞典在此期间股指风险剧增。1999—2002 年，瑞典股指风险指数多次达到 0 水平，且大多数时间股指风险指数皆位于 50 以下，此段时间内的高股指风险主要与强势美元政策、亚洲金融危机与俄罗斯国债危机的消极影响有关。2008 年左右，由于美国次贷危机突然爆发，后续又引发了全球性金融危机，瑞典股指风险急剧上升。

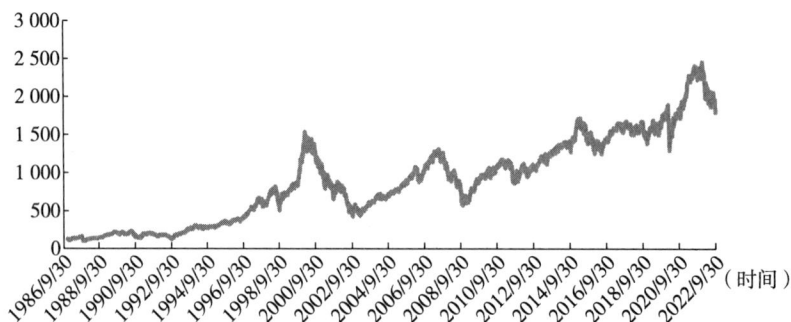

图 7-28　瑞典股指走势

资料来源：北京睿信科全球风险管理平台（www.sunrisk.cn）。

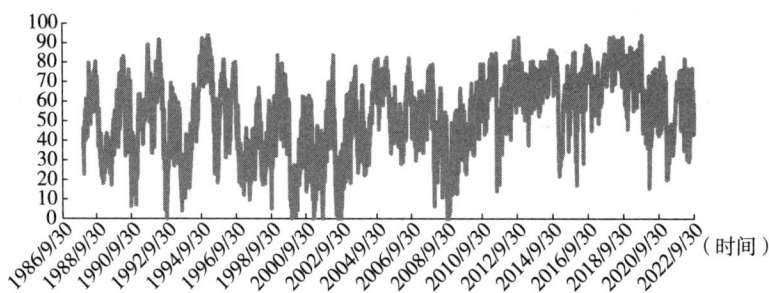

图 7-29　瑞典股指风险指数趋势

资料来源：北京睿信科全球风险管理平台（www.sunrisk.cn）。

考虑到俄乌冲突、能源危机与美国持续加息的影响，以及瑞典目前通胀高企，央行不断加息，国内金融状况急剧收紧，经济疲软的现状，预计未来，瑞典股指面临下跌风险，瑞典股指风险指数可能下行。

三、汇率风险指数趋势

瑞典的国家法定货币是瑞典克朗。瑞典克朗于 1873 年开始被采用而通行于瑞典，由瑞典国家标准银行负责发行，克朗及欧尔为该货币的主要货币单位。

瑞典汇率风险指数和美元兑瑞典克朗汇率的数据区间皆为 1981 年 1 月 1 日至 2022 年 9 月 30 日，从瑞典汇率风险指数趋势图（参见图 7-30）来看，瑞典汇率风险指数波动幅度大且波动频率极高，波动区间位于 0 ~ 100，主要分布在 40 ~ 80 区间，并无显著规律可循。从瑞典汇率走势图（参见图 7-31）来看，大致可以划分为三个阶段：第一个阶段为 1981—2001 年，该时期内瑞典汇率呈震荡上行走势，但波动幅度较大，从 1981 年 1 月 6 日最低的 4.3 增长到 2001 年 7 月 5 日最高的 11；第二阶段为 2001—2008 年，该时期内瑞典汇率震荡下行，波动同样较为剧烈，从最高 11 下降至最低的 5.84，2008 年的金融危机也为汇率带来了短期影响；第三阶段为 2008—2022 年，该时期内瑞典汇率震荡上行，波动也较为剧烈且频次高。

截至 2022 年 9 月 30 日，美元兑换瑞典克朗的汇率为 11.09，瑞典汇率风险指数为 24.9，较 2021 年而言，2022 年瑞典汇率风险指数震荡下行，且 2022 年内瑞典汇率风险指数波动较大，最低达到 2022 年 9 月 23 日的 2.8 水平。展望未来，考虑到瑞典国内通胀高企和多国央行密集加息的背景，预计瑞典克朗或将继续贬值，瑞典汇率风险指数或将主要在 20 ~ 70 区间波动。

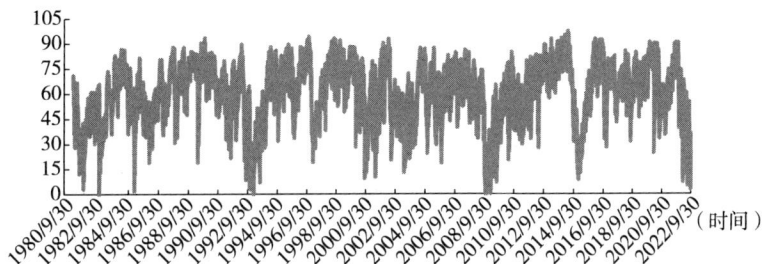

图 7-30　瑞典汇率风险指数趋势

资料来源：北京睿信科全球风险管理平台（www.sunrisk.cn）。

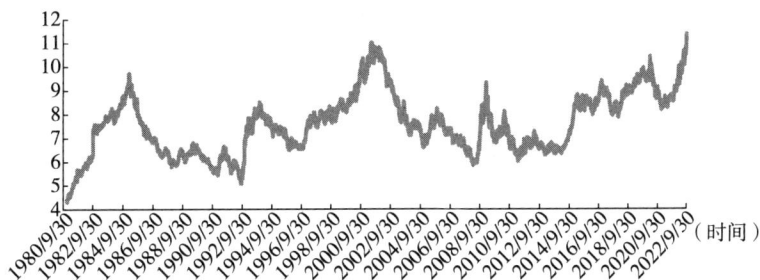

图 7-31　美元兑瑞典克朗汇率走势

资料来源：北京睿信科全球风险管理平台（www.sunrisk.cn）。

四、国家债务风险指数趋势

国家债务风险指数由政府财政债务风险子指数和国债风险子指数共同构成，由于瑞典2年期国债在1995年1月3日才开始有数据，故1981年1月1日至1995年1月3日的国家债务风险指数均为无效值，关于瑞典国家债务风险指数的分析从1995年1月3日开始。

从瑞典的国债收益率和利差走势图（参见图7-32）来看，瑞典2年期国债和10年期国债收益率基本呈现出周期性特征，其利差在1996年底至1997年中普遍达到2%以上水平，该期间利差最高达到1997年4月1日的2.4%，在2009年12月4日，利差达到数据区间中的历史最高点2.85%。相应期间瑞典国家债务风险指数均为80～90水平，可见相应时间段内国家债务风险较小。瑞典国债收益率利差在1996年10月3日达到最小值-1.59%的水平。

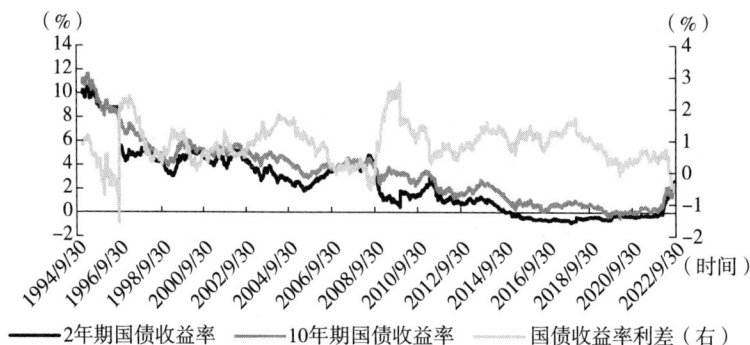

图7-32　瑞典2年期国债和10年期国债收益率及利差

资料来源：北京睿信科全球风险管理平台（www.sunrisk.cn）。

从瑞典的国家债务风险指数趋势图（参见图7-33）来看，指数大多处于50的安全水平以上，可见瑞典的国家债务风险水平较低。从瑞典国家债务风险指数小于50的区间分布来看，有多个时间区间风险较高：第一个主要时间区间是1995—1996年，在此期间，受20世纪90年代初期经济危机的影响，瑞典经济出现衰退，就业市场也出现恶化；第二个主要时间区间是1998年，该期间偏高的国家债务风险可能与亚洲金融危机相关；第三个主要时间区间是2006—2008年，可能与美国次贷危机有关；第四个主要时间区间是2019—2022年，与新冠疫情暴发、英国脱欧、紧张的地缘政治局势、全球央行的加息潮等综合因素有关。展望未来，瑞典高通胀和显著上升的抵押贷款利率导致私人消费下降，经济低迷，预计短期内瑞典国家债务风险指数将主要在 50 以下的区间波动。

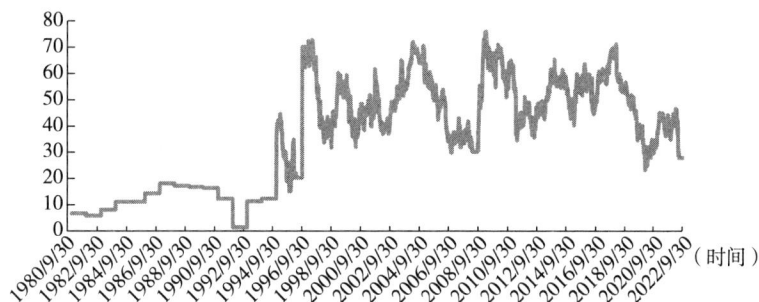

图 7-33　瑞典国家债务风险指数趋势

资料来源：北京睿信科全球风险管理平台（www.sunrisk.cn）。

五、经济物价风险指数趋势

两次石油危机导致瑞典与其他发达国家一样，在 20 世纪 70 年代后期和 20 世纪 80 年代初期遭受了飙升的通胀。瑞典 CPI 从 1980 年的 17.5% 持续下行，1995—2021 年围绕着 2% 波动，但随着新冠疫情和俄乌冲突的影响，2022 年瑞典 CPI 上升至 4.8%（参见图 7-34）。

瑞典经济物价风险指数的数据时间区间为 1981 年 1 月 1 日至 2022 年 9 月 30 日。从瑞典的经济物价风险指数趋势图（参见图 7-35）来看，瑞典经济物价风险指数波动幅度大且波动频率极高，波动区间位于 1 ~ 100，主要分布在 20 ~ 90 区间，并未呈现出显著规律。

从瑞典经济物价风险指数小于 50 的时间分布来看，主要有三个时间区域比较显著：第一个时间段为 1999—2001 年，可能与亚洲金融危机后续影响有关；第二个时间段为 2003—2006 年，可能与 2003 年世界经济风浪迭起，如伊拉克战争、能源危机、货币大战、"非典"疫情、贸易冲突等综合因素相关；第三个时间段为 2019—2021 年，可能与新冠疫情的暴发冲击瑞典经济有关。未来，预计瑞典通胀高企，经济风险指数总体上将继续维持下降趋势。

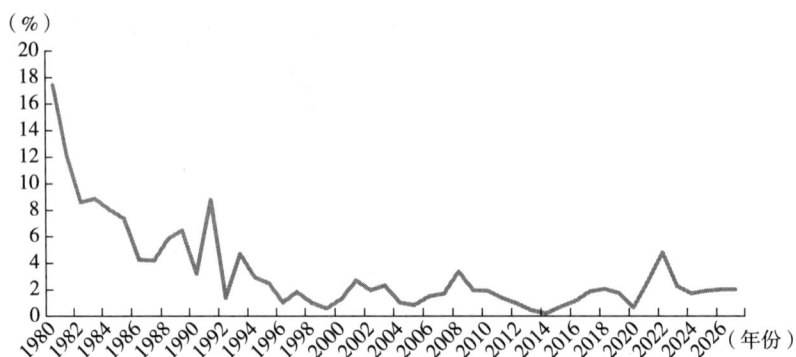

图 7-34　瑞典 CPI 年均同比走势

资料来源：北京睿信科全球风险管理平台（www.sunrisk.cn）。

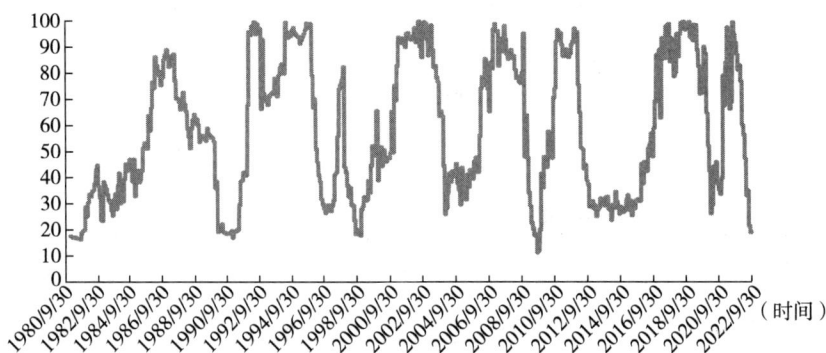

图 7-35　瑞典经济物价风险指数趋势

资料来源：北京睿信科全球风险管理平台（www.sunrisk.cn）。

六、经济潜力风险指数趋势

　　瑞典非常重视科技发展，是世界知名的工业强国，其工业高度发达，且覆盖的种类繁多，瑞典不仅拥有自己的航空业，在汽车制造、核工业、军事、电信和医药开发等领域也处于世界领先地位。在软件开发、微电子、远程通信和光学领域，瑞典同样在世界遥遥领先。2021 年，瑞典 GDP 总量达到 6 274 亿美元，人均 GDP 高达 6.02 万美元，是北欧五国中经济总量最高的国家。同其他高度工业化国家类似，瑞典经济潜力风险指数和经济潜力空间比值两指标都偏低，且两指标走势基本保持一致。

　　作为一个高度发达的资本主义国家，瑞典的经济潜力风险指数主要分布在 20 ～ 40 区间，经济潜力空间比值这一指标值则主要分布在 0.6 ～ 1.2 区间。1981—1985 年，瑞典经济潜力空间比值一直在上升，随后迎来了多年的大幅震荡下行，跌至 1992 年最低的 0.55 水平，这可能与 20 世纪 90 年代末瑞典经济遭遇惊人崩盘相关。之后出现回升，在 1993 年 12 月 13 日达到 0.92 水平后又出现下降，随后波动上升，在 2001 年达到 1.2 水平。经历了 2001—2008 年和 2009—2014 年的波动下降后，瑞典经济潜力空间比值又出现了新的上升趋势，在经济潜力空间比值新的上升趋势中经济潜力风险指数主要在 25～45 区间波动，这可能与瑞典负利率效应在其国内发挥的作用相关，负利率促进了瑞典的经济增长和就业，其经济在 2015 年大幅增长，并在随后大部分时间里保持在欧元区之上，而失业率则有所下降（参见图 7-36 和图 7-37）。

展望未来，一方面，全球经济增长乏力导致外需低迷，可能拖累瑞典对外贸易；另一方面，目前瑞典通胀高企，央行不断加息，国内金融状况急剧收紧，经济疲软，预计瑞典经济潜力空间比值和经济潜力风险指数可能出现下降趋势。

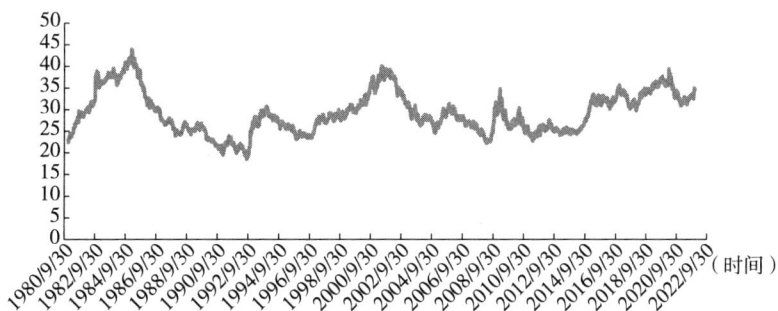

图 7-36 瑞典经济潜力风险指数趋势

资料来源：北京睿信科全球风险管理平台（www.sunrisk.cn）。

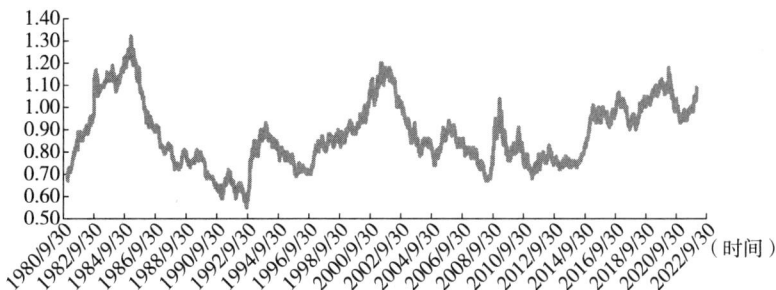

图 7-37 瑞典经济潜力空间比值走势

资料来源：北京睿信科全球风险管理平台（www.sunrisk.cn）。

第四节　埃及系统性风险趋势

阿拉伯埃及共和国，简称埃及，国土总面积约为 100 万平方公里，海岸线长约 2 900 公里，全国行政区划为 27 个省，首都为开罗。埃及地处亚非交界，大部分地区位于非洲的东北部，东面与红海相邻并与巴勒斯坦、以色列接壤，西连利比亚，南接苏丹，北面濒临地中海。

埃及主要民族包括埃及人、贝都因人、努比亚人等，信仰宗教主要为伊斯兰逊尼派和科普特基督教，是中东人口最多的国家和非洲第三大人口大国，截至 2021 年 5 月，总人口已超过 1 亿人，主要人口集中分布在尼罗河三角洲和沿岸地区，造成了人口密集问题。

埃及文化是具有非洲特点的阿拉伯文化，特别是亚历山大城，其次是开罗。其间夹杂着黎凡特文化的特点，即法国、希腊、土耳其和叙利亚文化的混合体。随着 7 世纪阿拉伯人的入侵，新的统治者和自身文化的保护人将阿拉伯语和伊斯兰教传播开来，其中禁止偶像崇拜，对大部分埃及人从过去法老和希腊罗马时代的宗教中解脱出来产生了重大影响。只有很少过去的传统在科普特教堂中以改良的方式保存下来。在埃及的城市中，中产阶级的生活状况和生活方式与欧美居民没有太大的区别。

埃及的自然资源主要包括石油、天然气、磷酸盐、铁等，石油和天然气探明储量分别位居非洲国家第五和第四，是非洲最重要的石油和天然气生产国。埃及实行开放型市场经济，工业体系、农业体系和服务业体系相对完整。工业以纺织、食品加工等轻工业为主；服务业约占国内生产总值的 50%；农村人口居多，农业占国内生产总值的 14%。埃及的外汇收入来源主要是石油天然气、旅游、侨汇和苏伊士运河。2011 年 1 月，埃及的民众抗议活动对国民经济造成严重冲击。埃及政府采取多方措施恢复经济，但收效甚微（参见表 7-7 和表 7-8）。

表 7-7　埃及背景概览

类别	现状	未来的风险	未来的机遇
政治制度与政治局势	军方实际把握政局	结合人口增长过快问题，可能引发政局动荡	建立真正意义上的三权分立制度，增强统治阶层内部和人民的凝聚力
经济制度与社会发展	开放型经济	过度依赖服务业，农业发展规模不大，忽略重工业发展	经济转型，"一带一路"
文化背景与宗教信仰	伊斯兰逊尼派和科普特基督教	宗教争端问题	文化产业，旅游产业
自然资源与地理条件	沙漠占比 90% 以上，自然资源较丰富，其中淡水资源依赖尼罗河	埃塞俄比亚复兴水坝引起尼罗河下游干涸危机	与尼罗河流域国家就水资源问题进行磋商
地缘关系与国际地位	地缘位置特殊，国际地位重要	战略位置争夺	平衡与东西方的关系，维持良好外交

资料来源：根据公开资料整理。

表 7-8　埃及重大历史事件及其主要影响

年份	重大事件	主要影响
1970	阿斯旺大坝工程建成	解决河水泛滥问题，农业灌溉水源稳定，耕地面积大幅增长，水力发电量上升
2011	"阿拉伯之春"	总统穆巴拉克下台，权力移交军方，经济损失巨大，失业率居高不下
2015	新行政首都建设计划	缓解开罗的拥堵；削弱解放广场的重要性，有利于埃及政府巩固权力
2020	人口激增，总人口超过 1 亿人	大量进口粮食，引发粮食安全问题；过度开发尼罗河
2020—2021	全球新冠疫情暴发	旅游业不振，经济遭受打击

资料来源：根据公开资料整理。

一、国家系统性风险趋势

埃及系统性风险指数从 1981 年 1 月 1 日开始有数据。埃及系统性风险指数常年位于 80 以下，主要集中在 40～60 区间，波动较大，风险较大，说明了埃及经济的脆弱性。埃及位于中东地区，冲突频发，国家政局动荡不断，2013 年发生了军事政变，政治风险较高。此外，埃及失业问题严重，通货膨胀居高不下，消费水平低下，加剧了埃及的系统性风险。

埃及系统性风险指数趋势可从七个阶段来看：一是1981年1月1日至1993年6月8日，指数在0～15区间低位波动；二是1993年6月9日至1999年7月19日，指数迅速上升并在50～80区间波动；三是1999年7月20日至2003年4月22日，指数在波动中下行；四是2003年4月23日至2010年9月9日，指数在波动中上行；五是2010年9月10日至2016年12月20日，指数在波动中下行；六是2016年12月21日至2019年11月20日，指数处于波动上行阶段；七是2019年11月21日至2022年9月30日，指数波动下行。

第一阶段，指数一直在10以下的低位波动，自1979年埃及与以色列单独签署和平协议后，埃及便被开除出阿拉伯联盟，阿拉伯世界出现分裂，叙利亚和其他激进的阿拉伯国家组成反对埃及的拒绝阵线。1981年，埃及总统萨达特遇刺身亡，直到1989年埃及才重返埃盟，在此期间埃及系统性风险较高。

第二阶段，埃及系统性风险指数从1993年6月9日的17骤升至1994年6月9日的55水平，之后维持多数时段在50以上，系统性风险降低，这与埃及实施经济改革和对外开放的发展战略有着密切联系。

第三阶段，2001年，受到"9·11"事件对埃及经济的负面影响，系统性风险指数较低。2003年上半年，受美伊战争影响，埃及经济再次面临严峻考验。旅游及相关产业、航空运输业、金融服务业首当其冲；与伊拉克的贸易中断，来自阿拉伯国家的侨汇收入减少；埃镑再次大幅贬值，外汇储备下降，失业率上升。系统性风险指数2003年从80的位置迅速下降到32左右，显现出较高的系统性风险。

第四阶段，2004—2007年，埃及国民经济发展态势良好，政府为扩大出口、吸引外资、增加就业等所采取的各项措施切实有力，取得明显成效，系统性风险指数逐步回升到60左右。2008年，由美国次贷危机爆发引发的全球性金融风险增大了非洲国家的政治风险。同时，随着危机影响的深化和世界经济增速放缓，埃及实体经济呈现出下滑趋势，埃及传统的旅游、侨汇、苏伊士运河收入和石油天然气出口四大经济支柱均呈现萎缩态势，导致系统性风险上升。全球金融危机发生以后，由于埃及政府实施了多轮经济刺激计划，同时改革银行业，加强风险管理，大力吸引外资，有效抑制了国际金融危机对本国经济的冲击，加之得益于油价上扬等因素，海湾国家经济回暖，内需扩大，进口货物增长，带动了埃及对海湾国家的商品和劳务的输出，使得系统性风险指数回升，风险得到控制并得以下降。

第五阶段，2012 年，一方面，埃及 GDP 由 7.2% 下降至 1.89%，受制于经济发展前景黯淡，埃及的失业率急剧攀升；另一方面，埃及的财政赤字也在不断扩大，随着经济增长放缓带来的税收减少和经济刺激政策带来的财政支出增加，赤字水平持续恶化。此外，居高不下的通胀率带来高融资成本，削弱了企业投资的热情。这一系列因素使得埃及系统性风险指数有所下降，系统性风险上升。2013 年下半年，埃及爆发大规模示威游行，随后埃及的政治局势再度动荡，并爆发了军事政变，系统性风险显著加剧，2014 年 2 月，埃及系统性风险指数跌破 30。2016 年，埃及系统性风险指数从年初的 63 附近跌落至年末的 19 附近，可能与埃及的汇率政策相关，由于外汇收入骤减和政府赤字激增，埃及于 2016 年陷入了前所未有的外汇短缺危机。2016 年 11 月，埃及央行宣布放弃紧盯美元的汇率政策，允许本币和美元之间进行"自由浮动"，埃镑贬值导致所有商品的价格翻倍，使国内民众蒙受前所未有的经济损失，埃及人的财产在一夜之间缩水一半，工薪阶层员工的实际工资收入减少了 14.5%，民众的消费水平受到巨大影响，最终导致埃及的系统性风险急剧增加。

第六阶段，截至 2017 年 12 月，埃及年度通货膨胀率降至 22.3%，是 2016 年 11 月以来的最低水平，埃及的通货膨胀率已进入下降通道；同时，埃及经济增速加快，国际收支状况也有所改善；失业率从 2017 年初的 12.5% 下降到 9 月底的 11.9%，为 2011 年以来的最低水平，主要外汇收入来源之一的旅游业在 2017 年有所回升。在种种因素的推动下，2017 年的系统性风险指数呈现出上升的态势。2018 年至 2019 年末，埃及的经济增长速度超过了政府的预期，国内生产总值增长速度超过债务的下降速度，此外，受投资和净出口增长的驱动，埃及的经济结构已发生较大变化，为经济增长和降低失业率奠定了基础，系统性风险指数进一步上升。

第七阶段，2019 年底，受新冠疫情影响，埃及旅游业不振，经济遭受打击，系统性风险指数下降，而疫情的反复性也导致了指数的上下波动，总体上指数在 2019 年底至 2022 年第三季度是下降的，即埃及系统性风险上升（参见图 7-38）。

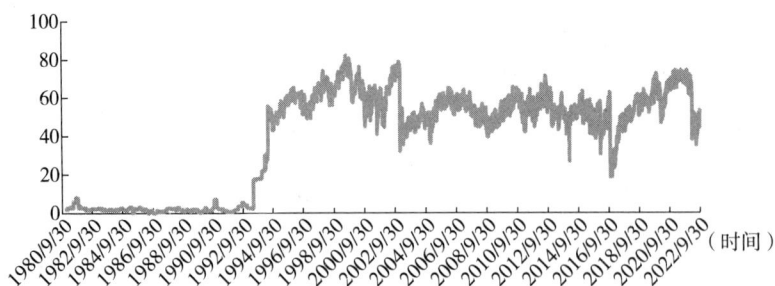

图 7-38　埃及系统性风险指数趋势

资料来源：北京睿信科全球风险管理平台（www.sunrisk.cn）。

二、股指风险指数趋势

埃及股指风险指数从 1994 年 3 月 17 日开始有数据。从频率区间的分布来看，埃及的股指风险指数在 0～100 区间呈现出剧烈波动的态势，符合股票市场特性，其走势不仅与埃及资本市场的系统性风险有关，还受到外来冲击的影响。从埃及股指风险指数小于 50 的指数年度分布来看，主要集中的年份分别是 1994 年、1997—1998 年、2000—2001 年、2003—2007 年、2008—2009 年、2011—2012 年、2014—2018 年和 2020 年。

长期以来，埃及的股市都极具波动性。埃及股指风险指数趋势可从以下四个阶段来看。

第一阶段，1994 年 3 月 17 日至 2003 年 2 月 3 日，股指走势较为平稳，股指风险指数在 0～100 区间大幅震荡。股指风险指数在 1997 年与 2001 年的低位与亚洲金融危机和"9·11"事件引发的全球股市暴跌相关。

第二阶段，2003 年 2 月 4 日至 2008 年 11 月 24 日，股指风险指数整体在 50 以下的低位震荡。股指从 2003 年初的 60 左右持续上升至 2006 年 2 月 1 日的 690，其间上升了约 11 倍，相应的股指风险指数先从 93 的高点骤降至 0，随后一直处于 50 以下的位置，显现出极高的股指风险。2008 年，美国次贷危机所引发的国际金融危机对全球股票市场造成了巨大影响，全球股市熊气弥漫，尽管一开始股市没有受到危机的直接冲击，但投资者的信心多少受到影响。随着金融危机蔓延，外资抽逃现象严重，埃及股市也难以独善其身，埃及股指风险指数和股指双双急剧下跌，风险指数从 65 附近跌至 0，并在极低位窄幅震荡近一年的时间，股指风险极高。

第三阶段，2008 年 11 月 25 日至 2019 年 1 月 1 日，指数在 0～100 区间大幅波动。2009 年，埃及股指有所回升，但股市风险仍然极高。2010 年，埃及经济保持稳步发展的良好势头，经济总体向上的趋势明显，经济有所复苏，其股指变化不大但股指风险指数回升。2011 年，由于物价上涨、失业率高、贫富差距扩大等原因，埃及发生政局动荡，地区局势紧张以及埃及股市连续休市所积聚的恐慌情绪瞬间爆发，埃及股市受到巨大冲击，股市暴跌，股指风险上升。2014 年，埃及过渡政府内阁宣布辞职，由于国内外投资者相信新政府将重视经济问题，对市场前景乐观，股市在这一年呈现良好态势，埃及股指出现了显著增长，股指风险指数呈现出上升态势，这是埃及政治环境趋稳和阿拉伯国家支持的结果。2015 年，希腊、波多黎各发生债务危机，以及埃及国内安全局势恶化等因素对埃及股市均产生影响，埃及股指又一次出现大幅下跌，股指风险加剧。2016 年至 2018 年 5 月，不同于新兴市场股市普遍下跌的趋势，自美联储宣布加息后，埃及股市逆势上涨，创下 2008 年以来的最高水平，埃及股指一路走高。长期来看，埃镑的贬值有助于稳定埃及经济，提高外部竞争力，鼓励外国投资者投资埃及，一系列因素使得股指出现了大幅上涨，不过风险指数仍在不断地剧烈波动。2018 年 5 月至 2019 年初，埃及股指出现下跌，主要是受三个方面的影响：一是埃及政局依旧不稳定，示威者和军队、警察之间的冲突时有发生；二是美欧债务危机引发的全球金融市场动荡；三是埃以边境爆发冲突。

第四阶段，2019 年 1 月 2 日至 2022 年第三季度末，指数在 0～100 区间大幅震荡。2019 年底暴发的全球新冠疫情对世界多个经济体造成剧烈冲击，埃及股指在 2019 年 11 月至 2020 年 3 月出现暴跌，从 1 350 跌至 830，股指风险指数从 90 附近急降至 0，而后股指和股指风险指数双双回升，与疫情逐步受到遏制有关，2022 年上半年，由于市场缺乏流动性和投资资金，股指一路下跌，相应的股指风险指数也急剧下跌，埃及股市呈现出极高的风险性（参见图 7-39 和图 7-40）。由于疫情导致许多投资埃及的外资纷纷回流本国，埃及股市缺乏投资资金和流动性的困局仍难以解决，预计未来埃及股指可能继续下跌，而埃及股指风险指数也将进一步下降。

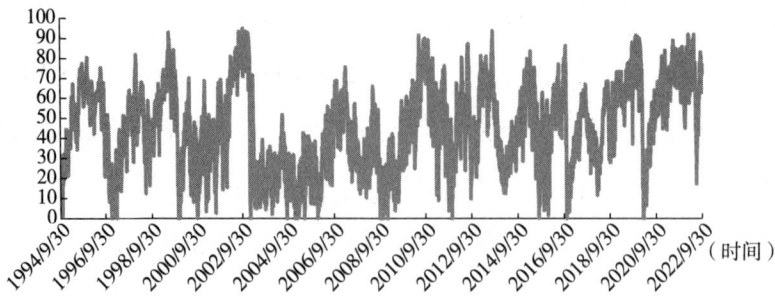

图 7-39　埃及股指风险指数趋势

资料来源：北京睿信科全球风险管理平台（www.sunrisk.cn）。

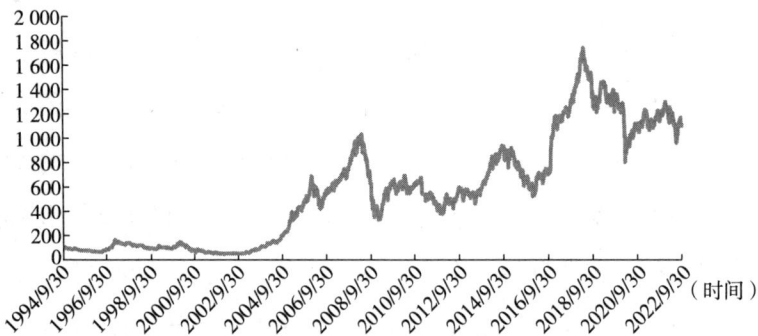

图 7-40　埃及股指走势

资料来源：北京睿信科全球风险管理平台（www.sunrisk.cn）。

三、汇率风险指数趋势

埃及汇率风险指数从 1994 年 6 月 9 日开始有数据。从频率分布区间来看，埃及汇率风险指数在 0～100 区间大幅波动，整体上风险水平较高。从埃及汇率风险指数小于 50 的指数年度分布来看，主要集中的年份分别是 2003 年（152 天）、2013 年（112 天）、2016 年（106 天）、2017 年（103 天）和 2022 年（129 天）。

埃及汇率风险指数波动十分剧烈，大体上可分为六个阶段。

一是 1994 年 6 月 9 日至 2000 年 4 月 27 日，高位稳定。1994—1999 年，美元兑埃镑汇率维持在 3.4 左右，汇率风险指数大致在 90～100 区间，风险极低。二是 2000 年 4 月 28 日至 2003 年 2 月 4 日，震荡下行。其间，埃及汇率持续上升，汇率风险指数出现大幅波动，最低时逼近 0 点，显现出较高的汇率风险。三是 2003 年 2 月 5 日至 2007 年 7 月 13 日，快速上行，从接近 0 点的位置回升至 90 以上的高位。四是 2007

年7月14日至2016年末，整体呈波动下行态势。埃及汇率在2008—2012年缓慢增长，汇率风险水平较低。2012年底以来，美元兑埃镑汇率不断上升，汇率风险指数急剧下滑，这次埃镑贬值主要是因为埃及中央银行2012年12月30日实施新外汇管理体系，通过常态化拍卖美元来确定市场汇率。在这种制度下，公开市场美元供应紧缺，造成黑市汇率上升。同时，为了阻止埃镑贬值和埃及外汇储备的进一步减少，埃及中央银行紧急采取一系列措施和政策，但是却引发了埃及民众对埃镑信心的进一步下降，人们纷纷将手中的埃镑兑换为美元，结果导致埃镑币值不断走低，埃镑汇率风险指数开始持续剧烈波动。2016年底，埃及央行宣布放弃紧盯美元的汇率政策，允许本币和美元之间进行"自由浮动"，此举导致美元兑埃镑的汇率不断上升，汇率风险指数一路下跌至0。五是2017年初至2019年初，快速上行。埃镑在被采用浮动汇率机制并迅速贬值后并没有很快反弹，汇率风险指数持续上升至90~100区间。六是2019年初至2022年第三季度末，汇率风险指数在0~100区间大幅震荡。2019年底至2020年初受疫情影响，埃及汇率风险指数出现小幅下降，之后有所回升。2022年初，指数急剧下跌至10以下。相应地，美元兑埃镑汇率上升，埃镑贬值，主要是因为俄乌冲突对埃及经济产生了明显的外溢效应，外资持续流出，埃镑贬值压力大，新冠疫情和俄乌冲突的叠加影响使埃及国内的通胀压力增加，并导致货币贬值。

2008年以来，美元兑埃镑的汇率呈现出持续升值的走势。美元兑埃镑从5大幅上升至2016年10月末的8左右，此后大幅升值至近20，随后回落至16附近。2022年，美元兑埃镑持续上升至20左右。2022年以来，埃及汇率风险指数在0~100区间大幅震荡，2022年9月30日，埃镑汇率风险指数为53.6（参见图7-41和图7-42）。

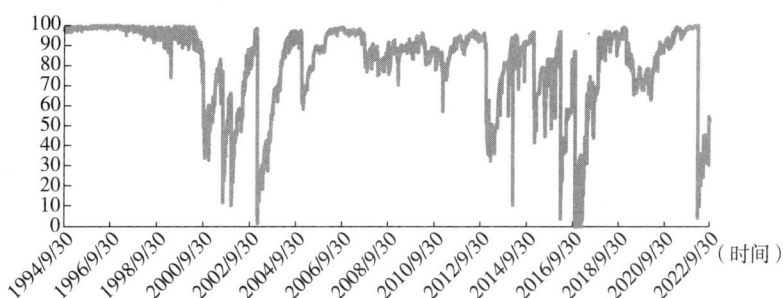

图7-41 埃及汇率风险指数趋势

资料来源：北京睿信科全球风险管理平台（www.sunrisk.cn）。

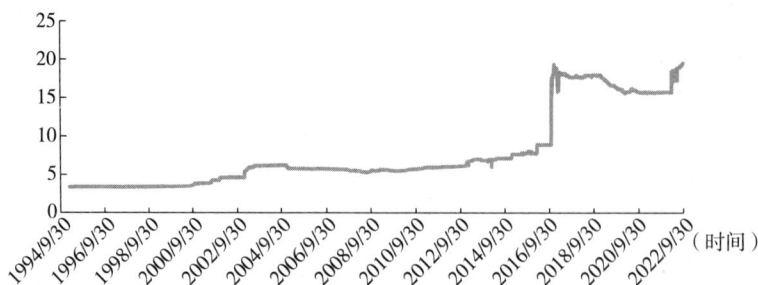

图 7-42　美元兑埃镑汇率走势

资料来源：北京睿信科全球风险管理平台（www.sunrisk.cn）。

考虑到全球地缘政治紧张和埃及当地经济状况，预计未来美元兑埃镑汇率将继续波动，埃及汇率风险指数极有可能在 20～60 的区间波动。

四、国家债务风险指数趋势

由于统计数据缺失，埃及没有国债风险指数，但可从国家债务风险指数及财政收支和政府债务的角度来观察。

埃及的国家债务风险指数从 1998 年 1 月 1 日开始有数据，整体上，埃及国家债务风险指数水平较低。在 1999—2001 年的三年间，埃及国家债务风险指数相对较高，维持在 20～30 区间，这与埃及政府的经济改革政策在财政、投资等方面取得的成绩有关；受到美国"9·11"事件影响，中东地区从此陷入动荡，埃及国家债务风险指数从 2002 年开始下跌至 13 水平，并在随后的十几年间保持在 10～20 区间波动；2019 年，指数回升至 20 附近，主要是得益于天然气开采、旅游业复苏和经济改革计划，这些因素共同推动埃及公共债务的缩减；2020 年以来，新冠疫情暴发对埃及旅游业的打击巨大，同时人口激增问题进一步加重埃及财政负担，埃及国家债务风险指数下降，风险增大（参见图 7-43）。

埃及财政收支占 GDP 的比重自 1999 年以来大致呈现出 W 形：从 1999 年的 6.6% 盈余下降至 2002 年 2.8% 的财政赤字，之后财政赤字有所收缩，2007 年达 0.6%，随后财政赤字继续扩大，2013 年达 5.9%，然后财政赤字占比开始收缩，2019 年开始实现财政盈余。这主要得益于埃及动乱之后政局的日益稳定，预计到 2027 年，埃及财政将一直保持盈余。

　　埃及政府债务总额占 GDP 的比重基本呈现 M 形走势：1998 年为 73.8%，随后上升至 2005 年的 98.3%，再下降至 2008 年的 66.8%，然后上升至 2017 年的 97.8%，到 2022 年已降至 89.1%，预计未来五年，埃及政府债务占比将保持下降趋势，2027 年将达79.9%，但仍高于欧盟 60% 的安全标准（参见图 7-44）。

　　整体来看，埃及的国家债务风险、财政收支状况和政府债务情况都还处于较高的风险之中。

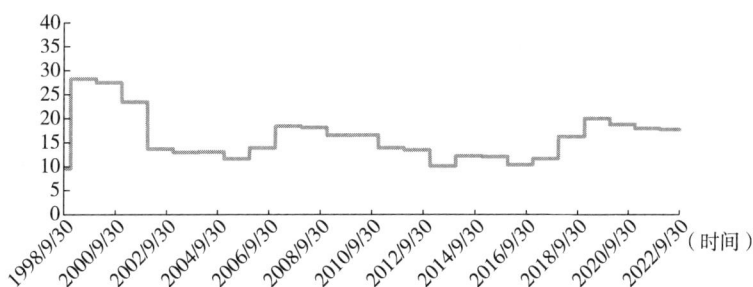

图 7-43　埃及国家债务风险指数走势

资料来源：北京睿信科全球风险管理平台（www.sunrisk.cn）。

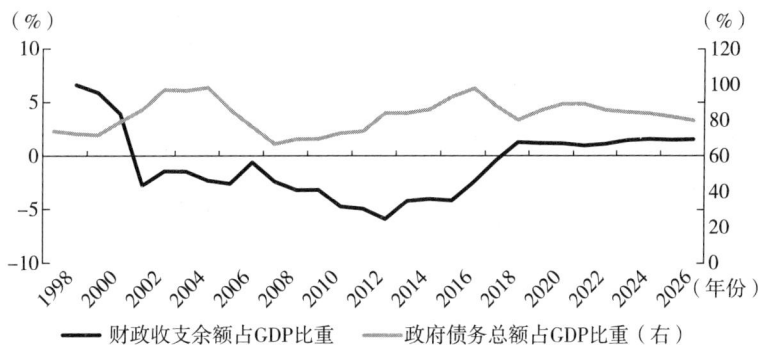

图 7-44　埃及财政收支余额与政府债务总额占 GDP 比重走势

资料来源：北京睿信科全球风险管理平台（www.sunrisk.cn）。

五、经济物价风险指数趋势

　　整体来看，自 1980 年以来，埃及通胀水平在发展中国家中尚属于相对温和的水平，整体处于 2.3% ～ 25.2% 的区间波动。埃及 CPI 从 1980 年的 20.5% 下降至 1981 年的

10%，然后逐步上升至 1986 年的 25.2%，再逐步下降至 2002 年的 2.3%，之后再度反弹至 2009 年的 16.2%，2013 年下降至 6.9%，2013 年 7 月因政变快速反弹，2017 年反弹至 23.5%，2021 年 CPI 降至 4.5%，2022 年随着俄乌冲突和大宗商品价格上涨反弹至 7.5%（参见图 7–45）。

从埃及的经济物价风险指数走势图（参见图 7–46）可以看到，1981—1986 年，指数处于波动下行阶段。20 世纪 70 年代实行的对外开放政策导致埃及国民经济发展比例失衡，农业部门在总投资中的占比逐步降低，致使埃及农业发展落后，农产品等必需品物价飞涨，年度同比 CPI 在 1986 年达到了 27.95%，经济物价风险指数也在同年跌至 0。随后埃及的 CPI 同比开始波动下降，到 2002 年已降至 2.44%，经济物价指数也从 0 波动上升至 95 左右。2003 年开始，埃及的 CPI 同比再次上升，并分别在 2008 年和 2017 年达到了 20% 和 30% 左右，经济物价风险指数也分别下降至 17 和 0 水平。2008 年，受美国次贷危机影响，全球实行量化宽松政策推动国际粮价上涨，埃及作为主要的粮食进口国，物价自然也受到巨大影响。2016 年 11 月，埃及央行宣布实行自由汇率制度，随后埃镑兑美元汇率大跌，通胀率也由此不断攀升，并最终导致 2017 年的物价风险指数下跌至 0。为维持社会稳定、应对物价上涨，埃及政府采取了诸如发放补助、出售低价商品等措施，经济物价风险指数随后开始回升，直至 2019 年末新冠疫情暴发，埃及经济物价风险指数开始下行。2022 年 3 月，俄乌冲突导致国际能源价格飙升，埃及陷入新一轮的通货膨胀，同时俄罗斯和乌克兰分别作为埃及的第一大和第二大小麦进口来源国，两国间的冲突也使得埃及面临粮食威胁，经济物价风险指数急剧下降。

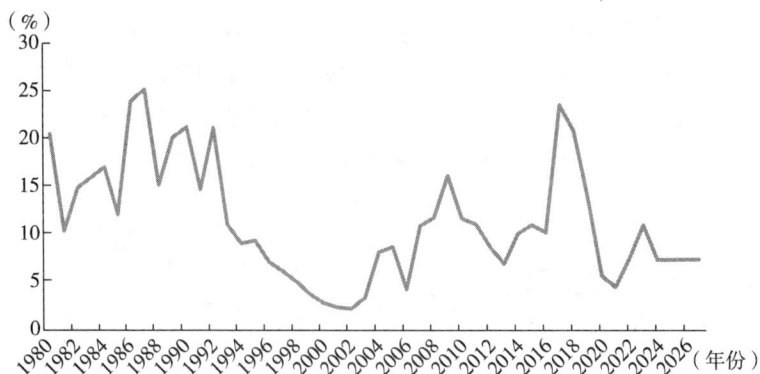

图 7–45　埃及 CPI 年均同比走势

资料来源：北京睿信科全球风险管理平台（www.sunrisk.cn）。

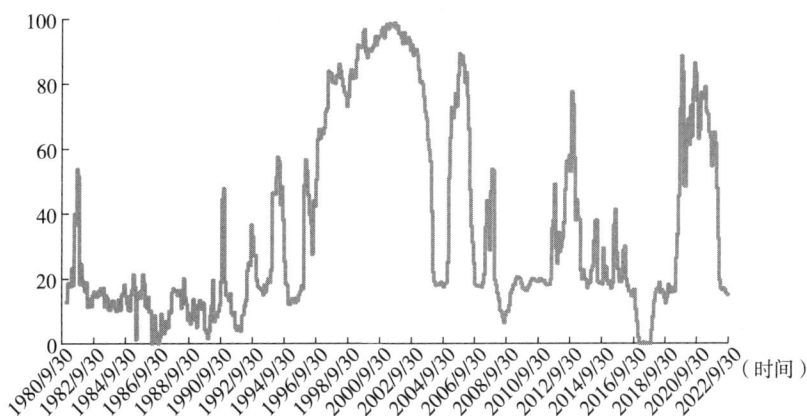

图 7-46　埃及经济物价风险指数走势

资料来源：北京睿信科全球风险管理平台（www.sunrisk.cn）。

六、经济潜力风险指数趋势

埃及经济潜力风险指数从 1993 年 6 月 9 日开始有数据。埃及经济潜力空间比值基本上维持在 3 以上。从频率区间的分布来看，除个别时间外，埃及经济潜力风险指数一直稳定维持在 100 的位置。较高的经济潜力空间比值与潜力风险指数表明了埃及作为新兴市场国家拥有广阔的经济增长空间与潜力。近年来，埃及从动荡中走出，经济改革成果显著，同时进行大型国家项目建设，包括建立新的行政首都、道路网和其他基础设施项目，这些都预示着埃及展现出良好的经济发展前景。

值得注意的是，埃及经济潜力空间比值虽然一直处于较高位置，但从 2008—2015 年呈现出缓慢下降的态势，这与埃及受到国际金融危机的冲击和国内政局的不断动荡有关联，埃及的经济和社会发展都受到阻碍。2016 年，埃及经济潜力空间比值急剧增加，这主要与同期美元兑埃镑汇率大幅度上涨有关，埃镑贬值有助于吸引外资，刺激本国经济发展，导致埃及的经济发展潜力空间比值急剧增加。

2019 年以来，由于全球疫情大流行和国际冲突不断，埃及经济潜力空间比值逐步下降，但经济潜力风险指数依旧维持在 100 的位置，预计未来随着埃及政府实施的经济补救措施落实和 IMF 对埃及提供的美元贷款到位，埃及经济仍有较大发展前景（参见图 7-47 和图 7-48 ）。

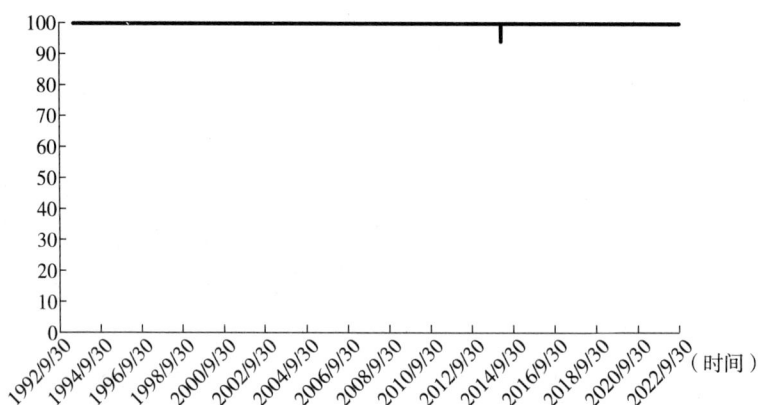

图 7-47　埃及经济潜力风险指数趋势

资料来源：北京睿信科全球风险管理平台（www.sunrisk.cn）。

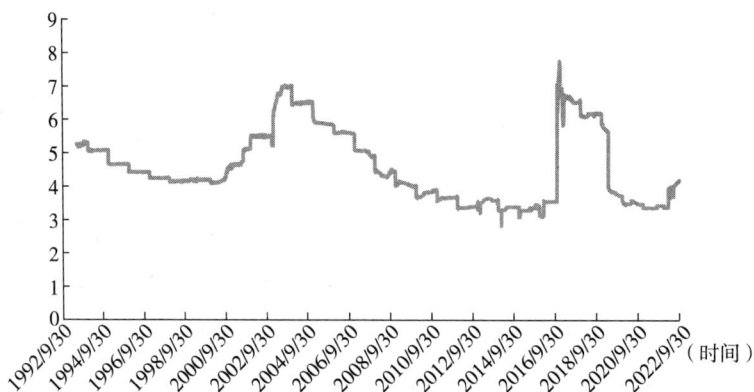

图 7-48　埃及经济潜力空间比值走势

资料来源：北京睿信科全球风险管理平台（www.sunrisk.cn）。

第五节　安哥拉系统性风险趋势

安哥拉共和国（以下简称安哥拉）位于非洲西南部，东邻赞比亚，西濒大西洋，南连纳米比亚，北接刚果（布）和刚果（金）。面积为 1 246 700 平方公里，包括位于安哥拉和两个刚果国之间的飞地卡宾达，海岸线长约 1 650 公里。截至 2020 年，全国人口约 3 330 万人，首都罗安达位于安哥拉西部大西洋东海岸，是安哥拉最大的港口和政治经济中心。

安哥拉作为非洲第二大石油生产国和世界第五大钻石生产国，石油、天然气、矿产以及水资源十分丰富，已探明石油可采储量超过 126 亿桶，是目前中国在非洲第一大石油进口来源国。天然气储量达 7 万亿立方米，主要矿产有钻石、铁、磷酸盐、铜、锰、铀、铅、锡、锌、钨、黄金、石英、大理石和花岗岩等。水力、农牧渔业资源较丰富，水资源潜力为 1 400 亿立方米，水力发电量占全国总发电量的 75%，其余 25% 来自火力发电。安哥拉农业发展自然条件良好，独立之前，粮食在自给自足的基础上还大量出口，其剑麻和咖啡出口量位居世界前列，被誉为 "南部非洲粮仓"。但长达数十年的内战严重破坏了安哥拉农业生产体系，目前安哥拉近一半的粮食供给依赖进口或援助，全国可开垦土地面积约为 3 500 万公顷，目前耕地面积约为 350 万公顷。农业人口约占全国人口的 65%，人均耕地面积为 0.18 公顷。

安哥拉属于最不发达国家，2021 年国内生产总值为 725 亿美元，石油和钻石开采是国民经济支柱产业，有一定的工农业基础，但连年战乱对基础设施的破坏使得农业发展受到较大影响，建筑业与通信产业市场需求较大。2002 年内战结束后，政府将工作重点转向经济恢复和社会发展，努力调整经济结构，加强对外开放与国际贸易合作。2006 年加入石油输出国组织（OPEC），随着石油价格上涨，安哥拉出口收入大幅增加，2001—2010 年以 11.1% 经济年均增长率排名世界第一，创造了非洲乃至世界不发达国家发展的奇迹。安哥拉大力吸引外资以实现国家重建与经济发展，目前为撒哈拉以南非洲第三大经济体和最大引资国之一，市场呈现出较强活力。2017 年洛伦索上台执政后的五年里，安哥拉国内通胀与失业并存，加之国际方面全球油价下跌、新冠疫情的暴发更使得安哥拉经济形势雪上加霜，接连爆发大规模示威活动。2021 年起，随着整体经济环境改善，社会动荡减弱，通胀率增速放缓，本币宽扎持续走强，整体经济面向好，但经济结构单一、政府债务问题等预计短期内仍旧存在（参见表 7-9 和表 7-10）。

表 7-9　安哥拉背景概览

类别	现状	未来的风险	未来的机遇
政治制度与政治局势	若昂·洛伦索总统连任	选举竞争激烈，"安盟"支持率上升	"安人运"继续执政
经济制度与社会发展	石油、钻石出口为主，其他产业薄弱	经济结构单一，抗风险能力弱	第三产业发展潜力巨大

续表

类别	现状	未来的风险	未来的机遇
文化背景与宗教信仰	罗马天主教（49%） 基督教新教（13%）	多民族体系	文化产业、旅游产业
自然资源与地理条件	国土富饶，资源丰富	对石油工业收入过度依赖	开发非燃料矿产资源， 发挥自然资源位优势
地缘关系与国际地位	撒哈拉以南非洲 第三大经济体	主要出口商品需求减少	巩固、发展与非洲和其他 亚洲国家的关系

资料来源：根据公开资料整理。

表 7-10　安哥拉重大历史事件及其主要影响

年份	重大事件	主要影响
1975	国家独立	成立安哥拉人民共和国，结束葡萄牙殖民统治
2002	内战结束	实现祖国统一，进入战后恢复重建时期
2006	加入石油输出国组织	提高安哥拉在世界石油工业领域地位
2012	修宪后首次总统和议会选举	"安人运"以 71.84% 赢得选举，多斯桑托斯连任总统
2017	洛伦索当选总统	选举时承诺"振兴安哥拉经济"多数未实现，经济增速骤降， 接连爆发抗议示威活动，社会动荡

资料来源：根据公开资料整理。

一、国家系统性风险指数趋势

从 15 世纪至 20 世纪的 500 年时间里，安哥拉一直是葡萄牙的殖民地，在殖民期间，葡萄牙充分利用安哥拉的自然资源与劳动力，大力发展种植业、渔业和畜牧业，使其成为葡萄牙较富庶的殖民地之一，但劳动成果最终都为葡萄牙所享有。直至 1975 年 11 月 11 日，安哥拉脱离葡萄牙成为独立的安哥拉共和国。

安哥拉独立后进入内战时期，国内两个互相独立的政治军事组织——苏联支持的安哥拉解放人民运动（"安人运"）以及美国、南非支持的安哥拉彻底独立全国联盟（"安盟"）出现对立冲突局面，而后演变为全国范围内战，安哥拉政治局势陷入混乱，葡萄牙殖民者的大批撤出使得安哥拉的工农业严重萎缩，经济形势低迷。1994 年，安哥拉与美国、南非签订《卢萨卡协议》，安哥拉获得喘息机会，政府随即加快经济改革步伐，经济开始复苏，系统性风险指数随之出现上升趋势。2002 年爆发内战，双方达成和解协议，安哥拉解放人民运动取得执政党地位，安联盟解除武装，持续时间长达27 年的内战至此结束。长期内战使得安哥拉经济严重受挫，国内经济发展停滞不前。1980—2003 年，安哥拉人均 GDP 在 1 000 美元以下，系统性风险指数在 10 以下低位徘徊，系统性风险较大。

内战结束后，安哥拉进入战后恢复重建时期，安哥拉政府集中精力发展经济，经济增长强劲。这一阶段安哥拉的系统性风险指数虽较上一时期出现明显上升，但整体仍处于 50 以下，在预警范围内大幅波动，风险较大。2002 年 4 月，政府制定《重建国家总规划》，指导安哥拉经济建设。据国际货币基金组织统计，2001—2010 年，安哥拉 GDP 经济年均增长率为 11.1%，位居全球第一，2013 年人均 GDP 已达 5 128 高点。但如此高速的增长奇迹并没有持续下去，究其原因则是安哥拉经济结构过于单一，国内经济发展对于石油依赖性过强，石油是国民经济的支柱产业，而畜牧业、旅游业、服务业等其他产业则不够发达，石油价格稍有波动则会对经济产生较大冲击。2014 年，受全球石油价格下降影响，安哥拉经济增速明显放缓，人均 GDP 由 2014 年的 5 094 美元下降至 2015 年的 1 728 美元，至此一直徘徊在 2 000 美元附近。2020 年，受新冠疫情冲击影响，人均 GDP 跌至 1 631 美元，触及近 20 年来人均 GDP 低点。受新冠疫情、经济结构与政府债务等因素影响，预计短期内安哥拉系统性风险指数仍会在 50 以下，但宏观经济指标表明安哥拉经济已进入上升发展通道，呈现多元化态势，预计未来有望突破 50 预警线（参见图 7–49）。

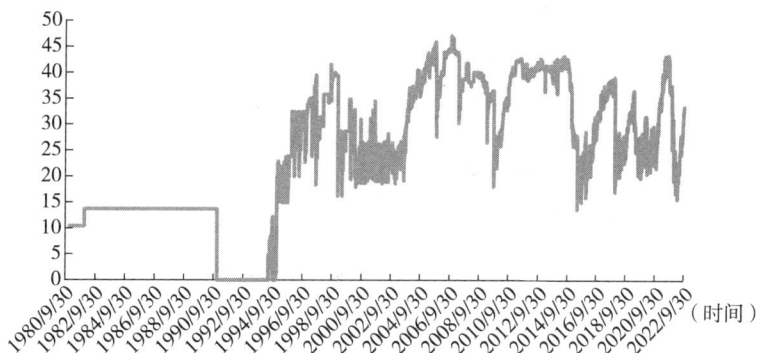

图 7-49　安哥拉系统性风险指数趋势

资料来源：北京睿信科全球风险管理平台（www.sunrisk.cn）。

二、汇率风险指数趋势

安哥拉官方货币为宽扎，代码为 AOA。在独立之前，安哥拉使用殖民统治国葡萄牙法定货币埃斯库多，并未形成自己独立的货币体系，1976 年实现独立后首次发行法定货币——宽扎，同年安哥拉政府宣布宽扎与美元挂钩，1977 年宣布实施固定汇率制，官方定价 1 美元兑 29.92 宽扎。安哥拉实行外汇管制，宽扎为非可自由兑换货币，外汇进入通常不受限但汇出控制较严，在配额限制的基础上需缴纳 35% 的营业税。

安格拉汇率风险指数相关数据自 1994 年 6 月起可获得，不存在明显上升或下降趋势，整体在 0～100 区间大幅波动，但依据其波动幅度大小可将整体趋势大体分为三个阶段。

第一阶段：1994 年 6 月至 2003 年 10 月。这一阶段安哥拉内战使得国内形势混乱，严重阻碍了安哥拉经济稳定发展，出口收入多用于军事装备进口，外汇储备几乎为 0，黑市交易猖獗，且安哥拉政府为治理通胀多次实行汇率制度改革，使得这一阶段汇率风险较大，通胀率飙升，最高曾触及 4 000 点，汇率风险指数大多徘徊于 50 以下且在 0～100 区间剧烈波动。该阶段共 2 453 个样本天数，从频数分布来看，其中 80.51% 的样本天数汇率风险指数低于 55，处于预警警报范围内。

第二阶段：2003 年 11 月至 2015 年 5 月。内战结束，安哥拉进入战后恢复重建时期。2002 年 4 月，"安盟"与安哥拉政府在罗安达签署和平协议并解除武装，长达 27 年的内战结束，安哥拉政府将工作重点转向经济恢复与社会发展。该时期安哥拉外汇储备明显增加，汇率风险指数上升至 50 以上，整体汇率风险较小。2005—2006 年，在国际市场油价不断升高的背景下，安哥拉石油产量猛增，使得外汇储备总额翻了一番。随后几年里，受国际石油价格下降影响，汇率风险指数三次下降击穿 50 预警线，但这一阶段整体与第一阶段相比波幅较小，风险较低。

第三阶段：2015 年 6 月至 2022 年 9 月。该阶段整体指数波幅增大且大多徘徊在 50 以下，多次触及 0 点，风险较大。安哥拉经济结构单一，石油、钻石收入占出口收入的 90%，2014 年受国际原油价格下跌影响，安哥拉出口收入锐减，外汇储备下降，宽扎大幅贬值，汇率风险指数骤降。在随后的两年中，汇率风险指数随石油价格恢复而逐渐回升，趋于正常。2018 年，安哥拉央行宣布放弃宽扎汇率锚定美元政策，由浮动汇率制代替固定汇率制，导致宽扎再次大幅贬值，汇率风险指数从政策宣布前的95.5高点骤降至0点，风险急剧增大。2022年以来，石油价格上升、宏观经济稳定性增强与国家信用评级上升推动了宽扎稳步升值，汇率风险指数回升，预计未来短期内汇率风险指数将在波动中上行（参见图7-50）。

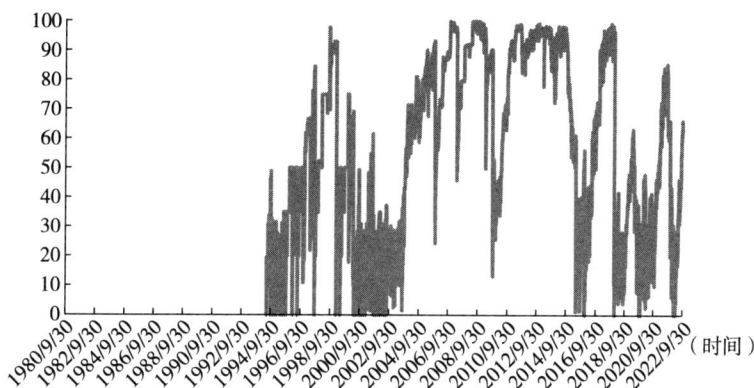

图7-50 安哥拉汇率风险指数趋势

资料来源：北京睿信科全球风险管理平台（www.sunrisk.cn）。

三、国家债务风险指数趋势

安哥拉国家债务风险指数自有相关数据记录以来一直处于预警警报范围内，常年在50以下低位波动，债务风险较大。长期持续内战使得自1981年起安哥拉国家债务风险指数一直为0，债务问题严重，自1997年起开始缓和，整体呈缓慢波动上升趋势，但一直徘徊于50以下（参见图7-51）。国家债务风险指数由政府财政债务风险子指数和国债风险子指数组成，由于安哥拉国债风险子指数缺失，故利用政府财政债务子指数进行分析，政府财政债务子指数可从政府财政余额指数和债务余额风险指数两方面展开分析。

石油与钻石出口作为安哥拉的支柱产业使得政府财政收支易受钻石与石油价格波动影响，安哥拉政府财政收支与国际油价走势基本吻合，稳定性较差，经常出现财政赤字。自有相关数据记录以来，1996年，政府财政盈余占GDP比例达最高点15.02%；1998年，受国际市场油价大跌影响，原油出口收入下跌超30%；1999年，安哥拉外汇储备已几乎为0，财政收支失衡出现巨额赤字，占GDP比率超过财政赤字占 GDP 比重 3% 的警戒线。2008 年与 2014 年同样受国际低油价环境驱动，出口收入减少，两次突破 0 点出现财政赤字。2016 年，安哥拉全国石油产量增加 6%，但受低油价驱动石油营收却降低超 30%，使得安哥拉政府出现财政危机。2018 年，安哥拉国内钻石大幅增产，产量高达 944 万克拉，出口收入增加使得政府财政收入出现盈余，此后一直处于盈余状态，预计未来政府财政收支将持续盈余，但可能出现缓慢下降趋势。

国家统一后基础设施恢复重建使得安哥拉债务融资需求扩大，常年通胀导致宽扎贬值，融资成本不断上升，单一经济结构又使得政府财政收入受制于石油价格变动，债务风险压力较大。2017 年，洛伦索当选安哥拉总统，为实现选举承诺"振兴安哥拉经济"，安哥拉政府在依靠石油出口收入的基础上向国际市场借债来投资基础设施建设，但收效甚微，使得安哥拉公共债务剧增，2020 年，安哥拉政府债务占 GDP 比例高达 136.54%。随着整体经济环境改善与债务重组，2021 年，政府债务占比下降至86.41%。2022 年 1 月 22 日，国际评级机构惠誉上调安哥拉主权信用评级，预计未来安哥拉当局将继续维持债务占 GDP 比例下降的这一趋势，至 2027 年可达 40% 左右，国家债务风险指数将随之稳定上升，风险较低，债务前景展望较为稳定，但违约风险仍然不容忽视（参见图 7-52）。

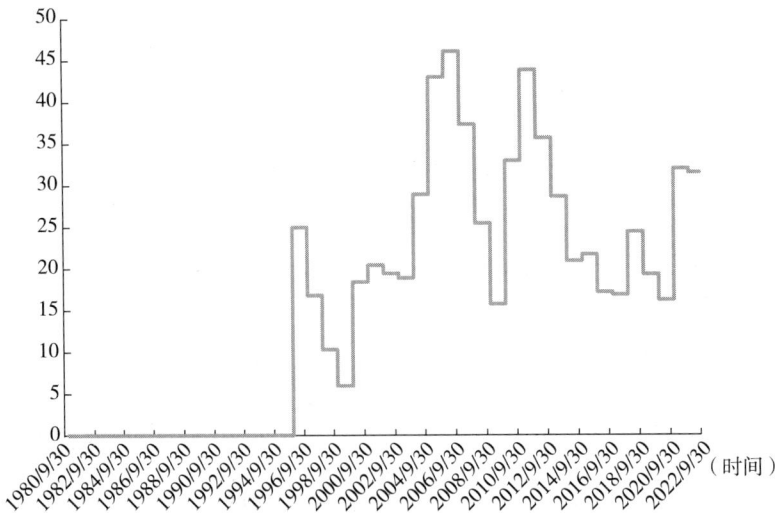

图 7-51　安哥拉债务风险指数趋势

资料来源：北京睿信科全球风险管理平台（www.sunrisk.cn）。

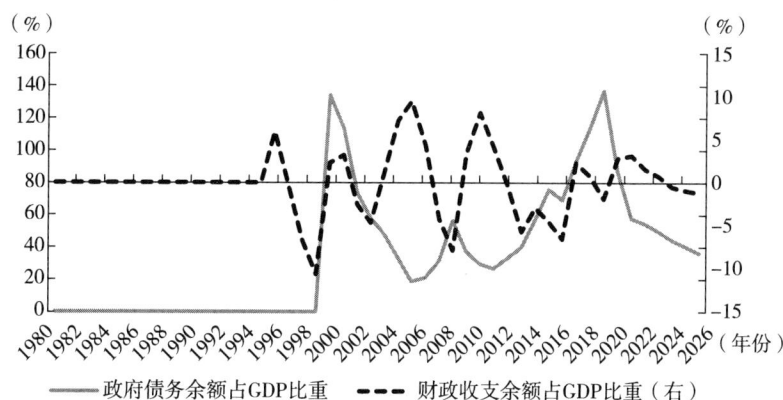

图 7-52　安哥拉财政收支余额和政府债务余额占 GDP 比重走势

资料来源：北京睿信科全球风险管理平台（www.sunrisk.cn）。

四、经济物价风险指数趋势

　　1973 年第一次石油危机爆发后，安哥拉于 1975 年独立，政府直接介入石油的勘探和生产，于 1976 年成立安哥拉国家石油公司，随后将葡萄牙、美国在安哥拉的石油公司的多数股份收归国有，并给予国家石油公司在海岸地区勘探和开发石油的特许权。1978 年 8 月出台《石油法》，规定外国石油公司在安哥拉发现新油田，可以从该油田所生产的原油中得到 25% ～ 30% 的产量，并对钻井最多、产量增加最快的外国石油公司实行奖励。因而，独立后的安哥拉尽管屡遭内战破坏，但石油业仍然保持发展。尤其是 20 世纪 90 年代以来，随着一批深海与超深海油田的发现，已探明的原油储量从 1987 年的 20 亿桶增加到 1997 年的 39 亿桶，2007 年达 90 亿桶。正是依赖丰富的石油收入，安哥拉政府才得以在残酷的内战中生存下来，而战后安哥拉的重建计划也是以石油出口作为主要支撑。

　　尽管有大规模石油出口的支撑，但安哥拉内战和落后的经济金融体系，导致其通胀水平波动非常大，经济物价风险也处于极高水平。安哥拉 CPI 从 1980 年的 46.7% 快速下降至 20 世纪 80 年代至 90 年代不足 2% 的水平，在 1991 年 CPI 迅速飙升至 85.3%，此后持续飙升，1996 年创下了 4 146% 的历史高点，此后在波动中快速下降，但直到 2005 年才降至 23%，2014 年更是降至 7.3%，2015 年又开始了在 9% ～ 31% 的区间波动，2022 年仍然处于 24% 的水平（参见图 7-53）。

从安哥拉经济物价风险指数趋势图（参见图7-54）可以看出，1981—1990年，安哥拉经济物价风险指数较高，币值较为稳定。1991年起，内战导致国内形势混乱，安哥拉经历了严重的恶性通货膨胀，宽扎大幅贬值，严重阻碍经济发展，风险指数急剧下降至0，这一状态一直持续到2004年。2005年起，经济物价风险指数开始回升，2014年5月至6月，指数向上击穿50水平线，相较于历史时期风险较小。伴随着2014年6月下旬国际原油价格骤降，安哥拉出口收入锐减，外汇储备降低导致宽扎大幅贬值，银行体系流动性不足，风险较大，经济物价风险指数再次骤降至0，此后一直处于低位，预计未来仍将在低位徘徊。

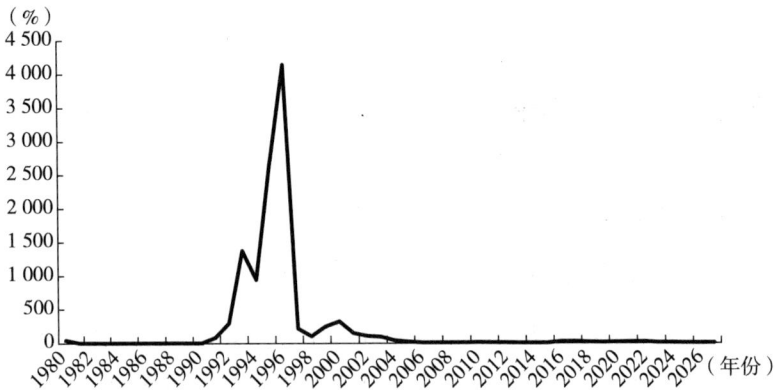

图 7-53　安哥拉 CPI 年均同比走势

资料来源：北京睿信科全球风险管理平台（www.sunrisk.cn）。

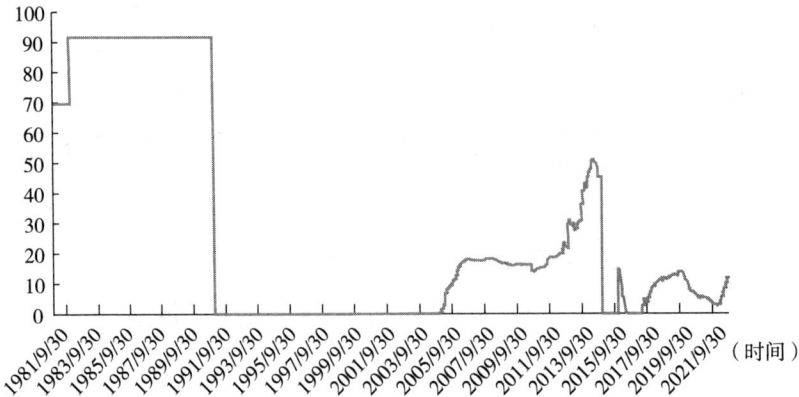

图 7-54　安哥拉经济物价风险指数趋势

资料来源：北京睿信科全球风险管理平台（www.sunrisk.cn）。

五、经济潜力风险指数趋势

从安哥拉经济潜力风险指数趋势图（参见图 7-55）来看并不存在明显趋势，但依据其波幅大小可将其大体分为三个阶段。第一阶段为 1995—2003 年。这一时期受内战影响，安哥拉政局不稳，国内形势混乱，经济发展不确定性极高，使得安哥拉投资环境较差，经济发展潜力受限，经济发展潜力指数在高位波动，稳定性较差。第二阶段为 2004—2018 年。该阶段安哥拉摆脱内战影响，进入和平重建时期，长期内战使安哥拉交通、建筑等行业受到严重破坏，国内基础设施建设需求较大，可谓百废待兴，政府出台一系列政策推行经济自由化改革，发展潜力巨大，出台了"2003—2004 年度发展计划"与"2005—2006 年的目标"等短期经济计划，经济潜力风险指数从 100 逐步下跌至 60 附近，随后的几年里一直呈缓慢下降趋势。直至 2015 年安哥拉政府出台《私人投资法》，政策保护使得国际投资者在安投资权益得到保障，展现较强的发展潜力。第三阶段为 2018—2022 年。受新冠疫情影响，加之美国发动全球贸易战导致国际环境不确定性增强，安哥拉国内经济多元化改革进程缓慢、债务问题严重、高失业率与粮食危机等使得安哥拉经济发展不确定性增强，经济发展潜力指数再次在 70～100 区间波动，预计未来短期内安哥拉经济发展潜力指数将在 60 左右徘徊。

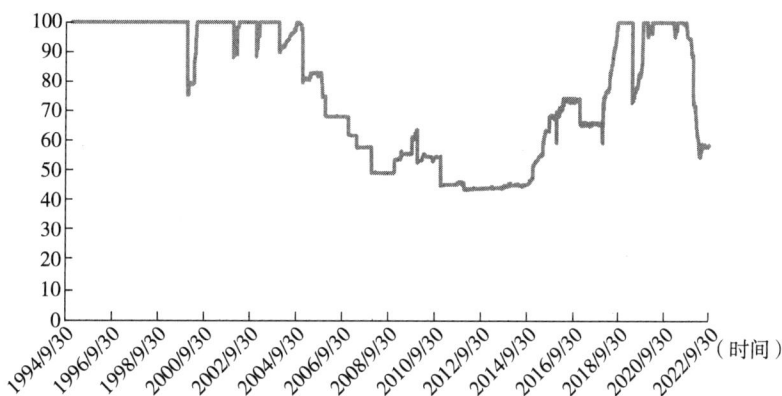

图 7-55　安哥拉经济潜力风险指数趋势

资料来源：北京睿信科全球风险管理平台（www.sunrisk.cn）。

经济潜力风险指数来源于经济潜力空间比值，就是美元兑一国或经济体的汇率与其购买力平价指数（PPP）的比值，体现了汇率与物价之前的差距。1999—2022 年，安哥拉经济潜力空间比值走势与安哥拉经济潜力风险指数均呈现"凹"字走势，且波动幅度均为先大后小又增大的"哑铃形"，走势基本吻合（参见图7-56）。预计未来安哥拉经济潜力空间比值将在新兴市场国家安全警戒值 2 附近波动。

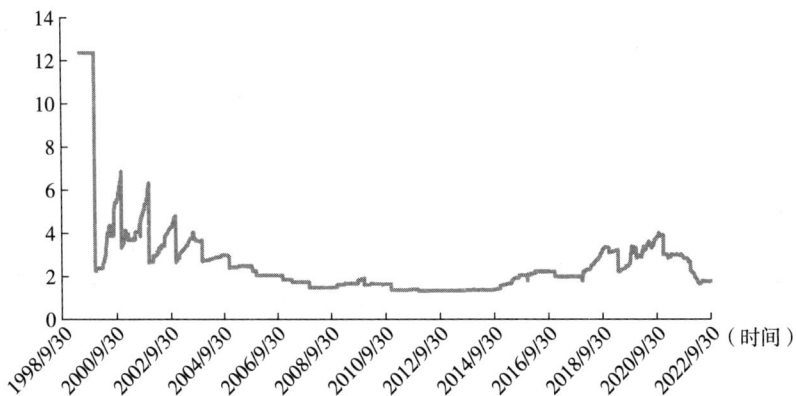

图 7-56　安哥拉经济潜力空间比值走势

资料来源：北京睿信科全球风险管理平台（www.sunrisk.cn）。

第八章

全球主要行业系统性风险趋势

全球行业系统性风险指数采样企业的市场交易数据、公司财务数据和相关国家统计的部门数据及国际组织（IMF、世界银行、联合国贸发会等）宏观数据等复合而成。在抽取样本数据过程中，除了考虑数据的权威性和全面性，在数据的精细度、准确度和连续性方面也要达到"全球风险管理平台"模型对行业系统性风险数据的要求。需要特别申明的是，每个行业里有众多标杆性企业，都要求其数据满足连续性要求，有时存在着一定的困难，或在许多时候需要加以变频处理或模糊处理。但有关指数的意义在于，可以给读者带来有关行业系统性风险与机遇的参考。不过，有关指数当然不能替代各个主体自主的分析与决策。

本章首先对全球行业的分类、标杆企业的选择及全球行业系统性风险指数简要说明，算法说明参见《2020—2021年全球系统性风险趋势报告》，其次对全球行业系统性风险指数趋势做了简要分析，最后根据我们的模型对风险好转、风险变高及可能爆发危机的行业分别做了统计说明。

由于篇幅限制，本章节的相关内容属于统计性质的，按行业的指数数值变化判断行业的风险并进行风险分类，做了简要定性分析，没有过多的定量解读。有相关需求的读者，请直接联系全球风险管理平台，平台可根据实际需求提供定制化的服务。

本章节使用的数据源于全球风险管理平台，由于平台数据根据经济运行中，采集的源数据在不断增加或修正，可能在数值上有微小差异。

第一节　全球行业系统性风险指数趋势

一、全球行业系统性风险指数说明

根据企业的行业主营业务收入、规模及数据的可获得性，在全球 5 万家企业中动态选取有代表性的 3 000 多家企业作为实时采样数据对象，全球企业风险指数模型对相关企业的相关指标与数据进行加工复合，形成以"天"为频次的全球行业系统性风险指数。

采样企业指标的时间，是从 1993 年 1 月 1 日开始的，由于指标变为指数需要 1 年的时间作为计算基础，所以全球行业系统性风险指数是从 1994 年 1 月 1 日开始的，本章节描述的最后日期到 2022 年 9 月 30 日。

和全球风险平台的其他指数一样，全球行业系统性风险指数也是将机遇与风险统一为 0 ~ 100 的数值，趋向 0 则表示行业的风险越来越高，机遇越来越小；趋向 100 则表示行业的机遇越来越高，风险越来越小。

二、全球行业系统性风险指数趋势

全球行业风险指数描述的是全球行业系统性风险的趋势，指数的大小及变化趋势与全球系统性风险指数的变化息息相关，特别与经济活动中出现的类似亚洲金融危机、全球金融风暴和 2019 年底的新冠疫情等各类危机息息相关。从另一个角度看，由于全球行业风险指数是由采样的 64 个全球相关子行业指数合成，64 个行业指数又是由 3 000 家不同行业企业系统性风险指数合成，所以，全球行业系统性风险指数与 3 000 家企业系统性风险指数是直接相关的，企业的运营行为会直接影响全球行业系统性风险的数值。

从全球行业系统性风险指数的走势看，全球行业系统性风险指数整体在 25 ~ 70 区间运行，风险指数准确地体现了 1997—1999 年的亚洲金融危机，2000 年美国新经济泡沫破裂（指数降至 40 左右），2008—2010 年的全球金融风暴（指数剧降至 25）、欧债危机（指数在 40～50 区间徘徊），2015 年开始的美联储缩表危机和 2018 年美国开始发动的全球贸易战，数次跌落 50 水平线。2019 年底，受新冠疫情影响和人们对经济的悲观预期，全球行业系统性风险指数变化呈现大幅波动，总体呈下降趋势，2020 年 3 月 16 日为最低值 34.8 点，触及一级警报范围，很多行业处于困难阶段，特别是交通业、能源业、餐饮业和旅游业等，均受到比较大的冲击。新冠疫情虽然是人类的公敌，但人类已经找到了攻克它的有效方法，世界各地相继推出新冠疫苗，推出刺激经济增长政策，受影响的行业逐渐恢复至正常轨道，行业系统性风险指数逐步上升，至 2021 年 12 月底到达最高点 64 水平线附近。进入 2022 年，由于受新冠疫情影响持续、俄乌冲突的爆发、美联储激进加息负面溢出效应，全球安全形势迅速恶化，地缘政治冲突此起彼伏，行业系统性风险指数呈单向波动下跌趋势，曾在 6 月 30 日降至低点 45 水平线。截至 2022 年 9 月 30 日，全球行业系统性风险指数为 51。预计后期可能会在 45～60 区间震荡（参见图 8-1）。

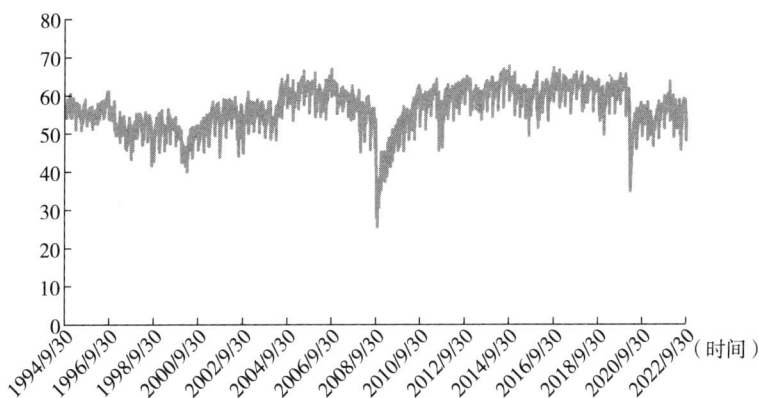

图 8-1　全球行业系统性风险指数趋势

资料来源：北京睿信科全球风险管理平台（www.sunrisk.cn）。

第二节　系统性风险较低或好转的行业

通过分析全球 64 个行业的系统性风险指数在 2022 年 9 月 30 日的情况，以及 2022

年9月30日较2021年底和2021年9月30日的变化，可以对全球64个行业进行风险趋势判断。

一、全球系统性风险好转的行业

2022年相对于2021年，新冠疫情影响减弱，但大国裹挟的政治军事冲突不断，少数行业的系统性风险指数有所上升，体现出其系统性风险水平的下降，多数行业的系统性风险指数有所下降，体现出其系统性风险水平的上升。以一年时间节点统计，2022年，系统性风险指数上升的行业共有24个，前10个分别是综合石油与煤业、奢侈品业、钢铁业、农用化学品业、餐饮业、油气勘探生产与支持业、钢铁原料供应业、油气生产业、饮料业和旅游博彩业。在这些有所好转的行业中，有些行业风险指数一直较低，说明虽然较2021年有所好转，但系统性风险依然较高，如海运业、钢铁业和综合石油与煤业等（参见表8-1）。

表8-1　系统性风险好转的行业

序号	行业名称	指数变化值	2021年9月30日行业系统性风险指数值	2022年9月30日行业系统性风险指数值
1	综合石油与煤业	11.0	34.0	44.9
2	奢侈品业	8.6	50.6	59.2
3	钢铁业	6.1	38.4	44.5
4	农用化学品业	5.9	49.7	55.6
5	餐饮业	5.5	52.7	58.2
6	油气勘探生产与支持业	5.2	43.9	49.0
7	钢铁原料供应业	4.8	42.7	47.5
8	油气生产业	4.8	46.7	51.5
9	饮料业	4.4	60.8	65.3
10	旅游博彩业	4.3	44.2	48.5
11	有色金属业	3.9	43.6	47.5
12	消费品百货与卖场业	2.6	50.8	53.3
13	海运业	2.0	41.6	43.6
14	国防航空航天业	1.8	46.6	48.4
15	生物燃料业	1.4	46.1	47.5

续表

序号	行业名称	指数变化值	2021年9月30日 行业系统性风险指数值	2022年9月30日 行业系统性风险指数值
16	代工业	1.1	56.5	57.6
17	基本金属业	1.1	44.6	45.7
18	烟草业	1.1	55.1	56.1
19	基本及多种化学制品业	1.0	45.5	46.5
20	成衣设计业	1.0	52.2	53.2
21	服饰销售业	0.8	47.9	48.7
22	油气提炼及销售业	0.8	49.6	50.3
23	工业服务业	0.2	52.7	52.9
24	生物科技和制药业	0.1	56.2	56.3
25	广告娱乐业	0	50.2	50.2
26	油气服务与设备业	−0.3	41.6	41.4
27	出版与广播业	−0.6	50.7	50.1
28	电器设备业	−0.6	55.1	54.4
29	食品包装业	−1.3	64.4	63.2
30	林业与纸业	−1.6	52.1	50.5
31	交通运输设施业	−1.8	55.9	54.1
32	物流服务业	−1.9	51.5	49.6
33	保险业	−2.0	62.5	60.5
34	电力公用事业	−2.3	54.6	52.3
35	港口业	−2.6	59.7	57.2
36	网络硬件与IT服务业	−2.8	59.7	56.9
37	康养行业	−2.9	56.5	53.6
38	新能源设备业	−3.0	46.5	43.4
39	农产品与农用产品业	−3.1	53.7	50.6
40	贵金属业	−3.1	49.5	46.5
41	银行业	−3.1	61.9	58.8
42	医疗设备与器械业	−4.1	52.1	48.0
43	投资管理业	−4.3	55.2	50.9
44	电脑及电子消费业	−4.3	52.8	48.5
45	必需消费品批发与零售业	−4.4	58.8	54.4
46	汽车配件业	−5.2	52.6	47.3
47	半导体业	−5.3	48.5	43.2

序号	行业名称	指数变化值	2021 年 9 月 30 日 行业系统性风险指数值	2022 年 9 月 30 日 行业系统性风险指数值
48	软件业	−5.3	58.8	53.5
49	投资银行业	−5.5	58.7	53.2
50	医疗设施与服务业	−5.9	58.3	52.4
51	航空业	−6.1	46.3	40.2
52	天然气和公共事业网络业	−6.2	56.9	50.7
53	建筑材料业	−6.6	58.3	51.7
54	建筑业	−6.8	63.1	56.3
55	移动电话业	−7.1	51.3	44.2
56	金融支持服务业	−7.3	57.6	50.3
57	汽车制造业	−7.5	55.3	47.9
58	特种化学品业	−7.5	57.3	49.8
59	互联网、有线和卫星业	−7.8	48.3	40.6
60	电信业	−8.2	61.7	53.4
61	机械业	−8.7	56.1	47.4
62	房地产投资信托业	−9.5	56.4	46.9
63	房屋建筑业	−12.5	54.6	42.1
64	容器与包装业	−21.1	56.2	35.1

资料来源：北京睿信科全球风险管理平台（www.sunrisk.cn）。

二、全球系统性风险较低的行业

2022 年相对于 2021 年，一些行业的系统性风险指数保持较高，体现出其系统性风险水平较低，以一年时间节点统计，我们把 2021 年 9 月 30 日和 2022 年 9 月 30 日行业系统性风险指数都大于 55 水平的行业，归类为风险较低的行业。2022 年，系统性风险较低的行业共有 13 个，分别是饮料业、食品包装业、保险业、奢侈品业、银行业、餐饮业、代工业、港口业、网络硬件与 IT 服务业、建筑业、生物科技和制药业、烟草业、农用化学品业（参见表 8-2）。

表 8-2　系统性风险较低的行业

序号	行业名称	2022 年 9 月 30 日 行业系统性风险指数值	2021 年 9 月 30 日 行业系统性风险指数值
1	饮料业	65.3	60.8
2	食品包装业	63.2	64.4
3	保险业	60.5	62.5
4	奢侈品业	59.2	50.6
5	银行业	58.8	61.9
6	餐饮业	58.2	52.7
7	代工业	57.6	56.5
8	港口业	57.2	59.7
9	网络硬件与 IT 服务业	56.9	59.7
10	建筑业	56.3	63.1
11	生物科技和制药业	56.3	56.2
12	烟草业	56.1	55.1
13	农用化学品业	55.6	49.7

资料来源：北京睿信科全球风险管理平台（www.sunrisk.cn）。

第三节　系统性风险较高或上升较大的行业

同样，通过分析全球 64 个行业的系统性风险指数在 2022 年 9 月 30 日的情况，以及 2022 年 9 月 30 日较 2021 年 9 月 30 日的变化，也可以对全球 64 个风险指数较高或上升较大的行业进行风险趋势判断。

一、全球系统性风险上升较大的行业

2022 年，全球经济遭受重创，部分行业风险较大。相对于 2021 年，大批企业的系统性风险指数有所下降，体现出其系统性风险水平的上升，在我们统计的 64 个行业中，有 39 个行业的系统性风险指数下降，体现其系统性风险上升。以一年时间节点统计行业系统性风险指数，2022 年 9 月 30 日行业系统性风险指数值较 2021 年 9 月 30

日数值下降大于 6 的行业，共有 14 个，前三个行业分别是容器与包装业、房屋建筑业、房地产投资信托业，其中容器与包装行业的产品同质化严重，大宗商品上涨较快，在产业价值链上也处于相对弱势的地位，一是受上游原材料上涨及节能环保因素影响，二是因下游客户需求不足，其行业指数下降值最大，为 21.1（参见表 8-3）。

表 8-3　系统性风险上升的行业

序号	行业名称	指数增量	2021 年 9 月 30 日行业系统性风险指数值	2022 年 9 月 30 日行业系统性风险指数值
1	容器与包装业	−21.1	56.2	35.1
2	房屋建筑业	−12.5	54.6	42.1
3	房地产投资信托业	−9.5	56.4	46.9
4	机械业	−8.7	56.1	47.4
5	电信业	−8.2	61.7	53.4
6	互联网、有线和卫星业	−7.8	48.3	40.6
7	特种化学品业	−7.5	57.3	49.8
8	汽车制造业	−7.5	55.3	47.9
9	金融支持服务业	−7.3	57.6	50.3
10	移动电话业	−7.1	51.3	44.2
11	建筑业	−6.8	63.1	56.3
12	建筑材料业	−6.6	58.3	51.7
13	天然气和公共事业网络业	−6.2	56.9	50.7
14	航空业	−6.1	46.3	40.2

资料来源：北京睿信科全球风险管理平台（www.sunrisk.cn）。

二、全球系统性风险较高的行业

2022 年相对于 2021 年，行业的系统性风险指数继续保持低位，体现出其系统性风险水平一直较高。以一年时间节点统计，2022 年 9 月 30 日行业系统性风险指数值较 2021 年 9 月 30 日数值继续保持 50 以下的行业包括航空业，互联网、有线和卫星业，油气服务与设备业，半导体业，新能源设备业等（参见表 8-4）。

表 8-4 系统性风险较高的行业

序号	行业名称	2021年9月30日 行业系统性风险指数值	2022年9月30日 行业系统性风险指数值
1	航空业	46.32	40.23
2	互联网、有线和卫星业	48.33	40.58
3	油气服务与设备业	41.64	41.39
4	半导体业	48.46	43.17
5	新能源设备业	46.45	43.41
6	海运业	41.58	43.56
7	钢铁业	38.37	44.5
8	综合石油与煤业	33.95	44.91
9	基本金属业	44.63	45.73
10	贵金属业	49.53	46.45
11	基本及多种化学制品业	45.5	46.49
12	有色金属业	43.58	47.48
13	钢铁原料供应业	42.66	47.5
14	生物燃料业	46.13	47.53
15	国防航空航天业	46.55	48.37
16	旅游博彩业	44.23	48.54
17	服饰销售业	47.93	48.74
18	油气勘探生产与支持业	43.87	49.04

资料来源：北京睿信科全球风险管理平台（www.sunrisk.cn）。

第四节 可能爆发系统性危机的行业

根据我们对行业系统性风险指数的观察，其周期性非常明显，根据不同行业的特点，上行到 65 以上的高度后一定会下行，充分体现了市场物极必反的规律。我们将 2021 年 9 月 30 日、2021 年 12 月 31 日和 2022 年 9 月 30 日三个时间点的行业系统性风险指数进行排序后，获得了超过 55 的行业，然后将三个时间点涉及的行业的指数都补齐后得到表 8-5。表中阴影部分的行业都是未来要高度关注可能出现系统性危机的行业，特别要关注的行业包括饮料业、食品包装业、银行业、保险业等。

表 8-5　可能爆发系统性危机的行业

行业名称	2022年9月30日行业系统性风险指数值	行业名称	2021年12月31日行业系统性风险指数值	行业名称	2021年9月30日行业系统性风险指数值
饮料业	65.3	银行业	66.6	食品包装业	64.4
食品包装业	63.2	港口业	63.4	建筑业	63.1
保险业	60.5	食品包装业	62.7	保险业	62.5
奢侈品业	59.2	保险业	62.2	银行业	61.9
银行业	58.8	投资银行业	59.9	电信业	61.7
餐饮业	58.2	机械业	58.3	饮料业	60.8
代工业	57.6	饮料业	57.9	港口业	59.7
港口业	57.2	网络硬件与IT服务业	57.5	网络硬件与IT服务业	59.7
网络硬件与IT服务业	56.9	代工业	57.4	必需消费品批发与零售业	58.8
建筑业	56.3	必需消费品批发与零售业	57.3	软件业	58.8
生物科技和制药业	56.3	建筑业	56.6	投资银行业	58.7
烟草业	56.1	金融支持服务业	56.4	建筑材料业	58.3
农用化学品业	55.6	建筑材料业	56.4	医疗设施与服务业	58.3
电器设备业	54.4	医疗设施与服务业	56.4	金融支持服务业	57.6
必需消费品批发与零售业	54.4	容器与包装业	56.2	特种化学品业	57.3
交通运输设施业	54.1	生物科技和制药业	56.2	天然气和公共事业网络业	56.9
康养行业	53.6	软件业	55.4	康养行业	56.5
软件业	53.5	餐饮业	54.7	代工业	56.5
电信业	53.4	奢侈品业	54.6	房地产投资信托业	56.4
消费品百货与卖场业	53.3	天然气和公共事业网络业	54.5	容器与包装业	56.2
投资银行业	53.2	电信业	54.3	生物科技和制药业	56.2
成衣设计业	53.2	特种化学品业	54.1	机械业	56.1
工业服务业	52.9	汽车制造业	54.0	交通运输设施业	55.9
医疗设施与服务业	52.4	汽车配件业	53.8	汽车制造业	55.3

续表

行业名称	2022 年 9 月 30 日行业系统性风险指数值	行业名称	2021 年 12 月 31 日行业系统性风险指数值	行业名称	2021 年 9 月 30 日行业系统性风险指数值
电力公用事业	52.3	投资管理业	53.8	投资管理业	55.2
建筑材料业	51.7	电脑及电子消费业	53.3	烟草业	55.1
油气生产业	51.5	电器设备业	53.2	电器设备业	55.1

资料来源：北京睿信科全球风险管理平台（www.sunrisk.cn）。

附表 8-1 2022 年 9 月 30 日、2021 年 12 月 31 日及 2021 年 9 月 30 日行业系统性风险指数

行业名称	2022 年 9 月 30 日行业系统性风险指数值	2021 年 12 月 31 日行业系统性风险指数值	2021 年 9 月 30 日行业系统性风险指数值
饮料业	65.3	57.9	60.8
食品包装业	63.2	62.7	64.4
保险业	60.5	62.2	62.5
奢侈品业	59.2	54.6	50.6
银行业	58.8	66.6	61.9
餐饮业	58.2	54.7	52.7
代工业	57.6	57.4	56.5
港口业	57.2	63.4	59.7
网络硬件与 IT 服务业	56.9	57.5	59.7
建筑业	56.3	56.6	63.1
生物科技和制药业	56.3	56.2	56.2
烟草业	56.1	52.8	55.1
农用化学品业	55.6	50.2	49.7
电器设备业	54.4	53.2	55.1
必需消费品批发与零售业	54.4	57.3	58.8
交通运输设施业	54.1	50.4	55.9
康养行业	53.6	52.6	56.5
软件业	53.5	55.4	58.8
电信业	53.4	54.3	61.7
消费品百货与卖场业	53.3	48.4	50.8
投资银行业	53.2	59.9	58.7
成衣设计业	53.2	50.1	52.2
工业服务业	52.9	52.5	52.7

续表

行业名称	2022年9月30日行业系统性风险指数值	2021年12月31日行业系统性风险指数值	2021年9月30日行业系统性风险指数值
医疗设施与服务业	52.4	56.4	58.3
电力公用事业	52.3	52.5	54.6
建筑材料业	51.7	56.4	58.3
油气生产业	51.5	51.5	46.7
投资管理业	50.9	53.8	55.2
天然气和公共事业网络业	50.7	54.5	56.9
农产品与农用产品业	50.6	52.3	53.7
林业与纸业	50.5	49.9	52.1
金融支持服务业	50.3	56.4	57.6
油气提炼及销售业	50.3	53.1	49.6
广告娱乐业	50.2	45.8	50.2
出版与广播业	50.1	47.4	50.7
特种化学品业	49.8	54.1	57.3
物流服务业	49.6	51.1	51.5
油气勘探生产与支持业	49.0	40.4	43.9
服饰销售业	48.7	52.1	47.9
旅游博彩业	48.5	43.9	44.2
电脑及电子消费业	48.5	53.3	52.8
国防航空航天业	48.4	48.4	46.6
医疗设备与器械业	48.0	49.9	52.1
汽车制造业	47.9	54.0	55.3
生物燃料业	47.5	45.1	46.1
钢铁原料供应业	47.5	41.2	42.7
有色金属业	47.5	44.4	43.6
机械业	47.4	58.3	56.1
汽车配件业	47.3	53.8	52.6
房地产投资信托业	46.9	47.5	56.4
基本及多种化学制品业	46.5	50.6	45.5
贵金属业	46.5	47.7	49.5
基本金属业	45.7	45.2	44.6
综合石油与煤业	44.9	36.5	34.0
钢铁业	44.5	45.9	38.4

续表

行业名称	2022 年 9 月 30 日行业系统性风险指数值	2021 年 12 月 31 日行业系统性风险指数值	2021 年 9 月 30 日行业系统性风险指数值
移动电话业	44.2	45.5	51.3
海运业	43.6	46.5	41.6
新能源设备业	43.4	39.9	46.5
半导体业	43.2	50.8	48.5
房屋建筑业	42.1	43.2	54.6
油气服务与设备业	41.4	42.2	41.6
互联网、有线和卫星业	40.6	47.9	48.3
航空业	40.2	42.8	46.3
容器与包装业	35.1	56.2	56.2

资料来源：北京睿信科全球风险管理平台（www.sunrisk.cn）。

附表 8-2　近 10 年、5 年及 2022 年初较 2022 年 9 月底风险指数变化降序排名

降序排名	2022 年 9 月 30 日较 2012 年 1 月 1 日指数变化		2022 年 9 月 30 日较 2017 年 1 月 1 日指数变化		2022 年 9 月 30 日较 2022 年 1 月 1 日指数变化	
1	新能源设备业	9.7	贵金属业	11.2	油气勘探生产与支持业	6.4
2	保险业	9.5	生物燃料业	6.9	综合石油与煤业	5.6
3	钢铁原料供应业	9.4	钢铁原料供应业	6.4	饮料业	4.6
4	国防航空航天业	9.3	油气勘探生产与支持业	5.4	钢铁原料供应业	4.5
5	港口业	9.1	综合石油与煤业	4.4	消费品百货与卖场业	3.4
6	农用化学品业	8.6	饮料业	3.8	奢侈品业	3.4
7	消费品百货与卖场业	7.3	保险业	3.5	农用化学品业	3.0
8	基本金属业	7.1	农用化学品业	3.4	广告娱乐业	2.8
9	奢侈品业	7.1	国防航空航天业	2.4	餐饮业	2.1
10	代工业	5.4	烟草业	1.5	生物燃料业	1.2
11	银行业	4.7	油气生产业	1.5	成衣设计业	1.1
12	林业与纸业	4.4	银行业	1.4	出版与广播业	0.9
13	饮料业	4.4	有色金属业	0.8	旅游博彩业	0.7
14	生物燃料业	4.3	基本金属业	0.7	烟草业	0.6
15	建筑业	3.8	油气提炼及销售业	0.1	交通运输设施业	0.5
16	投资银行业	3.7	钢铁业	0	代工业	-0.4
17	贵金属业	3.2	食品包装业	0	新能源设备业	-0.5
18	综合石油与煤业	3.0	消费品百货与卖场业	-0.2	食品包装业	-0.6

续表

降序排名	2022年9月30日较2012年1月1日指数变化		2022年9月30日较2017年1月1日指数变化		2022年9月30日较2022年1月1日指数变化	
19	电器设备业	2.6	林业与纸业	-0.4	康养行业	-0.6
20	油气提炼及销售业	2.5	康养行业	-0.4	有色金属业	-0.8
21	油气勘探生产与支持业	2.3	基本及多种化学制品业	-1.2	油气生产业	-1.1
22	建筑材料业	2.2	奢侈品业	-1.7	国防航空航天业	-1.2
23	移动电话业	1.7	交通运输设施业	-1.8	林业与纸业	-1.5
24	烟草业	1.3	建筑业	-2.1	电器设备业	-2.1
25	房屋建筑业	1.3	油气服务与设备业	-2.1	必需消费品批发与零售业	-2.5
26	食品包装业	1.1	广告娱乐业	-2.2	工业服务业	-2.5
27	钢铁业	1.1	农产品与农用产品业	-2.3	油气服务与设备业	-3.4
28	广告娱乐业	0.9	代工业	-2.3	建筑业	-3.5
29	交通运输设施业	0.9	旅游博彩业	-2.4	电力公用事业	-3.5
30	出版与广播业	0.8	生物科技和制药业	-2.8	基本金属业	-3.5
31	海运业	0.8	电信业	-2.9	生物科技和制药业	-3.6
32	旅游博彩业	0.5	电脑及电子消费业	-3.1	网络硬件与IT服务业	-3.6
33	康养行业	0.5	港口业	-3.1	电信业	-3.7
34	成衣设计业	0.2	建筑材料业	-3.6	海运业	-3.8
35	农产品与农用产品业	0.2	出版与广播业	-3.7	医疗设备与器械业	-3.9
36	生物科技和制药业	0.0	投资银行业	-3.9	钢铁业	-4.2
37	有色金属业	-0.4	医疗设施与服务业	-4.7	房屋建筑业	-4.3
38	特种化学品业	-0.4	网络硬件与IT服务业	-4.8	物流服务业	-4.4
39	汽车制造业	-1.4	成衣设计业	-4.9	油气提炼及销售业	-4.4
40	油气生产业	-1.5	餐饮业	-4.9	保险业	-4.5
41	投资管理业	-2.1	移动电话业	-4.9	服饰销售业	-4.5
42	医疗设施与服务业	-2.1	新能源设备业	-5.0	移动电话业	-4.6
43	电脑及电子消费业	-2.2	物流服务业	-5.9	软件业	-4.8
44	网络硬件与IT服务业	-2.4	投资管理业	-6.1	农产品与农用产品业	-5.0
45	物流服务业	-3.1	特种化学品业	-6.5	房地产投资信托业	-5.8
46	航空业	-3.2	医疗设备与器械业	-6.7	航空业	-5.9
47	汽车配件业	-3.2	工业服务业	-6.7	贵金属业	-6.8
48	工业服务业	-3.2	电器设备业	-6.9	投资管理业	-6.8
49	基本及多种化学制品业	-3.9	海运业	-8.2	基本及多种化学制品业	-6.9
50	金融支持服务业	-4.1	机械业	-8.3	电脑及电子消费业	-6.9

续表

降序排名	2022年9月30日较2012年1月1日指数变化		2022年9月30日较2017年1月1日指数变化		2022年9月30日较2022年1月1日指数变化	
51	电信业	−5.0	电力公用事业	−8.7	天然气和公共事业网络业	−6.9
52	电力公用事业	−5.1	必需消费品批发与零售业	−9.2	医疗设施与服务业	−7.0
53	机械业	−5.3	金融支持服务业	−9.2	特种化学品业	−7.6
54	油气服务与设备业	−6.0	软件业	−9.7	建筑材料业	−7.7
55	互联网、有线和卫星业	−6.1	航空业	−9.9	港口业	−8.1
56	软件业	−7.3	天然气和公共事业网络业	−10.3	投资银行业	−8.4
57	餐饮业	−7.4	半导体业	−11.1	银行业	−8.6
58	天然气和公共事业网络业	−7.5	房地产投资信托业	−11.9	汽车制造业	−8.7
59	房地产投资信托业	−9.2	汽车制造业	−12.2	半导体业	−8.7
60	半导体业	−9.5	房屋建筑业	−13.9	金融支持服务业	−8.9
61	医疗设备与器械业	−10.2	汽车配件业	−14.7	汽车配件业	−9.6
62	必需消费品批发与零售业	−11.3	互联网、有线和卫星业	−17.6	互联网、有线和卫星业	−10.8
63	容器与包装业	−14.7	服饰销售业	−17.7	机械业	−12.0
64	服饰销售业	−15.1	容器与包装业	−25.6	容器与包装业	−24.8

资料来源：北京睿信科全球风险管理平台（www.sunrisk.cn）。

第九章

全球金融行业系统性风险趋势

金融体系十分复杂。它可以包括金融市场、金融机构（央行、银行、保险、证券、信托、清算机构和金融标准化组织等，大金融通常还包括财政）、金融法规、金融基础设施和金融标准等。金融行业的系统性风险，通常是指金融市场运行主体所体现的系统性风险。

金融行业的系统性风险与金融系统性风险有所不同。前者是以多家金融机构（企业）的指标为核心编制的指数，体现的是金融市场主体展现出来的系统性风险；后者是以金融市场指标为核心展示的整个金融系统的系统性风险，并与整个国家的系统性风险存在镜像关系。事实上，金融系统性风险与金融行业的系统性风险存在较强的相关性，并且有全球系统性风险与全球行业系统性风险类似的宏观与微观的关系。

即使是同一个国家，不同金融机构在风控能力、负债能力、科技能力和管理能力等方面的差异也日益加大，表现为金融机构风险的差异，通过市值加权获得金融行业的系统性风险指数。

2022年，全球金融业系统性风险有所上升。但是，一些充分利用科技的金融机构，呈现出较好的趋势，包括保险业、银行业、投资银行业、投资管理业、金融支持服务业和房地产投资信托业。

2022年初至2022年9月30日，在我们统计的金融行业中，多数企业的风险指数都处于下降态势，指数较2021年12月31日时要低，金融行业企业的系统性风险有所上升。但是，金融行业与金融市场高度相关，发达国家金融的泡沫破裂可能导致金融行业的风险显著上升，一些金融机构可能会"爆雷"。

本章使用的数据源于全球风险管理平台，由于平台数据根据经济运行中，采集的源数据在不断增加或修正，可能在数值上有微小差异。

第一节　全球金融行业的构成

一、金融行业的构成

金融行业是经营金融商品和服务的特殊行业，它包括银行业、保险业、信托业、投资银行业、投资管理业、金融服务与支持业、房地产投资信托业等。

银行业是以商业银行、信用合作社等吸收公众存款的金融机构、非银行金融机构以及政策性银行为主体，经营货币和信用业务的行业。

保险业是将通过契约形式集中起来的资金，用以补偿被保险人的经济利益业务的行业。按照保险标的不同，保险可分为财产保险和人身保险两大类。其中，财产保险以有形或无形财产及其相关利益为保险标的，包括财产损失保险、责任保险、信用保险、保证保险、农业保险等；人身保险以人的寿命和身体为保险标的。

信托业是将通过委托人按照受托人意愿并以其名义集中起来的资金，为受益人的利益或者特定目的进行管理的行业。

投资银行业是以投资银行为主体，专门从事证券经营和为公司提供综合性金融服务与金融咨询的行业，广义的投资银行包括众多的资本市场活动，即公司融资、兼并收购顾问、股票的销售和交易、资产管理、投资研究和风险投资业务等，狭义的投资银行只限于某些资本市场，着重指一级市场上的承销、并购和融资业务的财务顾问等。

投资管理业是银行、信托、证券、基金、期货、保险资产管理等金融机构接受投资者委托，对受托的投资者财产进行投资和管理的行业。

房地产投资信托业是指通过发行收益凭证的方式汇集特定多数投资者的资金，由专门的投资机构进行房地产投资经营管理，并将投资综合收益按比例分配给投资者的行业。

二、全球金融业系统性风险指数与全球系统性风险指数趋势

即使是同一个国家，不同金融机构在风控能力、负债能力、科技能力和管理能力等方面的差异也日益加大，表现为金融机构风险的差异，我们通过选择相应的指标进行评分，然后再通过市值加权获得金融行业的系统性风险指数。金融行业的系统性风险，通常是指金融市场运行主体所体现的系统性风险。相应地，全球金融行业系统性风险指数由银行业指数、保险业指数、信托业指数、投资银行业指数、投资管理业指数、金融服务与支持业指数、房地产投资信托业指数所构成，但本章只分析银行业和保险业风险指数。

金融行业的系统性风险与金融系统性风险有所不同。前者是以多家金融机构（企业）的指标为核心编制的指数，体现的是金融市场主体展现出来的系统性风险；后者是以金融市场指标为核心展示的整个金融系统的系统性风险，并与整个国家的系统性风险存在镜像关系。

但是，金融行业与金融系统性风险又有着紧密的关系。金融系统性风险与金融行业的系统性风险存在着较强的相关性，并且有全球系统性风险与全球行业系统性风险类似的宏观与微观的关系。从全球系统性风险指数与全球金融业风险指数趋势对比来看，两者有着高度正相关性，意味着全球系统性风险指数在很大程度上体现了全球金融系统性风险（参见图 9-1）。

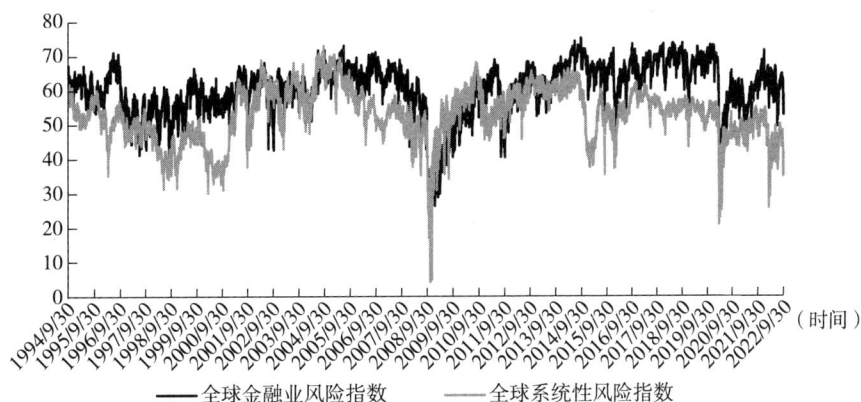

图 9-1　全球系统性风险指数与金融业风险指数的趋势

资料来源：北京睿信科全球风险管理平台（www.sunrisk.cn）。

第二节 全球金融行业系统性风险指数及其趋势

我们构建了 2007 年 1 月 1 日至 2022 年 9 月 30 日的全球金融行业系统性风险指数，展现了银行、保险、信托、投资银行、投资管理、金融服务与支持、房地产投资信托等金融行业所面临的系统性风险情况。

一、全球金融行业系统性风险指数趋势

（一）基于 2007 年 1 月至 2022 年 9 月的样本数据

从图 9-2 中可以看出，受多种因素的综合影响，全球金融行业系统性风险指数呈现出波动性变化的特征。2007—2022 年，全球金融行业系统性风险指数处于 20 ~ 80 的范围区间波动，从时间分布来看，大致处于三个周期。一是 2008 年国际金融危机发生之前。2007 年，受美国次贷危机的影响，全球金融市场在金融危机的快速扩散和持续发酵中动荡不安，金融危机期间，全球金融行业系统性风险指数在 2008 年开始出现明显下降，且波动幅度非常大，并在 2008 年达到历史最低点的 22.01。二是 2008 年国际金融危机结束后至 2019 年底新冠疫情发生前。全球金融行业系统性风险指数逐步上升并稳定在一个较小的波动区间。2008 年全球金融危机爆发后，各国政府大规模"救市"，全球金融市场秩序开始逐渐恢复正常，全球金融行业也不断调整自身发展模式、风险治理水平、业务结构。国际社会对这次金融危机也进行了深刻的反思，对金融行业的监管也提升到了一个新的高度，监管措施越来越严格。整体风险水平开始逐渐下降，整体处于一个比较好的机遇期。全球金融行业系统性风险指数也在 2009 年后逐步上升，并逐渐恢复到 2008 年国际金融危机前水平。三是 2020 年新冠疫情发生以后。2020 年，在新冠疫情大流行的背景下，全球经济发展低迷，金融市场波动剧烈。全球金融行业系统性风险指数在 2020 年开始出现明显下降，最低达 31.84，接近 2008 年国际金融危机时期的历史最低值，随着各国央行持续推出量化宽松政策，全球主要国家

金融市场逐渐平稳，金融行业经营情况也逐渐好转，全球金融行业系统性风险指数也以一个比较快的速度向新冠疫情暴发前的指数水平靠拢。进入 2022 年以来，为应对严峻的通胀压力，海外各主要经济体纷纷加息，全球经济下行压力增大。多家国际机构连续示警全球经济将陷入衰退，2021 年 10 月以来，IMF 已经 4 次下调全球经济增长预期，WTO 下调 2023 年全球经济增速 1 个百分点。全球金融行业系统性风险指数震荡幅度较大，指数平均值为 61.23，虽然略高于 2021 年的 59.21 水平，但进入下半年以来，指数多次走低。

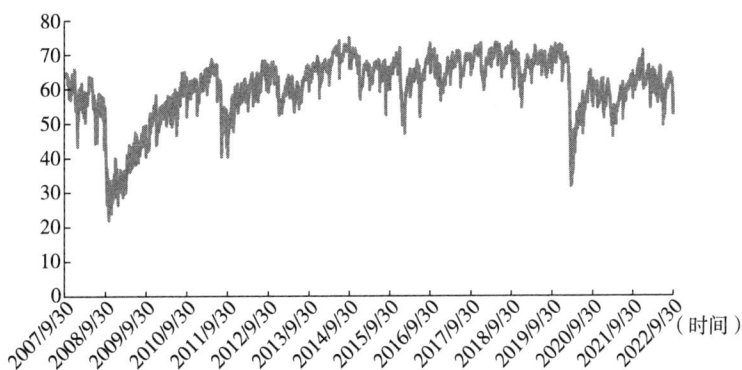

图 9-2　2007 年 9 月 30 日至 2022 年 9 月 30 日全球金融行业系统性风险指数

资料来源：北京睿信科全球风险管理平台（www.sunrisk.cn）。

（二）基于 2022 年 1 月至 2022 年 9 月的样本数据

为了更好地观测 2022 年以来全球金融行业的综合投资风险状况，本文分析了 2022 年 1 月至 2022 年 9 月全球金融行业系统性风险指数。2022 年以来，由于新冠疫情、地缘冲突、能源短缺、通胀高企、货币政策紧缩、需求回落等多重因素相互叠加，全球经济增长动力不断回落，海外各主要经济体为了应对严峻的通胀压力而纷纷选择加息。美联储连续多次大幅加息，2022 年上半年美国已陷入"技术性衰退"，未来可能向全面衰退转化。受能源短缺因素影响，欧元区通胀形势更加顽固，尽管欧央行采取了一次加息 75 个基点的强力紧缩举措，但通胀指数未现回落迹象。能源短缺对欧元区工业生产带来较大冲击，抬高制造业生产成本，不少企业被迫减产或停产。新兴经济体在 2022 年增长势头同样减弱，经济增速明显低于 2021 年，不过整体表现好于发达经济体。受全球经济整体下行影响，全球金融行业系统性风险指数震荡幅度较大，指数平均值为61.23，略高于2021年的59.21水平。

整体来看，2022年以来，全球金融行业系统性风险指数在49～67的区间波动，虽然多数时间指数均在警戒线50以上，但是曾经在6月30日触及警戒线50以下，并且进入下半年以来，指数多次走低，需要引起关注（参见图9-3）。

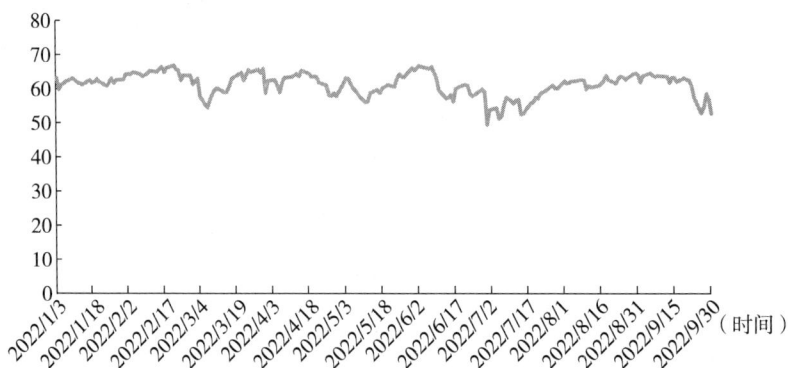

图9-3　2022年1月至2022年9月全球金融行业系统性风险指数
资料来源：北京睿信科全球风险管理平台（www.sunrisk.cn）。

二、全球金融业风险指数子指数趋势

如前面所言，全球金融业风险指数共有六个子指数，包括银行业指数、保险业指数、信托业指数、投资银行业指数、投资管理业指数、金融服务与支持业指数、房地产投资信托业指数。

具体来看，全球银行业与保险业的系统性风险指数有大致相同的趋势，从1994年1月3日至2022年9月30日的线性相关系数为0.821，但保险业的系统性风险指数整体要比银行业的系统性风险指数高。不过，投资银行业和投资管理业的系统性风险指数趋势基本一致，从1994年1月3日至2022年9月30日的线性相关系数为0.728。而金融支持服务业与房地产投资信托业的系统性风险指数也有大致相近的趋势，但在全球金融风暴以前，房地产信托投资系统性风险指数大多数时候要高于金融支持服务业，而全球金融风暴爆发当年（2008年开始），两者体现出了较强的一致性。从相关系数来看，1994年1月3日至2007年12月28日，两者相关系数并不明显，但2008年1月至2022年8月底，两者相关系数高达0.887（参见图9-4至图9-6）。

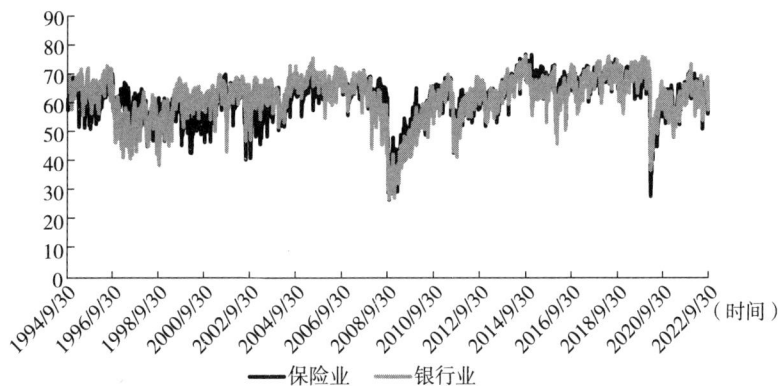

保险业　　银行业

图 9-4　全球银行业和保险业系统性风险指数趋势

资料来源：北京睿信科全球风险管理平台（www.sunrisk.cn）。

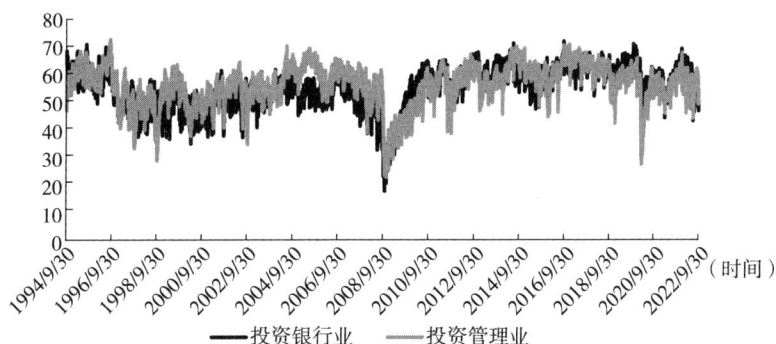

投资银行业　　投资管理业

图 9-5　全球投资银行业和投资管理业系统性风险指数趋势

资料来源：北京睿信科全球风险管理平台（www.sunrisk.cn）。

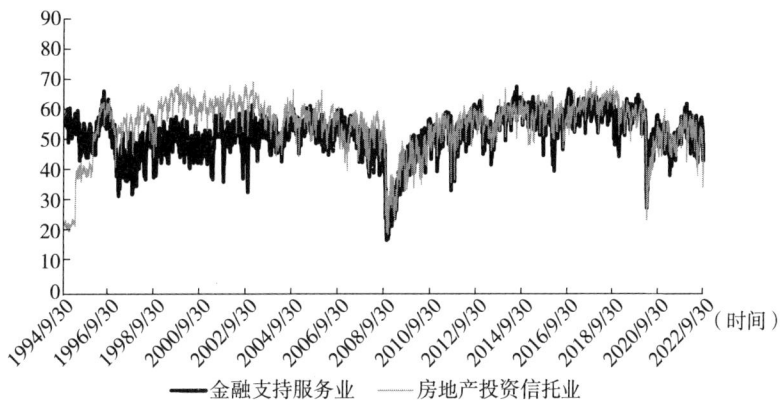

金融支持服务业　　房地产投资信托业

图 9-6　全球金融支持服务业与房地产投资信托业系统性风险指数趋势

资料来源：北京睿信科全球风险管理平台（www.sunrisk.cn）。

第三节　全球银行业系统性风险趋势

通过分析全球银行机构风险指数在 2022 年 9 月 30 日的情况和 2021 年 12 月 31 日的变化，可以对全球银行机构进行风险趋势判断。

一、全球银行业系统性风险特征分析

2022 年以来，地缘政治风险突出，全球新冠疫情继续蔓延，通胀问题持续发酵，发达经济体超常规加息，英国央行在 8 月至 9 月连续加息两次至 2.25%，同时开始制订缩表计划；美联储在 9 月开启年内第五次加息并将联邦基金利率区间提升 3%～3.25% 水平；欧洲央行一次性对三大关键利率创纪录地大幅加息 75 个基点并将基准利率升至 1.25%；加拿大、澳大利亚央行大幅加息；韩国央行小幅加息；部分新兴经济体同样进入加息通道，匈牙利央行在 6 月至 8 月连续加息五次使基准利率上升至 11.75%，巴西央行上调利率至 13.75%。主要经济体开启加息节奏导致全球利率整体上升，央行缩表也深刻影响货币供给总量。利率水平上涨将推高银行的息差水平，但也会带来巨量存量债券投资的价格波动，可能会给银行带来损失，全球主要央行缩表可能会带来市场流动性大幅波动，银行需保持充足的短期和中长期头寸，应对超预期的流动性冲击。

2008 年的国际金融危机让国际社会和各国监管部门更加重视对全球系统重要性银行的监管，各项监管措施和监管标准也逐一落地。在全球监管趋严和经济金融不确定性上升的背景下，不少大型银行机构开始谋求战略转型，注重区域业务发展，精简机构并大力发展金融科技，培育综合化经营优势。这一调整有利于银行业更好地应对不利的外部经营环境，再加上全球银行业的风险治理水平已有了一个很大的提升，整体上处于一个比较好的投资机遇期。2022 年，全球银行业面临的利率风险和流动性风险值得警惕，经营面临较大风险，资产质量压力加大，制约了盈利增长、资本充足水平提升以及规模扩张，需要引起足够关注。银行业谨慎风险偏好明显，爆发全面系统性风险的可能性不大。

二、全球银行业系统性风险评估

从图 9-7 中可以看到，受多种因素的综合影响，全球银行业系统性风险指数呈现出波动性变化的特征。2007—2022 年，全球银行业系统性风险指数处于 20～80 的范围区间波动，从时间分布来看，大致处于三个周期。一是 2008 年国际金融危机发生之前。2007 年，受美国次贷危机的影响，全球金融市场在金融危机的快速扩散和持续发酵中动荡不安，金融危机期间，全球银行业系统性风险指数在 2008 年开始出现明显下降，且波动幅度非常大，并在 2008 年 10 月达到历史最低点 22.82。二是 2008 年国际金融危机结束后至 2019 年底新冠疫情发生前。2008 年的国际金融危机让国际社会和各国监管部门更加重视对全球系统重要性银行的监管，各项监管措施和监管标准也逐一落地，全球银行业的风险治理水平也有了一个很大的提升。全球银行业系统性风险指数也在 2009 年后逐步上升，并逐渐恢复到 2008 年国际金融危机前水平。随后，虽然受欧债危机等比较大的金融风险事件影响，全球银行业系统性风险指数在短期内快速下降，但很快又恢复到风险事件发生前水平。三是 2020 年新冠疫情发生以后。2020 年，在新冠疫情大流行的背景下，全球经济发展低迷，金融市场波动剧烈。全球银行业系统性风险指数在 2020 年开始出现明显的下降，最低达 33.95，接近 2008 年国际金融危机时期的历史最低值。但在这次疫情中，全球银行业资本和流动性相对充足，不良率处于低位，经营管理较为稳健。同时，国际金融市场大幅波动，市场主体对银行投融资产品需求不断增加。再加上各国央行持续推出量化宽松政策，全球主要国家金融市场逐渐平稳，全球银行业系统性风险指数也以一个比较快的速度向新冠疫情暴发前的指数水平靠拢，2022 年以来，全球银行业风险指数多数时候都在警戒线 50 以上。

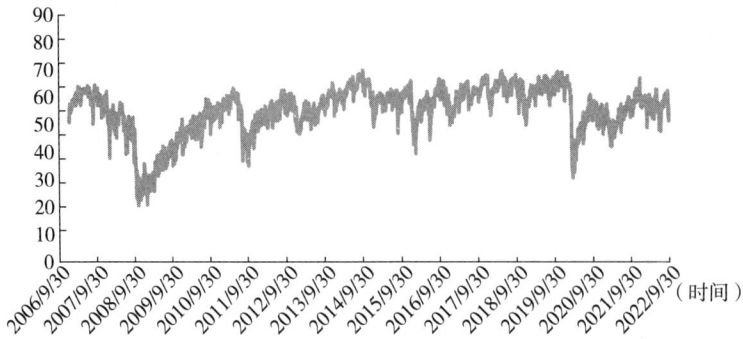

图 9-7　2006 年 9 月 30 日至 2022 年 9 月 30 日全球银行业系统性风险指数

资料来源：北京睿信科全球风险管理平台（www.sunrisk.cn）。

三、主要机构系统性风险指数趋势

（一）主要机构风险指数排名

本文统计了 24 家全球系统重要性银行的系统性风险指数，2022 年 9 月 30 日数据表明，全球系统重要性银行的指数在 25 ~ 83 区间波动，平均值为 58.16。全球系统重要性银行风险指数低于 50 的有英国巴克莱银行、西班牙桑坦德银行、法国兴业银行、美国花旗银行、瑞士信贷银行、德意志银行，全球系统重要性银行风险指数高于 70 的有中国工商银行、中国农业银行、日本三井住友金融集团、中国银行、加拿大皇家银行，有指数出现高位转折的风险（参见表 9-1 和图 9-8）。

表 9-1　2022 年 9 月 30 日全球系统重要性银行机构风险指数及其变动幅度排名

序号	企业名称	2022 年 9 月 30 日企业系统性风险指数	序号	企业名称	2022 年 9 月 30 日较 2021 年 12 月 31 日企业系统性风险指数变化幅度
1	加拿大皇家银行	82.3	1	加拿大皇家银行	4.5
2	中国银行	80.7	2	法国兴业银行	1.3
3	日本三井住友金融集团	73.1	3	中国银行	−1.3
4	中国农业银行	73.0	4	中国工商银行	−2.8
5	中国工商银行	73.0	5	荷兰国际集团	−4.5
6	摩根士丹利银行	69.6	6	摩根士丹利银行	−4.5
7	中国建设银行	68.8	7	渣打银行	−4.7
8	日本瑞穗金融集团	65.4	8	法国巴黎银行	−7.3
9	渣打银行	60.2	9	汇丰银行	−8.1

续表

序号	企业名称	2022 年 9 月 30 日企业系统性风险指数	序号	企业名称	2022 年 9 月 30 日较 2021 年 12 月 31 日企业系统性风险指数变化幅度
10	道富银行	59.5	10	中国农业银行	-8.1
11	摩根大通	58.3	11	美国银行	-8.3
12	美国银行	57.4	12	中国建设银行	-8.5
13	汇丰银行	56.5	13	纽约梅隆银行	-8.7
14	荷兰国际集团	55.4	14	道富银行	-11.0
15	高盛银行	55.2	15	日本三井住友金融集团	-11.3
16	纽约梅隆银行	55.2	16	日本瑞穗金融集团	-11.6
17	法国巴黎银行	54.3	17	高盛银行	-13.6
18	三菱日联金融集团	50.4	18	西班牙桑坦德银行	-16.7
19	英国巴克莱银行	46.6	19	英国巴克莱银行	-18.0
20	西班牙桑坦德银行	45.0	20	摩根大通	-19.5
21	法国兴业银行	44.2	21	三菱日联金融集团	-21.1
22	美国花旗银行	43.6	22	美国花旗银行	-23.5
23	瑞士信贷银行	33.0	23	瑞士信贷银行	-30.9
24	德意志银行	25.8	24	德意志银行	-45.9

资料来源：北京睿信科全球风险管理平台（www.sunrisk.cn）。

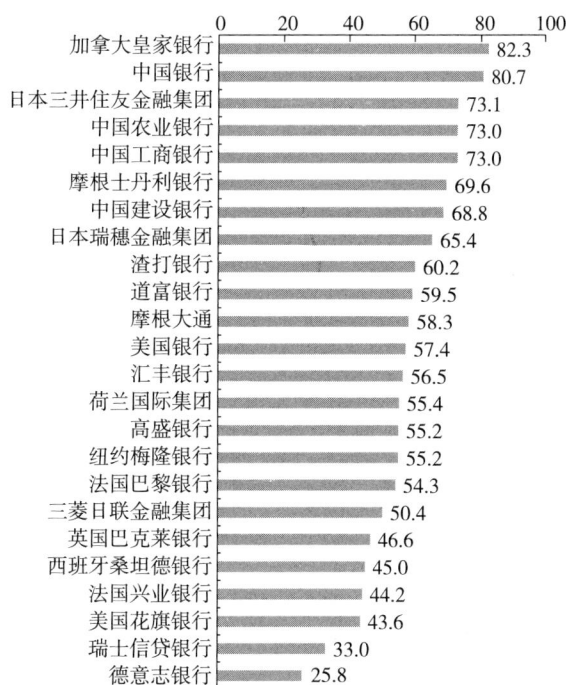

图 9-8　2022 年 9 月 30 日全球系统重要性银行系统性风险指数

资料来源：北京睿信科全球风险管理平台（www.sunrisk.cn）。

　　分地区来看，亚洲地区 7 家银行的指数介于 50～81，平均值为 69.17。欧洲地区 9 家银行的指数介于 25～60，平均值为 46.77。美洲地区 8 家银行的指数介于 43～83，平均值为 43.56。这表明，亚洲地区的系统重要性银行面临的系统性风险较低，欧洲地区和美洲地区的系统重要性银行面临的系统性风险都相对较高。分国家来看，来自中国的 4 家银行的系统性风险指数位于前列，且差异较小，表明其面临的综合系统性风险较低。来自欧洲的 5 家银行的系统性风险指数排名靠后且指数值已经低于 50 的警戒线，表明其面临的系统性风险较高。来自美国的 7 家银行的系统性风险指数，除了花旗银行为 44，低于 50 的警戒线，其余 6 家银行均在 55～70，系统性风险较低（参见图 9-9）。

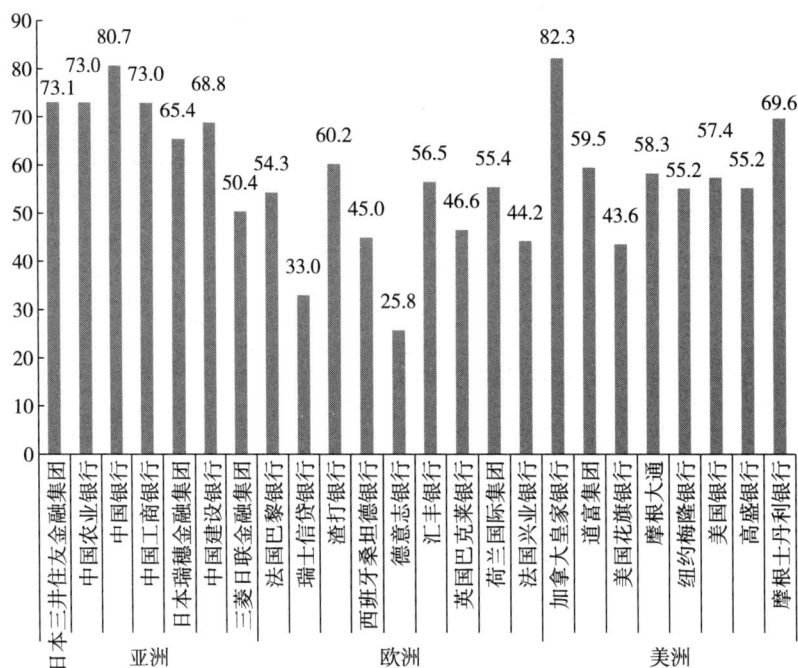

图 9-9　2022 年 9 月 30 日全球系统重要性银行系统性风险指数

资料来源：北京睿信科全球风险管理平台（www.sunrisk.cn）。

（二）系统性风险上升和下降的机构

　　相较于 2021 年底，2022 年 9 月 30 日全球系统重要性银行的系统性风险指数上升的机构只有 2 家，分别为加拿大皇家银行和法国兴业银行，多数全球系统重要性银行的系统性风险指数是下降的（参见图 9-10）。全球经济的逐渐复苏，为全球系统重要

性银行抵御系统性风险提供了比较好的基础。2022 年，全球银行业面临的利率风险和
流动性风险值得警惕，经营面临较大风险，需要引起足够关注。

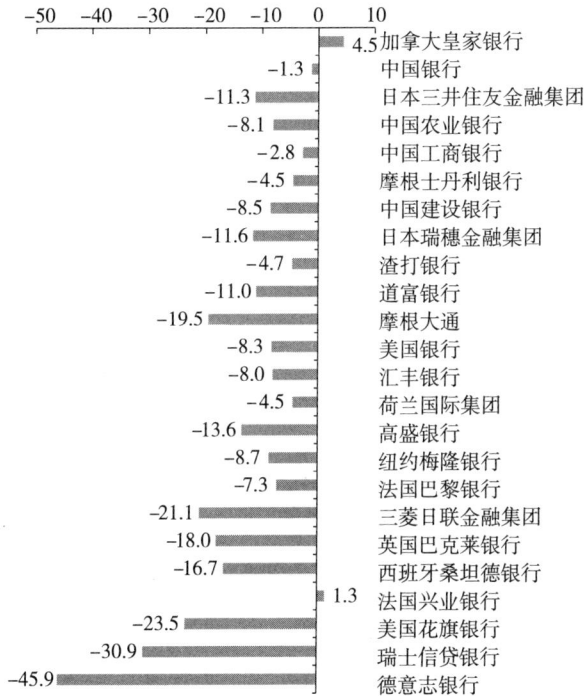

图 9-10　2022 年 9 月 30 日全球系统重要性银行系统性风险指数下降机构
资料来源：北京睿信科全球风险管理平台（www.sunrisk.cn）。

四、全球银行业系统性风险指数的应用：瑞士信贷（Credit Suisse）案例分析

受益于金融危机后的 Basel Ⅲ 等监管升级，瑞士信贷作为欧洲重要的银行之一，其
偿付能力和损失吸收能力远高于金融危机前水平，基本持平于其同行，处在比较健康
的水平。但是，瑞士信贷在近些年出现了一连串风险事件，包括 Archegos、Greensill、
Lescaudron 诉讼案等。每一个风险事件不光沉重冲击了瑞士信贷的盈利，更重要的是
令其市场信誉和份额每况愈下。瑞士信贷作出了战略转型，打算聚焦资产管理、咨询
等轻资本业务并准备逐步剥离投资银行（IB）等亏损业务，但仍需时间检验。从瑞士
信贷 2022 年半年报来看，投资银行和 to B 的企业中心则是亏损主要来源，分别亏损 9.2

亿瑞郎、4.6 亿瑞郎。再叠加法律诉讼上亏损了 11 亿瑞郎（拨备），对 Allfunds Group 持股亏损了 5.2 亿瑞郎，瑞士信贷上半年总税前损失高达 16 亿瑞郎。在 2021 年一季度未曾触及 33.81 的低位水平。2022 年以来，瑞士信贷的系统风险性指数波动剧烈，在 2022 年多数时候都在 50 以下的警戒线水平波动（参见图 9-11），这也反映出瑞士信贷在 2022 年系统性风险上升趋势较为明显，需要引起关注。

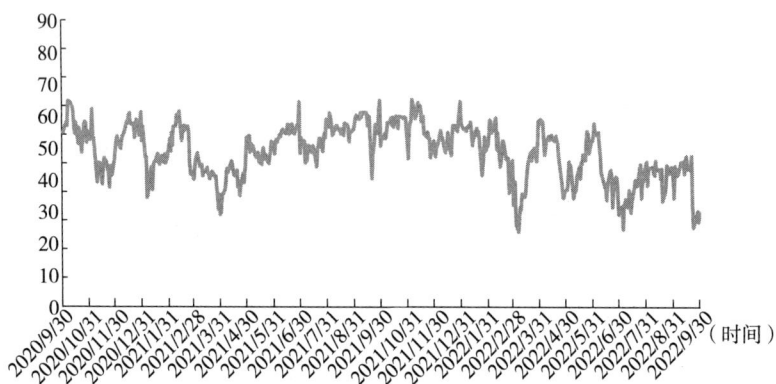

图 9-11 2020 年 9 月 30 日至 2022 年 9 月 30 日瑞士信贷银行系统性风险波动情况
资料来源：北京睿信科全球风险管理平台（www.sunrisk.cn）。

第四节 全球保险业系统性风险趋势

通过分析全球保险机构风险指数在 2022 年 9 月 30 日的情况和 2021 年 12 月 31 日的变化，可以对全球保险机构进行风险趋势判断。

一、全球保险业系统性风险特征分析及系统性风险评估

本文以全球 50 家保险机构为统计对象，研究了全球保险业系统性风险情况。2007—2022 年，全球保险业系统性风险指数处于 22 ~ 78 的范围区间波动，从时间分布来看，大致处于三个周期：一是 2008 年国际金融危机发生之前。2007 年，受美国次贷危机的影响，全球金融市场在金融危机的快速扩散和持续发酵中动荡不安，金融

危机期间，全球保险业系统性风险指数在 2008 年开始出现明显下降，且波动幅度非常大，并在 2008 年 10 月达到历史最低点 22.53。二是 2008 年国际金融危机结束后至 2019 年底新冠疫情发生前。2008 年的国际金融危机让国际社会和各国监管部门更加重视对保险机构的监管，各项监管措施和监管标准也逐一落地，全球保险业的风险治理水平也有了一个很大的提升。全球保险业系统性风险指数也在 2009 年后逐步上升，并逐渐恢复到 2008 年国际金融危机前水平，并在警戒线 50 的水平上震荡。三是 2020 年新冠疫情发生以后。2020 年，新冠疫情开始在全球大流行，全球经济发展低迷，金融市场波动剧烈。全球保险业系统性风险指数在 2020 年开始出现明显的下降，并在 3 月触及最低点 23.84，接近 2008 年国际金融危机时期的历史最低值。2021 年，随着全球经济逐步复苏，各国央行持续推出量化宽松政策，全球主要国家金融市场逐渐平稳，全球保险业系统性风险指数也以一个比较快的速度向新冠疫情暴发前的指数水平靠拢。2022 年，全球发达经济体和主要新兴经济体进入加息周期，保险业经营也面临一定压力，系统性风险指数震荡下行（参见图 9-12）。

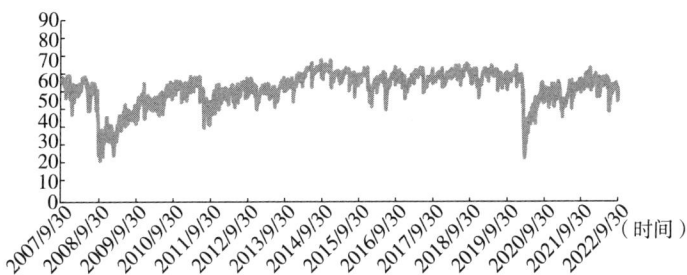

图 9-12　2007 年 9 月 30 日至 2022 年 9 月 30 日全球系统重要性保险机构综合投资风险指数情况

资料来源：北京睿信科全球风险管理平台（www.sunrisk.cn）。

二、主要机构系统性风险指数趋势

（一）企业风险指数排名

本文统计了 50 家保险机构的系统性风险指数，覆盖亚洲、欧洲、美洲、大洋洲地区的主要保险机构。2022 年 9 月 30 日数据表明，全球主要保险机构的系统性风险指数在 31～82 区间波动，平均值为 56.13。全球主要保险机构风险指数低于 50 的有声保公司、前进保险公司、英杰华保险、T&D 控股、DB 保险有限公司、大都会集团、荷兰全球保险集团、保诚、Ageas、尤纳姆集团、新华保险、安信龙集团、中国再保险、全州保险、林肯国民、美国再保险集团、中韩人寿保险、SCOR SE 公司。全球主要保险机构风险指数高于 70 的有中国人保、苏黎世保险集团、澳大利亚保险集团、大东方控股、塔兰克斯股份公司、慕尼黑再保险公司、法国国家人寿保险和中国人保财险等，有出现指数高位转折的风险（参见表 9-2 和图 9-13）。

表 9-2　2022 年 9 月 30 日全球主要保险机构风险指数排名

序号	企业名称	2022 年 9 月 30 日企业系统性风险指数	序号	企业名称	2022 年 9 月 30 日较 2021 年 12 月 31 日企业系统性风险指数变化幅度
1	中国人保财险	81.6	1	法国国家人寿保险公司	42.4
2	法国国家人寿保险公司	77.1	2	澳大利亚保险集团	25.6
3	慕尼黑再保险公司	76.9	3	中国人保财险	14.7
4	塔兰克斯股份公司	74.5	4	慕尼黑再保险公司	14.5
5	大东方控股	72.8	5	塔兰克斯股份公司	13.6
6	澳大利亚保险集团	72.2	6	美国国际集团	7.9
7	苏黎世保险集团	71.4	7	NN 集团公众有限公司	6.8
8	中国人保	70.9	8	东京海上控股株式会社	5.9
9	维也纳保险集团	69.7	9	大东方控股	4.6
10	汉诺威再保险有限公司	68.5	10	Unipol 集团公共有限公司	4.5
11	Unipol 集团公共有限公司	66.3	11	英杰华保险	3.2
12	东京海上控股株式会社	66.1	12	日本邮政保险有限公司	0.7
13	Mapfre 股份有限公司	64.9	13	维也纳保险集团	0.7
14	旅行者集团	64.8	14	Mapfre 股份有限公司	0.6
15	MS&AD 保险集团控股株式会社	61.0	15	前进保险公司	0.5
16	NN 集团公众有限公司	60.8	16	汉诺威再保险有限公司	0.4
17	日本邮政保险有限公司	60.6	17	澳大利亚昆士兰保险集团	−1.2
18	哈特福德金融服务	60.6	18	三星生命保险株式会社	−1.3

续表

序号	企业名称	2022年9月30日企业系统性风险指数	序号	企业名称	2022年9月30日较2021年12月31日企业系统性风险指数变化幅度
19	澳大利亚昆士兰保险集团	60.3	19	苏黎世保险集团	−2.6
20	海尔维第控股公司	60.1	20	宏利金融	−3.9
21	宏利金融	59.6	21	哈特福德金融服务	−4.1
22	三星生命保险株式会社	58.3	22	现代海上火灾保险有限公司	−4.1
23	第一生命控股株式会社	57.8	23	荷兰全球保险集团	−4.4
24	现代海上火灾保险有限公司	57.8	24	中国人保	−7.6
25	家庭人寿保险	56.9	25	声保公司	−7.7
26	三星火灾海上保险公司	55.5	26	安达保险有限公司	−8.2
27	美国国际集团	55.4	27	三星火灾海上保险公司	−9.3
28	忠利保险	55.2	28	全州保险	−10.7
29	安达保险有限公司	54.9	29	第一生命控股株式会社	−11.2
30	CNA金融公司	54.4	30	MS&AD保险集团控股株式会社	−11.5
31	瑞士再保险股份有限公司	52.7	31	瑞士再保险股份有限公司	−11.7
32	中国太保	51.2	32	家庭人寿保险	−12.0
33	声保公司	49.5	33	T&D控股	−12.9
34	前进保险公司	48.8	34	海尔维第控股公司	−13.3
35	英杰华保险	48.6	35	中韩人寿保险	−13.5
36	T&D控股	48.5	36	DB保险有限公司	−13.8
37	DB保险有限公司	47.8	37	保诚	−14.2
38	大都会集团	46.1	38	CNA金融公司	−15.2
39	荷兰全球保险集团	45.2	39	旅行者集团	−15.7
40	保诚	45.1	40	中国太保	−15.9
41	Ageas	44.7	41	忠利保险	−17.2
42	尤纳姆集团	42.8	42	Ageas	−18.6
43	新华保险	42.6	43	安信龙集团	−19.9
44	安信龙集团	42.5	44	大都会集团	−20.0
45	中国再保险	41.8	45	美国再保险集团	−20.8
46	全州保险	40.1	46	尤纳姆集团	−21.1

续表

序号	企业名称	2022年9月30日企业系统性风险指数	序号	企业名称	2022年9月30日较2021年12月31日企业系统性风险指数变化幅度
47	林肯国民	38.4	47	新华保险	−21.3
48	美国再保险集团	38.4	48	林肯国民	−23.6
49	中韩人寿保险	33.1	49	中国再保险	−23.7
50	SCOR SE公司	31.7	50	SCOR SE公司	−34.6

资料来源：北京睿信科全球风险管理平台（www.sunrisk.cn）。

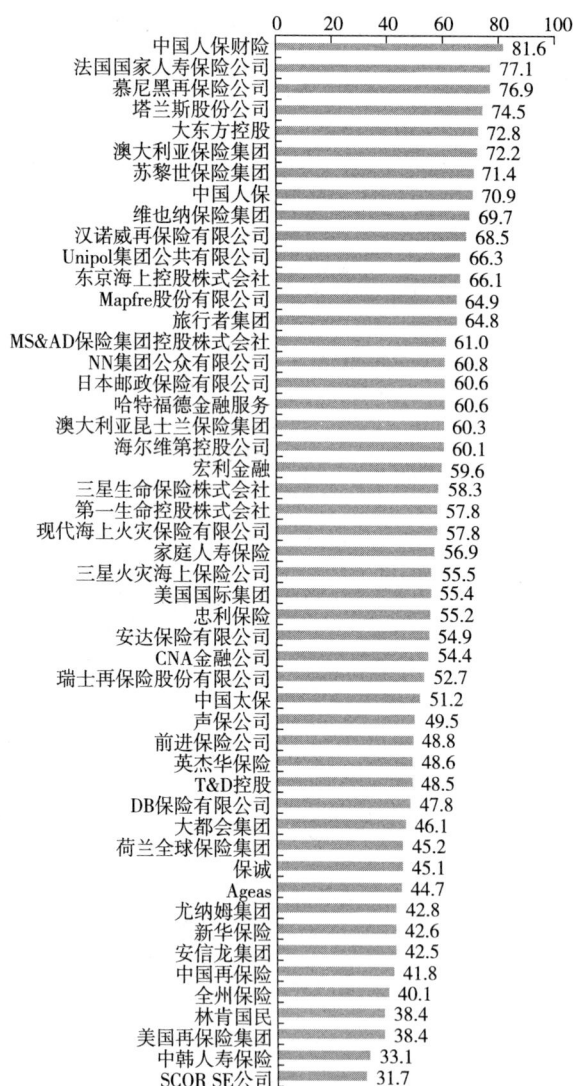

中国人保财险 81.6
法国国家人寿保险公司 77.1
慕尼黑再保险公司 76.9
塔兰斯股份公司 74.5
大东方控股 72.8
澳大利亚保险集团 72.2
苏黎世保险集团 71.4
中国人保 70.9
维也纳保险集团 69.7
汉诺威再保险有限公司 68.5
Unipol集团公共有限公司 66.3
东京海上控股株式会社 66.1
Mapfre股份有限公司 64.9
旅行者集团 64.8
MS&AD保险集团控股株式会社 61.0
NN集团公众有限公司 60.8
日本邮政保险有限公司 60.6
哈特福德金融服务 60.6
澳大利亚昆士兰保险集团 60.3
海尔维第控股公司 60.1
宏利金融 59.6
三星生命保险株式会社 58.3
第一生命控股株式会社 57.8
现代海上火灾保险有限公司 57.8
家庭人寿保险 56.9
三星火灾海上保险公司 55.5
美国国际集团 55.4
忠利保险 55.2
安达保险有限公司 54.9
CNA金融公司 54.4
瑞士再保险股份有限公司 52.7
中国太保 51.2
声保公司 49.5
前进保险公司 48.8
英杰华保险 48.6
T&D控股 48.5
DB保险有限公司 47.8
大都会集团 46.1
荷兰全球保险集团 45.2
保诚 45.1
Ageas 44.7
尤纳姆集团 42.8
新华保险 42.6
安信龙集团 42.5
中国再保险 41.8
全州保险 40.1
林肯国民 38.4
美国再保险集团 38.4
中韩人寿保险 33.1
SCOR SE公司 31.7

图9-13 2022年9月30日全球主要保险机构系统性风险指数

资料来源：北京睿信科全球风险管理平台（www.sunrisk.cn）。

（二）系统性风险上升和下降的企业

相较于 2021 年底，2022 年 9 月 30 日 50 家全球主要保险机构的系统性风险指数上升的机构只有 16 家，多数机构的系统性风险指数是下降的，整体系统性风险上升态势较为明显（参见图 9-14）。

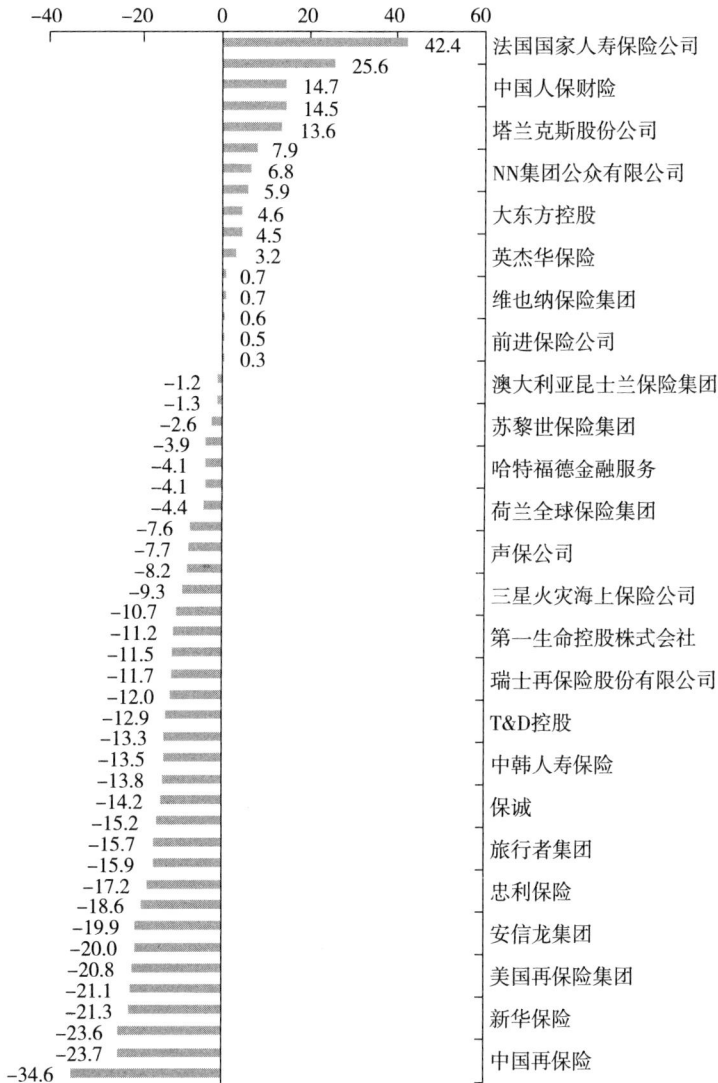

图 9-14　2022 年 9 月 30 日全球主要保险机构风险指数变动情况

资料来源：北京睿信科全球风险管理平台（www.sunrisk.cn）。